ORAÇÃO DE PODER SEGUNDO O CORAÇÃO DE DEUS

DESCUBRA O SEGREDO DE TER UMA ORAÇÃO QUE PREVALECE

WESLEY DUEWEL

©Originally published in english as:
Mighty Prevailing Prayer
Copyright © 1990 by
Wesley L. Duewel
Portuguese edition © 2019 by
Editora Hagnos Ltda. All rights reserved. Published under license from Duewel Literature Trust, Inc.

Revisão
Josemar de Souza Pinto
Raquel Fleischner

Capa
Douglas Lucas

Diagramação
Sonia Peticov

Gerente editorial
Juan Carlos Martinez

1ª edição – Agosto – 2019

Coordenador de produção
Mauro W. Terrengui

Impressão e acabamento
Imprensa da fé

Todos os direitos desta edição reservados para:
Editora Hagnos
Av. Jacinto Júlio, 27
04815-160 - São Paulo - SP - Tel. Fax: (11) 5668-5668
hagnos@hagnos.com.br — www.hagnos.com.br

Dados Internacionais de Catalogação na Publicação (CIP)
Angélica Ilacqua CRB-8/7057

Duewel, Wesley L.

Oração de poder segundo o coração de Deus: descubra o segredo de ter uma oração que prevalece / Wesley L. Duewel; tradução de Karina Lugli Oliveira. — São Paulo: Hagnos, 2019.

ISBN 978-85-243-0571-9

1. Orações — Cristianismo   I. Título   II. Oliveira, Karina Lugli

19-0515   CDD-248.32

Índice para catálogo sistemático:

1. Orações — Cristianismo

Editora associada à:

Sumário

Prefácio 5

1. Deus tem respostas para você 7
2. A importância da oração que prevalece 10
3. Oração que prevalece — A necessidade da igreja 18
4. Falta de oração é pecado 29
5. O Cristo que prevalece 37
6. Você é bem-vindo ao trono 46
7. Por que é necessário prevalecer? 57
8. É preciso prevalecer diante de Deus 64
9. A dinâmica do desejo 72
10. A dinâmica do fervor 79
11. A dinâmica da importunação 88
12. A importunação prevalece 96
13. A dinâmica da fé 101
14. Como aumentar a fé 109
15. O uso e o comando de fé 115
16. A dinâmica do Espírito, Parte 1 121
17. A dinâmica do Espírito, Parte 2 129

18.	A dinâmica da unidade na oração	138
19.	Deus honra a oração conjunta	145
20.	A oração de concordância	154
21.	Respostas poderosas por meio da concordância na oração	162
22.	A dinâmica da perseverança	169
23.	Por quanto tempo devemos perseverar?	177
24.	A vontade de Deus e a oração que prevalece	186
25.	A dinâmica do louvor	191
26.	Níveis de intensidade na oração que prevalece	195
27.	Jesus disse que jejuaríamos	205
28.	O jejum fortalece a oração	213
29.	Carregando o fardo de oração	222
30.	Como carregar o fardo de oração	233
31.	Lutando por respostas de oração	238
32.	Santos guerreiros	247
33.	Os gemidos e a angústia da oração	253
34.	A batalha de oração derrota satanás	262
35.	Estratégias na batalha de oração, Parte 1	273
36.	Estratégias na batalha de oração, Parte 2	281
37.	Perigos na batalha de oração	290
38.	Como amarrar satanás, Parte 1	302
39.	Como amarrar satanás, Parte 2	310
40.	O uso militante do nome de Jesus	320
41.	O uso militante da Palavra	332
42.	Súplicas e argumentos santos diante de Deus	341
43.	Como apelar diante de Deus	347
44.	Você deseja se tornar poderoso em oração?	356
	Você deseja se juntar a mim nesta oração?	363

Prefácio

Esta coleção de joias do dr. Duewel de toda a sua vida sobre a oração é uma leitura prioritária. É um manual de grande valor. Eu o vejo como uma enciclopédia para ter no escritório sobre o assunto fantástico da *Oração de poder segundo o coração de Deus*. Este deveria ser um manual vitalício para quem estuda a vida de oração com seriedade. Um ganho imenso em espírito será desenvolvido quando a família o usar como devocional diário e praticar as suas exortações. Fui inspirado pelas suas verdades.

Leonard Ravenhill

1
Deus tem respostas para você

Você anseia ter poder na oração, capacidade de conseguir respostas urgentes e necessárias? Às vezes, você se sente profundamente testado pela demora inexplicável das respostas às suas orações? Você almeja descobrir o segredo para ter a sua oração respondida?

A oração que prevalece é aquela que obtém a resposta pretendida. Ela supera a demora, a oposição e as circunstâncias desfavoráveis. Ela costuma envolver a direção do Espírito em como orar e o aprofundamento no seu desejo de obter resposta para a oração, que Ele opera. Ela abrange a capacitação especial por parte dEle para a sua oração e o fortalecimento da sua fé até receber a resposta de Deus.

Você realmente sabe como prevalecer na oração, como obter respostas difíceis que há muito tempo precisa e deseja? A sua lista de oração é eficaz para trazer bênção aos outros? Você está satisfeito com as respostas que tem recebido?

Deus quer que a sua vida de oração seja repleta de petições e intercessões pelos outros e pelo avanço do reino dEle. Ele deseja que as respostas a tais orações se tornem uma experiência emocionante e frequente para você. Uma das grandes alegrias na oração é obter respostas maravilhosas que parecem demoradas demais e tão humanamente impossíveis.

Deus deseja que as respostas às suas orações sejam frequentes e abençoadas. Ele quer que você prove repetidas vezes do poder intenso da oração na sua experiência pessoal. Ele pretende que você se torne não apenas um veterano na oração, mas também um constante vitorioso em situações em que as respostas trazem grande glória para Deus e grande consternação e derrota para satanás.

Ele quer que você experimente com frequência o poder que ele tem de responder às orações, a preocupação e o amor intensamente pessoais que Ele tem por você e os meios tremendamente variados disponíveis para obter a sabedoria dEle. Deus nunca é atordoado ou surpreendido e nunca é por fim derrotado. Ele almeja que você, por meio da oração, faça parte do cumprimento da vontade dEle na terra.

Quero convidá-lo a se juntar a mim na busca pelas respostas de Deus para as necessidades gigantescas que eu e você enfrentamos. Quais são as chaves para escancarar os recursos do céu e liberar o poder de Deus de responder à oração? Que passos adicionais você e eu podemos dar para exercer o poder soberano e irresistível de Deus?

Sentemo-nos aos pés do Senhor. Ouçamos a Sua Palavra. Voltemo-nos para a vida de alguns heróis da nossa fé para ver como eles conseguiram vislumbrar o poder de Deus ser liberado e as respostas do Senhor, conhecidas.

A oração que prevalece é às vezes tão simples que até uma criança pode obter respostas poderosas — normalmente em um período de tempo incrivelmente curto. Até pessoas recém-convertidas oram algumas vezes com tamanha fé e com tanto auxílio do Espírito que os crentes maduros no Senhor ficam maravilhados e podem apenas louvar a Deus pelas respostas.

Por outro lado, o próprio Jesus indicou que algumas situações ou necessidades eram muito mais difíceis do que outras (Mc 9.29).

Pode haver muitas razões para casos desse tipo, como descobriremos nos capítulos adiante.

Deus não esconde de forma deliberada a sua verdade mais profunda de nós. Ele não reserva poder na oração para certas ocasiões especiais ou vitórias de oração para alguns dos seus filhos preferidos especialmente escolhidos. A oração é tão vital para toda a vida cristã e para o avanço do reino de Cristo que Ele deseja que todos nós tenhamos poder na oração, sejamos experimentados em receber respostas às nossas orações e não nos deixemos desanimar pelas necessidades mais complexas e prolongadas.

Nós vivemos no glorioso "agora" de Deus. A totalidade do tempo é a arena de trabalho de Deus em benefício e por meio dos seus servos fiéis. Qualquer coisa que Deus tenha feito no passado, ele é capaz de duplicar ou exceder. Ele é para sempre o mesmo em sabedoria, poder e amor.

Os seus planos globais eternos são imutáveis, mas, ao lidar com os detalhes, Ele predeterminou que trabalharia em cooperação com os seus filhos obedientes em oração. Ele adapta a sua ação à nossa oração e obediência. Embora se reserve o direito soberano de operar de forma independente, o seu plano normal é trabalhar em cooperação e por meio da oração e da obediência dos seus servos.

Por isso, Deus se deleita em ajustar a atuação dos seus planos para que nós cooperemos em obediência, lancemos mão das suas promessas e preparemos o caminho do Senhor. Ele tornou possível que nós prevaleçamos em oração e está esperando agora que eu e você provemos das possibilidades benditas e das realidades gloriosas da oração que prevalece.

2
A importância da oração que prevalece

O PAPEL DA ORAÇÃO QUE PREVALECE

Deus pretende que a sua oração conquiste respostas divinas. A oração não é apenas uma distração de Deus para impedir que Ele fique solitário. Ele se deleita na comunhão conosco. Ele sempre chega mais perto de nós quando oramos. Outra coisa, a oração que prevalece é um dos ministérios mais importantes nos planos do reino de Deus.

A oração que prevalece não é simplesmente um exercício espiritual para nos ajudar a crescer em graça. É certo que nada é mais benéfico para o crescimento na graça do que o crescimento na vida de oração. Quanto mais prevalecermos, mais aprenderemos os segredos da graça de Deus e dos poderes do seu reino. Quanto mais intercedermos, mais íntima será a nossa caminhada com Cristo e mais forte nos tornaremos no poder do Espírito.

A oração que prevalece é o meio decretado por Deus para estender o seu reino, derrotar satanás e o seu império de trevas e maldade, para cumprir o plano eterno de Deus e trazer a efeito a sua boa vontade na terra. Esse é o meio de Deus cobrir a terra com as suas bênçãos. A oração que prevalece é a estratégia prioritária de Deus para a nossa era e dispensação. A história da igreja jamais estará completa até que Cristo revele na eternidade o poderoso envolvimento oculto em oração de todo o seu povo que ora. Que alegria essa revelação trará aos parceiros de Cristo na oração!

Deus Filho está assentado à destra do Pai no seu trono eterno e hoje governa e expande o seu reino de forma soberana. Cristo não vive principalmente para julgar, demonstrar poder divino, proferir sanções soberanas ou emitir decretos oficiais. A sua vocação divina especial e papel estratégico hoje é interceder (Hb 7.25).

O Espírito Santo está tão integrado ao plano divino para esta era que Ele se junta ao Deus Filho de forma incessante na Sua santa intercessão. Ele também é responsável por nos envolver e capacitar a sermos parceiros na estratégia de intercessão de Deus. Ele almeja que nos ergamos para além da nossa fraqueza e nos tornemos poderosos em Deus para orar. Ele se interessa tanto que nos tornemos eficientes como parceiros intercessores de Cristo que intercede por nós com gemidos divinos profundos demais que não podem ser expressos com palavras humanas (Rm 8.26). Não podemos ouvi-Lo, mas ele geme constantemente por nós e conosco.

A oração que prevalece é o ministério mais divino que podemos ter. Nada é tão semelhante a Cristo ou envolve mais cooperação com Ele. Nenhuma forma de serviço cristão é tanto universalmente aberta a todos quanto uma prioridade tão grande de Cristo para todo cristão como a oração que prevalece. É um desejo, um chamado e uma ordenança de Cristo. Senhor, ensina-nos a prevalecer!

OS OBJETOS DA ORAÇÃO QUE PREVALECE

A oração que prevalece pode ser intensamente pessoal. Você tem todo o direito de prevalecer pelos seus desejos e necessidades pessoais. Não há dúvida de que Deus tenha como plano que a maior parte do seu triunfo seja em benefício dos outros e pelo crescimento do reino dEle. Ainda assim, Ele espera e acolhe a sua oração por necessidades e situações particulares e familiares relacionadas a você de forma pessoal. A Bíblia é muito clara sobre esse tema.

O cego Bartimeu prevaleceu em oração pela restauração da sua visão (Mc 10.46-52). A mulher humilhada e atormentada por uma hemorragia havia doze anos prevaleceu pela sua cura (Lc 8.43). A mulher siro-fenícia prevaleceu, e Jesus expulsou o demônio da sua filha (Mc 7.26). Jacó prevaleceu com Deus para obter proteção para a sua família (Gn 32.9-13,22-30).

É mais comum prevalecer em oração a favor dos outros. Abraão prevaleceu por Ló (Gn 18.22-33). Moisés prevaleceu em favor da vitória de Israel sobre Amaleque (Êx 17.8-15). Elias prevaleceu quando pediu que fogo caísse do céu a fim de que Israel fosse salvo de uma recaída (1Rs 18). Isaías e Ezequias prevaleceram pela libertação de Israel das mãos de Senaqueribe (2Cr 32.20). Epafras prevaleceu pela igreja em Colossos (Cl 4.12,13).

Devemos persistir em oração por situações em que a vontade de Deus esteja sendo impedida e satanás esteja atrasando ou bloqueando a causa de Cristo. Precisamos prevalecer por vidas tão iludidas e cegas por causa do pecado que não têm condição ou disposição para orar por elas mesmas. É necessário prevalecermos pelo avivamento da igreja, pelo crescimento espiritual e numérico dela e pelo avanço do evangelho por todo o mundo.

Existem necessidades físicas, financeiras e espirituais que requerem a oração que prevalece. Lares estão sendo desfeitos por satanás, vidas estão sendo destruídas e igrejas precisam de respostas específicas de Deus. É nosso dever prevalecer pelas necessidades morais e espirituais da nossa nação.

O propósito da oração que prevalece é tão amplo quanto a igreja de Cristo e tão extenso quanto o mundo de Deus. Não há nada dentro da vontade de Deus que esteja fora da alçada da oração que prevalece. A oração que prevalece é uma intercessão intensificada — interceder até receber a resposta.

O INTERVALO DE TEMPO NA ORAÇÃO QUE PREVALECE

Em certas ocasiões maravilhosas, a oração prevalece imediatamente. A oração de Moisés pela cura de Miriã da lepra foi muito curta: *Ó Deus, rogo-te que a cures* (Nm 12.13). Mas Moisés andava perto de Deus em um relacionamento face a face. Ele não precisava preparar o coração para obter o favor e a atenção de Deus. A situação foi relativamente descomplicada no fato de que as vontades e atitudes de outras pessoas não estavam envolvidas, e Arão e Miriã já estavam arrependidos. Então Moisés recebeu uma resposta quase instantânea de Deus.

A oração de Elias no monte Carmelo foi extremamente breve — quase trinta segundos de duração. *Então, caiu fogo do Senhor* (1Rs 18.38). É provável que Elias não tenha nem chegado ao "amém" da sua oração. Estou certo de que ele teria orado por mais tempo se Deus não tivesse respondido de forma tão instantânea. Mas que resposta dramática e transformadora para toda a nação: *O que vendo todo o povo, caiu de rosto em terra e disse: O Senhor é Deus! O Senhor é Deus!* (v. 39).

Mas lembre-se: Elias havia orado por três anos enquanto se escondia dos perversos Acabe e Jezabel. Ele carregava o fardo de orar em intercessão constante e não teve nenhuma outra forma pública de ministério. Três anos antes, ele havia anunciado a Acabe que ele mesmo estava perante a presença real de Deus como um dos seus responsáveis ministros de Estado (1Rs 17.1). Você pode estar certo de que Elias intercedia dia e noite.

Algumas vezes, o que parece ser uma simples resposta instantânea à oração nada mais é do que o auge máximo de dias, meses ou até anos de fiel intercessão. Quando Elias prevaleceu? No monte Carmelo, na ravina de Querite enquanto os corvos o alimentavam, ou em Sarepta enquanto se escondia com a viúva e o filho dela? A resposta é que tudo isso fazia parte da sua vitória na oração. A resposta provou que Elias prevaleceu. Mas durante todo o tempo em que ele estava persistindo, Deus estava com ele suprindo as suas necessidades e protegendo-o. A oração que prevalece sempre envolve um custo, e Elias pagou esse preço por pelo menos três anos.

Observemos Elias mais uma vez. Logo após o fogo ter caído do céu, Elias foi sozinho para o topo do monte Carmelo e prevaleceu no pedido por chuva. Por várias vezes, ele orava e esperava a resposta; então pedia que o seu servo fosse olhar com atenção em direção ao mar. Mas somente na sétima vez a nuvem de Deus apareceu — a princípio, com apenas o tamanho da mão de um homem (1Rs 18.44). Uma vitória instantânea em um momento não garante vitória instantânea na próxima situação.

Normalmente, existe um grande mistério com relação ao intervalo de tempo exigido na oração que prevalece. O segredo da oração que prevalece é simplesmente orar até que chegue a resposta. Em última instância, o período de tempo é irrelevante. É a resposta de Deus que conta. A extensão de tempo exigido costuma parecer perturbador e pode provar ser um teste da nossa fé. Depois consideraremos essa questão com mais ponderação.

A oração que prevalece pode ser necessária repetidas vezes em algumas ocasiões, antes que a realização final da vontade de Deus seja obtida. Dessa maneira, quando Josué estava lutando contra Amaleque, enquanto Moisés intercedia com as mãos erguidas "ao trono do Senhor", Josué estava vencendo. Mas, quando Moisés abaixou as mãos, Josué começou a ser derrotado. Com a ajuda de Arão e Hur, as suas mãos ficaram continuamente sustentadas para cima até o pôr do sol e a vitória completa ser conquistada (Êx 17.11-16).

De forma semelhante, Epafras prevalecia em oração pela igreja de Colossos dia após dia (Cl 4.12,13). Paulo também prevalecia de forma contínua pelos judeus, ainda que fosse essencialmente um apóstolo aos gentios (Rm 9.1-3).

OS NÍVEIS DA ORAÇÃO QUE PREVALECE

Para prevalecer, o intercessor deve aumentar a intensidade da sua oração de um nível para outro, com frequência. Sugiro que existam sete níveis. Os três primeiros são listados por Jesus no seu sermão do monte (Mt 7.7). A estes, acrescento mais quatro níveis extraídos das Escrituras.

Nível 1	Pedir	Mateus 7.7.
Nível 2	Buscar	O ato de pedir se torna mais longo e mais intenso.
Nível 3	Bater	A intercessão se torna ainda mais urgente e insistente.
Nível 4	Jejuar	Acrescenta-se o jejum ao anterior aumento de intensidade e urgência de intercessão.
Nível 5	Fardo de oração	O fardo pode ser intenso e rápido ou talvez se estenda por um período mais longo.
Nível 6	Luta em oração	Oração muito intensa.
Nível 7	Batalha de oração	Combate de oração, estendendo-se por um período prolongado.

Talvez devêssemos chamar esses níveis de sete aspectos ou formas da oração que prevalece. Em vez de desistir, nós entramos em uma intercessão cada vez mais determinada até prevalecermos. Esses níveis de intensidade de oração não são totalmente separados uns dos outros. Durante a persistência em oração, um nível pode se unificar ao outro quase sem discernimento disso por parte do intercessor.

Um fardo especial de oração dado pelo Espírito Santo não pode ser suportado por um período longo de tempo em sua forma mais intensa. É exaustivo demais fisicamente. De forma semelhante, o fardo de oração na sua forma muito intensa pode se tornar quase um sinônimo de luta em oração.

A batalha de oração pode incluir todos os níveis precedentes. Na verdade, a batalha de oração costuma durar por um período prolongado de tempo e pode envolver a alternância de um nível para outro de acordo com a direção do Espírito.

O importante é não ficar analisando a oração para ver em que nível de intercessão você está em algum momento específico. Em vez disso, esteja atento ao fato de que o Espírito pode levá-lo para um ou todos esses níveis de acordo com a sua vontade. Esteja disponível e pronto para orar conforme ele dirigir e capacitar. Na parceria de intercessão santa com Cristo e o Espírito Santo, o guerreiro de oração está buscando sempre interceder de acordo com a mente do Espírito. Toda essa discussão se tornará cada vez mais clara e espiritualmente abençoada ao avançarmos na escola de oração de Cristo.

Lembre-se sempre de que você nunca merece respostas de oração. Você não conquista a resposta de Deus com algo que faz. Você não recebe respostas por causa do seu esforço físico, porque você ora em voz alta ou está produzindo algum tipo de experiência emocional. Na verdade, a oração mais intensa de todas às vezes pode ser a mais silenciosa. Por outro lado, quando o seu coração clama a Deus, é bem possível que você, assim como Jesus, tenha momentos de *forte clamor e lágrimas* (Hb 5.7). Muitos dos guerreiros de oração do Senhor ao longo dos séculos por vezes experimentaram tamanha intensidade de oração.

A oração intensificada que prevalece é a lei decretada por Deus e o método de implementação do seu plano redentor nesta era até Jesus voltar. Este é o esforço mais elevado, santo e poderoso do qual um filho de Deus é capaz. É o meio escolhido por Deus para fazer o poder do céu, os recursos divinos e os anjos celestes atuarem na terra. Spurgeon diz: "Quem sabe comover a Deus em oração tem o céu e a terra à sua disposição".[1] A oração intensificada é revestida com o poder do próprio Deus.

---

[1] PAYNE, Thomas. *The Greatest Force on Earth*. 7. ed. London: Marshall Brothers, n.d., p. 20.

NÍVEIS DE ASSOCIAÇÃO EM ORAÇÃO

Unir-se em oração costuma ser essencial para garantir respostas às nossas orações. Deus sempre honra a unidade em oração. Quando várias pessoas estão orando pela mesma necessidade, Deus pode escolher uma dentre o grupo para carregar um fardo específico de orar ou exercer fé especial. Isso pode fortalecer e ajudar todo o grupo na sua oração.

Destaco cinco níveis de associação em oração:

Nível 1	Parceiros de oração
Nível 2	Grupos de oração
Nível 3	Grupos simultâneos de oração
Nível 4	Chamados à oração emitidos por líderes responsáveis e influentes para muitas pessoas e grupos
Nível 5	Movimentos generalizados de oração

Durante os movimentos generalizados de oração, todos os cinco níveis podem existir de forma simultânea, conforme orientado e motivado pelo Espírito. A união em oração será discutida de forma mais completa nos capítulos seguintes.

3

Oração que prevalece

A NECESSIDADE DA IGREJA

A grande necessidade do nosso mundo, do nosso país e das nossas igrejas é de pessoas que saibam como prevalecer em oração. Momentos de desejos piedosos expressos com brandura a Deus uma ou duas vezes ao dia trarão pouca mudança sobre a terra ou entre o povo. Pensamentos bondosos externados ao Senhor em cinco ou seis frases depois de ler um parágrafo ou dois de sentimentalismo levemente religioso uma vez ao dia, tirados de algum texto devocional, não vão trazer o reino de Deus à terra nem abalar os portões do inferno e afugentar os ataques do maligno sobre a nossa cultura e a nossa civilização.

Os resultados, e não belas palavras, são o teste da oração que prevalece. Os resultados, e não meros momentos devocionais hipócritas, são a marca do verdadeiro intercessor.

Precisamos de respostas grandiosas para a oração, de vidas e situações transformadas — respostas que carregam em si o selo do divino. Carecemos de demonstrações poderosas da realidade de Deus, do seu interesse, da sua atuação e do seu poder, o que forçará o mundo a reconhecer que Deus é verdadeiramente Deus, que ele é soberano e está envolvido hoje no mundo que criou. Necessitamos de respostas poderosas para a oração que tragam nova vida à igreja e novas forças, fé e coragem aos crentes desfalecidos; o que silenciará, deixará assombrado e condenará todo homem perverso; e impedirá, derrotará e fará recuar todo assalto de satanás.

A vasta maioria dos cristãos sabe muito pouco sobre a oração que prevalece, a luta em oração e a batalha de oração. Temos visto muito poucas demonstrações de oração que prevalece. Conhecemos muito poucos guerreiros de oração que tenham poder de intercessão com Deus e com as pessoas. Encontramos muito poucos intercessores ao estilo de Elias que sejam exatamente como nós, mas cuja vida seja poderosa e eficaz (Tg 5.16-18).

A intercessão é mais do que um amor ocasional por Deus tocante e emocional, mais do que expressões de boa vontade de joelhos quando pensamos nos doentes e nos que sofrem entre os nossos amigos. A oração é mais do que um clamor de desejo fervoroso quando de repente somos confrontados pela necessidade de alguma crise.

O TRABALHO PRIORITÁRIO DE DEUS PARA VOCÊ

A oração que prevalece é uma obra sagrada, um labor fervoroso. Epafras, que estava *sempre batalhando* [...] *em oração* pela sua congregação (Cl 4.12, *NVI*), prevaleceu em oração. Os apóstolos escolheram de forma deliberada dar total atenção à oração (At 6.4). Então, três versículos depois, somos informados: *Crescia a palavra de Deus, e, em Jerusalém, se multiplicava o número dos discípulos.* Até um grande número de sacerdotes, talvez os mais difíceis de serem ganhos, *obedeciam à fé.*

Murray escreveu: "Nós temos uma concepção pequena demais do lugar que a intercessão, como algo distinto da oração por nós mesmos, deve ter na igreja e na vida cristã. Na intercessão, o nosso Rei sobre o trono encontra a sua maior glória. Nela também encontraremos a nossa maior glória. Por meio dela, Ele continua a sua obra salvadora e nada pode fazer sem ela. Somente por meio dela podemos fazer o nosso trabalho e nada tem proveito sem ela". Ele acrescenta: "Onde [...] trabalhamos mais do que oramos, a presença e o poder de Deus não são vistos no nosso trabalho como desejaríamos".[1]

"A oração jamais teve como intuito ser um incidente na obra de Deus. Ela é *a* obra [...] em todo o trabalho para Deus, a oração é a capacidade produtiva de tudo o que Deus faria por meio do seu povo". Arthur Mathews diz: "O histórico espiritual de uma missão ou uma igreja é escrito pela sua vida de oração".[2] O que conta para Deus não é a estatística, mas a profundidade da oração, a presença e poder dEle na vida das pessoas, no culto da igreja e no alcance aos perdidos. Todas as nossas definições de metas, técnicas eficientes de gerenciamento e administração computadorizada conquistarão pouca coisa, a menos que sejam habilitadas pelo poder da oração que prevalece.

Seja qual for o motivo para estarmos ocupados demais para termos um tempo de oração, qualquer coisa que nos distraia da persistência santa e tudo que nos roube a sede por Deus, por almas e por tempo de batalha de oração, é um obstáculo para Deus e o seu reino. Isso é algo que não podemos nos permitir.

As pessoas notáveis e piedosas da igreja sempre são aquelas que sabem como prevalecer em oração. Não existe nada mais elevado ou superior na vida e no serviço cristão. Na oração que prevalece, nós estaremos à altura do nosso potencial máximo como seres criados à imagem de Deus e exaltados aos lugares celestiais para partilhar com Cristo do seu trono intercessor (Ef 1.20,21; 2.6).

Reflita sobre isto: o próprio Deus que levou Jesus para o céu depois da sua morte e ressurreição, colocando Jesus à sua destra no trono do universo, também *nos ressuscitou, e nos fez assentar nos*

---

[1] MURRAY, Andrew. *Ministry of Intercession*. New York: Revell, 1898, p. 13-14.
[2] MATHEWS, R. Arthur. *Born for Battle*. New York: Overseas Missionary Fellowship and Send the Light Trust, 1978, p. 74, 72.

lugares celestiais em Cristo Jesus (Ef 2.6). Em tese, você está assentado no mesmo lugar que Jesus — no trono — para compartilhar do seu governo! Quando? Agora! Como? Pela intercessão!

Não existe ministério superior nem liderança mais influente do que a intercessão. Não há papel, honra ou autoridade mais elevados do que este. Nós fomos salvos para reinar pela oração. Nós fomos cheios do Espírito a fim de sermos qualificados para reinar por meio da oração. Ao prevalecer em oração, nós reinamos.

DEUS BUSCA PESSOAS QUE PREVALEÇAM

A maior necessidade de Deus, hoje em dia, é de homens e mulheres que saibam prevalecer em oração — intercessores de poder, indivíduos que prevaleçam incansavelmente, pessoas que perseverem na batalha e na conquista de oração até que o poder dos céus seja liberado e a vontade de Deus se cumpra nas situações práticas na terra.

A causa de Deus rasteja para a frente de forma tímida e lenta quando existem mais pessoas que organizam do que pessoas que agonizam, mais trabalhadores do que guerreiros persistentes de oração. Precisamos de guerreiros de oração que enxerguem o coração de Deus, que experimentem o poder e a glória da cruz, que conheçam o significado da Bíblia e a importância do dia do julgamento, do céu e do inferno. Carecemos de guerreiros de oração que sintam a escravidão, a ausência de qualquer esperança eterna e a condenação dos não salvos; que sintam o poder, a alegria e a glória transformadores de Cristo aos salvos. Necessitamos de guerreiros de oração que orem como se Deus fosse Deus e satanás fosse satanás.

Deus busca pessoas que prevaleçam em oração. Este é o meio decretado por Ele para transformar o mundo rumo à integridade e as pessoas do mundo em direção à salvação. Deus procura pessoas que prevaleçam, porque Ele vê os milhões de pessoas na terra em pecado e necessidade, as ama infinitamente e anseia salvá-las do pecado, de satanás e do inferno. O preço pela sua expiação já foi pago. A obra do Calvário está consumada de forma triunfante, para sempre. Está tudo pronto, mas o homem está cego, preso e endurecido pelo pecado.

A única esperança de Deus para os milhões de pessoas na terra é a oração que prevalece. Por essa razão, Jesus está persistindo dia e noite, e precisa da nossa cooperação persistente. Deus predeterminou que as nações fossem salvas por meio da oração (Sl 2.8). Isso faz parte do seu decreto eterno. Por essa razão, Jesus ora e, como consequência, nós devemos orar.

ESTAMOS DECEPCIONANDO DEUS

Milhões de crentes fracos e descuidados estão decepcionando o grande coração cheio de amor do nosso Senhor; estão em falta com o seu Salvador crucificado, ressurreto e entronizado; estão falhando com o terno Espírito que intercede com gemidos. Deus almeja ser gracioso (Is 30.18), mas é impedido pelo nosso fracasso em cumprir o papel para o qual Ele nos criou, salvou e nos preserva vivos hoje.

As igrejas, organizações missionárias e instituições evangélicas são altamente organizadas, têm uma boa equipe e, como um todo, elas se ocupam com um trabalho importante. Mas onde estão os resultados? Nós ainda não oramos para que elas tenham sucesso. Falhamos em ensinar ao nosso povo o papel da oração que prevalece. Fracassamos por não sermos modelos de vida poderosa de oração persistente e não orientá-lo nisso.

Só um insensato deixa de orar, mas milhões de cristãos parecem quase plenamente insensatos. Eles acreditam na oração, oram de forma muito casual e normalmente sem eficácia, mas nunca se deram ao trabalho da conquista espiritual por meio da oração que prevalece. Mesmo sabendo que o forte poder de Deus é liberado sempre por meio da oração, eles ainda assim deixam de orar até obterem vitória.

"Onde estão os líderes semelhantes a Cristo que podem ensinar aos santos de hoje como orar? [...] Onde estão os líderes apostólicos que conseguem pôr o povo de Deus para orar?"[3] (tradução livre). Somente aqueles que prevalecem em oração produzem uma multidão de seguidores que sabem como prevalecer. Apóstolos que prevalecem produzem guerreiros de oração. De forma comparativa, os púlpitos sem oração produzirão congregações sem oração e sem poder. Quem chamará a geração de hoje para orar e lhe ensinará a orar? Onde estão os nossos gigantes da oração?

PROCURAM-SE: GIGANTES NA ORAÇÃO

Há muitos anos, E. M. Bounds escreveu:

> Carecemos dessa liderança que ora; precisamos disso, para que pela perfeição e beleza da sua santidade, pela força e aumento da sua fé, pela potência e pressão das suas orações, pela autoridade e integridade do seu exemplo, pelo fogo e propagação do seu fervor, pela singularidade, sublimidade e falta de merecimento da sua piedade, Deus possa ser influenciado, mantendo e moldando a igreja ao seu padrão celestial.
>
> Como o poder de tais líderes pode ser sentido! Como a sua chama desperta a igreja! Como eles combatem e dão vitória por meio dos conflitos e triunfos da sua própria fé! Como eles influenciam com a comoção e importunação das suas orações! Como eles contagiam com a propagação e o fogo da sua santidade! Como eles lideram a marcha em grandes revoluções espirituais! Como a igreja é chamada dos mortos pelo chamado da ressurreição em seus sermões! A santidade surge na sua vigília como flores na voz da nascente e onde eles percorrem o deserto em flor como um jardim do Senhor. A causa de Deus exige tais líderes".[4]

---

[3] BOUNDS, E. M. *Poder pela oração*. São Paulo: Editora Vida, 2010, p. 87.
[4] BOUNDS, E. M. *Purpose in Prayer*. New York: Revell, 1920, p. 83-84.

Deus almeja revelar o seu forte poder e o seu amor redentor de forma mais notável e frequente. O que o impede? A falta de oração que prevalece adequada. Assim como o dono do pomar descrito por Jesus vinha procurar frutos (Lc 13.6,7), Deus também busca por veteranos de oração que prevaleçam no meio do seu povo. Leia mais uma vez o que Andrew Murray escreveu:

> Ele observa se a igreja está treinando o grande exército de homens e mulheres maduros, cujo tempo de trabalho secular passou, mas que pode fortalecer o exército dos "eleitos, que clamam a ele dia e noite" [...]. Ele contempla os milhares de rapazes e moças em treinamento para a obra do ministério e de missões, e mantém os olhos fixos ansiando ver se a igreja os está instruindo de que a intercessão, o poder com Deus, deve ser a sua primeira preocupação e buscando treiná-los e ajudá-los nisso. Ele olha para ver se os pastores e os missionários estão entendendo esta oportunidade e trabalhando para treinar os crentes das suas congregações para se tornarem aqueles que podem "ajudar juntos" por meio da sua oração e "prosperar com eles nas suas orações". Deus busca intercessores da mesma forma que Cristo busca a ovelha perdida até encontrá-la.[5]

Precisamos de um novo compromisso intenso e radical com a oração, de líderes que conheçam e provem o poder da oração, de congregações que cultivem cada vez mais o poder na oração. Carecemos de liderança que prevalece para moldar uma nova geração de guerreiros de oração.

DEUS ORDENOU QUE PREVALECÊSSEMOS

Deus ordenou um papel glorioso ao seu Filho e a nós em santa, porém indigna, parceria com o seu Filho. Ah, que Deus nos ajude a perceber a maravilha dessas realidades!

---

[5] MURRAY, Andrew. *Ministry of Intercession*, p. 168-169.

Deus ordenou que Cristo fosse o grande intercessor

1. *O Filho é a revelação de Deus Pai.* Tudo o que aprendemos sobre Deus, aprendemos por meio do Filho. Ninguém nunca viu a Deus Pai (Jo 1.18), mas quem vê o Filho, vê o Pai (14.9). Portanto, todas as vezes em que Deus apareceu como ser visível, foi Deus Filho quem apareceu. Deus Filho é o Verbo de Deus. Por isso, sempre que Deus falou, foi por meio do Deus Filho.

2. *O Filho é o representante ordenado por Deus.* Deus nos criou por meio do Filho (Jo 1.3,10). Toda a vida que temos veio de Deus por meio do Filho (1.4; 6.33; 11.25). O Filho foi o mediador entre Deus e nós, mesmo quando veio como Jeová pré-encarnado. Com toda a certeza, foi Ele quem andou com Adão e Eva no jardim, com Enoque por muitos anos e com o Seu amigo Abraão; Ele falou face a face com Moisés e se tornou visível para Isaías (Jo 12.41), Daniel e para o apóstolo João em Patmos. No decorrer dos séculos desde a criação, Cristo tem vindo a nós muitas e muitas vezes (Mq 5.2). Ele veio até nós na Sua encarnação; agora Ele vem até nós constantemente como Emanuel, Deus conosco.

3. *O Filho tem como ordenança ser responsável pela raça humana.* Ele sempre tomou sobre si as nossas necessidades (Is 53.4; 63.9). Ele foi responsável por proporcionar expiação pela humanidade (53.6). Desde a criação, Ele tem sido o intercessor da humanidade e, agora que entrou no santuário dos céus em nosso nome, ele é e será o nosso Sumo Sacerdote para sempre (Hb 6.19,20). O seu sacrifício pessoal como Sumo Sacerdote foi de uma vez por todas, mas o seu papel como intercessor continua para sempre (7.25). Assim, o Deus Filho, o nosso Senhor e Salvador, é o grande, contínuo e perfeito intercessor que prevalece.

Deus ordenou que intercedêssemos com Cristo

Deus nos criou à Sua imagem para sermos semelhantes a Ele na personalidade e no caráter. Ele nos criou para termos comunhão com o Jeová triúno. De toda a criação, Deus ordenou que tivéssemos um relacionamento especial com o Deus Filho. Fomos criados espiritualmente para termos comunhão com o Filho (1Co 1.9) e para sermos a noiva do Filho (Is 62.5; Jo 3.29; Ef 5.25,26; Ap 21.9).

Também fomos criados, salvos e chamados para interceder e assim prevalecer até que a resposta de Deus surja. Já que a intercessão que prevalece é uma grande prioridade de Cristo hoje, esta também deve se tornar a nossa prioridade como seus representantes aqui. Ele nos deu o Espírito Santo para nos capacitar a enxergar as pessoas e as necessidades da perspectiva dEle. Ele predeterminou que o Espírito Santo nos capacitasse na nossa fraqueza quanto à oração (Rm 8.26). Ele nos autorizou a usar a autoridade do seu nome na oração (Jo 14.13,14; 15.16; 16.23,24).

Ele nos fez para sermos sacerdotes para Deus, o que com certeza inclui o papel intercessor de todo sacerdote (Ap 1.6). Devemos ser não somente sacerdotes santos (1Pe 2.5), mas também ser sacerdócio real (v. 9), eleitos para servir ao nosso Rei. À luz de outras passagens bíblicas, fica óbvio que essa responsabilidade inclui o fato de que recebemos um papel de realeza na nossa intercessão. Tornamo-nos a realeza que intercede. Nós, como Jesus, governamos e ampliamos o domínio de Cristo pela nossa intercessão persistente. Devemos partilhar a soberania de Cristo pela oração que prevalece.[6] Ele nos delega autoridade real.

"Deus voluntariamente se fez dependente também de nossas orações [...]. Na oração, a igreja recebe poder para governar o mundo." Deus atua e fala por meio das nossas orações. Embora ele seja sempre livre e aja em soberana liberdade, ainda assim parece que se sujeitou, ao menos em grande escala, à nossa intercessão.[7] Hallesby chama a oração do "cabo condutor por meio do qual o poder dos céus é trazido à terra". Ele acrescenta que

---

[6]TASKER, R. V. G., ed. ger. *The Tyndale New Testament Commentaries*, vol. 17: *The First Epistle General of Peter*, por Alan M. Stibbs. London: Tyndale, 1959, p. 104.
[7]HALLESBY, Ole. *Oração*. Curitiba: Encontro Publicações, 2008, p. 146-147. V. tb. BLOESCH, Donald G. *The Struggle of Prayer*. San Francisco: Harper, 1980, p. 87-88.

as nossas orações convictas "inquestionavelmente, constituem o meio pelo qual Deus, da maneira mais rápida" será capaz de conferir ao nosso mundo o seu poder salvífico por meio de Cristo. Calvino também ensinou que a oração é o meio pelo qual o poder de satanás pode ser subvertido e o reino de Deus, expandido.[8]

A GLÓRIA DA ORAÇÃO QUE PREVALECE

A maior glória de Cristo hoje sobre o seu trono soberano é a glória da intercessão que prevalece.[9] Esse também se torna o nosso ministério mais glorioso. Não existe papel mais semelhante ao de Cristo do que o de ser um cointercessor com Ele pelas prioridades que estão no seu coração. Não existe nenhum outro modo de ser maior força e bênção para a igreja de Cristo. Não há outra forma de fazer mais para o avanço do reino de Cristo e que traga glória ao nome de Jesus. A intercessão que prevalece é o nosso supremo serviço enquanto na terra.

A oração que prevalece é gloriosa, porque nos une ao que move o coração de Cristo. Ela é gloriosa, porque na oração que prevalece compartilhamos a visão de Cristo, o propósito, a santa determinação dEle e normalmente a angústia da alma e o fardo de Cristo, que têm um alto custo. A intercessão que prevalece é o esforço mais cristão de todos, assim como o mais controlado pelo Espírito. O Espírito compartilha conosco a paixão de Cristo até que nos incomodemos pela mesma compaixão do Filho e os mesmos gemidos do Espírito (Rm 8.26).

É uma honra chorar com Cristo, amar com Cristo e arder de anseio por Cristo. É glorioso compartilhar a batalha e o triunfo da intercessão com Cristo. Às vezes, começamos a sentir o poder e o gozo da era por vir (Hb 6.5) quando a nossa persistência irrompe

---

[8]HALLESBY, Ole. *Oração*, p. 110, 147; BLOESCH, Donald G. *The Struggle of Prayer*, p. 57.
[9]MURRAY, Andrew. *Ministry of Intercession*, p. 13.

em vitória. A glória começa ao sentirmos a segurança que o Espírito nos dá de que a nossa oração é ouvida e respondida. Os resultados visíveis nem sempre são evidentes de imediato, mas sabemos que prevalecemos de acordo com a vontade de Deus e sabemos que a resposta de Deus é certa.

Toda oração que prevalece receberá a sua honra final e suprema quando chegarmos ao céu de glória, com as suas revelações das recompensas da oração respondida. Quanta honra aguarda os guerreiros de oração vitoriosos no tribunal de Cristo, quando as honrarias e as recompensas da eternidade forem anunciadas e concedidos (1Co 3.11-15; 4.5; 9.25)!

Então ficaremos maravilhados ao ver como a nossa persistência se uniu à de outros guerreiros de oração de Deus e à própria intercessão de Cristo, o Filho de Deus. Depois descobriremos os santos desconhecidos que prevaleceram e por eras foram o segredo da obra poderosa de Deus. Nessa ocasião, veremos que toda santa intercessão começa no coração de Deus, é compartilhada conosco pelo Espírito Santo, tem o "amém" de Jesus e é apresentada pelo Filho ao Pai, além de ser assistida pelos santos anjos de Deus. Naquele momento, veremos que nenhuma oração que prevalece foi em vão. Finalmente nos curvaremos diante de Deus em admiração, amor e deslumbramento de adoração ao pensarmos que nós, indignos que somos, tivemos uma parceria tão estratégica com Cristo no ministério do seu trono e nas suas vitórias eternais!

Senhor, ensina-nos o privilégio, a responsabilidade e a glória da oração que prevalece!

4
Falta de oração é pecado

Não existe pecado mais fácil de ser cometido do que o da falta de oração. Isso é um pecado contra o homem e contra Deus. Você é culpado desse pecado hoje? Em algumas ocasiões, a Bíblia aborda de forma específica o pecado de deixar de orar pelos outros. Samuel disse a Israel: *Quanto a mim, longe de mim que eu peque contra o SENHOR, deixando de orar por vós* (1Sm 12.23). Teria sido um pecado contra eles e contra Deus, que os amava tanto.

É possível pecar não apenas fazendo o que é errado, mas deixando de fazer o que é certo, negligenciando fazer a sua obrigação. *Portanto, aquele que sabe que deve fazer o bem e não o faz nisso está pecando* (Tg 4.17). Jesus disse: *Aquele servo, porém, que conheceu a vontade de seu senhor [...] nem fez segundo a sua vontade será punido com muitos açoites* (Lc 12.47).

Tais pecados de omissão não nos separam de Deus, mas com certeza entristecem o coração dEle. Eles mostram desrespeito à Palavra de Deus, ao amor de Cristo e ao afável Espírito Santo, que busca nos fazer lembrar o que devemos fazer. Os pecados de omissão enfraquecem a nossa vida espiritual, fazem que nos tornemos relativamente inúteis para Deus e nos roubam as recompensas que Deus anseia nos conceder.

UM PECADO DE NEGLIGÊNCIA

Ole Hallesby escreveu: "Os filhos de Deus em nada podem entristecer mais a Jesus do que ao negligenciar a oração [...]. Muitos negligenciam a oração a tal ponto que sua vida espiritual extingue-se gradualmente".[1] Aqueles que são descuidados com a oração demonstram que são descuidados com outras questões espirituais. Eles raramente estão preparados para ser usados por Deus. A falta de oração indica indisponibilidade para Deus — um pecado contra o amor de Deus.

A falta de oração prova que a pessoa tem muito pouco amor verdadeiro por Deus. Não é difícil criar tempo para falar com aqueles a quem amamos. "Irmãos, a carência lastimável da igreja é a sua preguiça diante de Deus", diz Samuel Chadwick. Andrew Murray acrescenta: "O pecado da ausência de oração é uma prova [...] de que a vida de Deus na alma está em doença terminal e fraqueza".[2]

A pessoa negligente na oração é mais carnal que espiritual. O Espírito Santo é o Espírito de oração (Zc 12.10,). Ele nos impele a orar, nos guia em oração e auxilia a nossa fraqueza na oração (Rm 8.26). Os crentes que deixam de orar não são cheios nem controlados pelo Espírito, não importando o que possam professar. A negligência na oração pode ser um pecado contra Deus.

UM PECADO DE DESOBEDIÊNCIA

A falta de oração não é apenas negligência; é desobediência. Essa desobediência pode tomar muitas formas.

Temos a responsabilidade de orar por todos os líderes, em especial pelos do nosso governo e de outras nações. Você ora?

Antes de tudo, pois, exorto que se use a prática de súplicas, orações,

---

[1] Hallesby, Ole. *Oração*, p. 32.
[2] RAVENHILL, Leonard. *Revival Praying*. Zachary: Ravenhill, 1962, p. 12; MURRAY, Andrew. *Prayer Life*. Chicago: Moody, n.d., p. 15.

intercessões, ações de graças, em favor de todos os homens, em favor dos reis e de todos os que se acham investidos de autoridade (1Tm 2.1,2). Deixar de incluir esses tópicos nas suas orações particulares ou públicas é um pecado de desobediência.

Em duas ocasiões diferentes, Jesus ordenou: *Rogai, pois, ao senhor da seara que mande trabalhadores para a sua seara* (Mt 9.38; Lc 10.2). Se não ora por evangelismo e missões, você está desobedecendo à ordem de Jesus de forma direta. Esse é um pecado de desobediência.

Jesus nos ensinou no sermão do monte que deveríamos orar: *Venha o teu reino* (Mt 6.10). Nós, cristãos, não temos opção. Devemos orar com regularidade pelo avanço da causa de Cristo, pela santificação e glorificação do nome dEle e pela bênção de Deus sobre a igreja. Não fazê-lo é um pecado direto de desobediência a Cristo. Examine a sua vida de oração e veja se tem entristecido a Deus com frequência por tal desobediência.

Jesus nos deu uma oração-modelo para nos ensinar: *Portanto, vós orareis assim* (Mt 6.9). Na verdade, deveríamos usar essas mesmas palavras com frequência, porque Jesus nos ordenou: *Quando orardes, dizei...* (Lc 11.2). Nessa oração-modelo, Jesus ensinou que o normal seria orarmos primeiro para que o nome, o reino e a vontade de Deus se cumpram na terra antes de começarmos a orar pelas nossas necessidades pessoais (Mt 6.9-13; Lc 11.2-4).

Portanto, centralizar constantemente a maior parte da sua oração em si mesmo, na sua família e no seu círculo imediato de amizades, em vez de no reino de Cristo, na sua igreja, nas necessidades do mundo e na evangelização do mundo, é contrário ao exemplo de Cristo quando ele disse: *Portanto, vós orareis assim* (Mt 6.9). Orar por si mesmo é petição, e não intercessão. Interceder é orar pelos outros. A oração que prevalece costuma ser a oração pelos outros.

A oração feita pelo crente dia após dia principalmente por si, pela sua família e pelo seu círculo imediato de amigos, e não principalmente pelos outros, como Jesus ensinou, é uma forma de pecado. O egocentrismo do cristão tão grande a ponto de ele nunca chorar como Davi ao orar pelo bem-estar ou pela salvação dos seus inimigos; o salvo que nunca se lamenta pela sua cidade ou região, como Jesus o fez por Jerusalém; o cristão que nunca ora com o coração quebrantado pelos pobres e os desabrigados, pelos que passam fome, pelos encarcerados, órfãos, viúvas, os enlutados, os que estão escravizados pela bebida, viciados em drogas e pelas crianças e mulheres abusadas, pecam contra a ordem de Paulo: *Chorai com os que choram* (Rm 12.15).

Jó perguntou: *Acaso, não chorei sobre aquele que atravessava dias difíceis ou não se angustiou a minha alma pelo necessitado?* (Jó 30.25).

Os crentes que sabem que Jesus ensinou — e ordenou — que eles orassem e está esperando pela sua parceria, mas ainda assim deixam de orar, estão desobedecendo de forma direta.

A pessoa convertida que sabe que Cristo deseja que o mundo receba uma chance de ser salvo, que Jesus mandou que orássemos por trabalhadores para a sua seara e que os resultados espirituais duradouros do evangelismo vêm somente quando o evangelismo é coberto com oração persistente — um crente que sabe de tudo isso e ainda deixa de orar comete desobediência direta do tipo mais grave. Isso levanta uma dúvida do quanto essa pessoa ama os outros e quanto realmente ama a Jesus.

Deixar de orar com frequência e fidelidade pelos outros é provar que o nosso amor é muito egoísta, que a nossa visão é muito limitada e que ainda não aprendemos o que move o coração de Jesus, que ama e almeja o bem-estar e a salvação do mundo inteiro.

UM PECADO CONTRA A SUA VIDA ESPIRITUAL

A falta de oração também é um pecado contra a sua própria vida espiritual. É impossível crescer na graça quando se negligencia a oração. É impraticável desenvolver uma caminhada próxima com Jesus se não houver comunhão frequente com ele. É inviável compartilhar do que move o coração de Jesus se raramente se intercede com Ele.

Deixar de orar nos rouba a consciência da proximidade da presença de Jesus, nos tira a compreensão do sorriso no Seu rosto, da bênção de ouvir a Sua voz, nos furta o toque das Suas mãos sobre nós e muito da Sua direção, e nos rouba o Seu poder.

A falta de oração é o pecado mais grave contra nós mesmos, já que orar é tão abençoadamente simples. A única coisa de que precisamos para aprender a orar é orar. Isso é tão natural espiritualmente que os crentes recém-convertidos quase começam a orar sem serem ensinados. Até crianças pequenas podem aprender com facilidade a terem uma vida de oração muito real, pessoal e satisfatória quando conversam com Jesus.

UM PECADO CONTRA DEUS

Podemos chamar a falta de oração de fraqueza por estarmos tão ocupados e preocupados que negligenciamos o que sabemos que deveríamos fazer. Conseguimos criar muitas desculpas, mas Deus chama isso de desobediência. Isso é pecado contra Deus.

Deixar de orar não é apenas um pecado direto contra os outros; é um pecado direto contra o próprio Deus (1Sm 12.23). Jesus nos disse que deveríamos *orar sempre e nunca esmorecer* (Lc 18.1). Forsyth disse que, para o cristão, "o pior pecado é a falta de oração".[3] Por quê? Porque mostra a nossa indiferença e desobediência a Deus.

A falta de oração é uma evidência de qual é a nossa atitude para com Deus. É um tipo de infidelidade e falta de amor.[4] O nosso relacionamento com Deus não é o que deveria ser se não O amarmos o suficiente para encontrarmos tempo para ficar a sós, ouvi-lo e falar com Ele. A ausência de oração proclama para Deus e para satanás que o nosso relacionamento com Jesus não é de muito amor e proximidade. Uma relação adequada com Jesus sempre inclui a oração — tanto o desejo quanto a prática em si.

---

[3]BLOESCH, Donald G. *The Struggle of Prayer*, p. 132.
[4]MURRAY, Andrew. *Ministry of Intercession*, p. 24.

VOCÊ SE ARREPENDERÁ POR DEIXAR DE ORAR

O arrependimento pela falta de oração começa nesta vida quando de repente precisamos prevalecer em oração e então percebemos como nos desviamos para longe, como a nossa relação com Ele é casual e como a nossa falha em orar nos deixou fracos. Quando de repente precisamos de uma fé potente, a nossa fé se prova frágil e oscilante, porque a exercitamos tão pouco. Deus, na sua misericórdia, talvez ainda nos ouça, mas o nosso coração se sente culpado por negligenciar o Senhor e desobedecer-Lhe na nossa vida de oração.

Precisamos pedir o Seu perdão imediatamente. Lembre-se de que o perdão pode ser recebido de forma instantânea se estivermos arrependidos de verdade e então darmos passos para fazer a vontade de Deus. Mas o poder na oração não é restaurado de imediato. O normal é que isso seja resultado da fidelidade em uma vida de oração.

Deus mantém um registro não somente dos nossos pensamentos e palavras, mas também das nossas orações. Ravenhill escreve: "Creio que muitos de nós necessitaremos das lágrimas choradas por nossos olhos quando os livros forem abertos no tribunal de Cristo e o nosso registro pessoal for lido".[5]

Quando eu e você estivermos com Cristo na eternidade, talvez o feito mais incrível da nossa vida ao olharmos para trás seja a nossa falta de oração. "Se houver algum arrependimento no céu, o maior deles será o de havermos dedicado tão pouco tempo à verdadeira intercessão."[6]

Se, como Andrew Murray ensinou, Cristo pretendia que a oração fosse o grande poder pelo qual a sua igreja faria a sua obra, então com certeza a negligência da igreja na oração é a maior razão para a sua falta de poder. Ele acrescentou: "satanás

---

[5]RAVENHILL, Leonard. *Revival Praying*, p. 54.
[6]UM CRISTÃO ANÔNIMO. *A oração que funciona*. Venda Nova: Editora Betânia, 1979, p. 29.

apresentará todo o seu poder para nos impedir de nos tornarmos homens de oração".[7] Como Deus fica decepcionado com a vida espiritual do pastor e do povo quando eles são fracos na oração que prevalece e na oração de fé. Deus nos deu os melhores meios de fazer as suas bênçãos e o seu poder serem derramados sobre a nossa vida e o nosso trabalho.

É provável que não exista nenhum outro pecado que devamos reconhecer com vergonha mais profunda do que o da falta de oração. Talvez nunca na história da igreja os líderes das nossas igrejas e as nossas congregações estiveram tão ocupados e organizados nas atividades da igreja. Mas onde está o poder que atrai os não crentes, que os faz tremer na presença de Deus, que os traz ao verdadeiro arrependimento e transforma a vida deles e a comunidade? O fato de estarmos ocupados não é o suficiente. Precisamos ser abençoados e habilitados, usados de forma poderosa por Deus.

Nunca antes a causa de Deus precisou tanto de mais ilustrações visíveis das possibilidades e do poder da oração quanto a igreja atual necessita. É o poder da oração que produz pessoas santas e um caráter santo, uma vida ética e um testemunho frutífero. Deus perdoa a nossa falta de oração e nos chama mais uma vez para uma vida de oração que prevalece.

PODEMOS SER SALVOS DA FALTA DE ORAÇÃO

Chadwick escreveu: "Pareceria que a maior coisa do universo de Deus é um homem que ora. Há somente uma coisa mais assombrosa, que é esse homem, sabendo disso, não viesse a orar".[8] Senhor, faz-nos gigantes na oração! A falta de oração é o pecado do crente casual. A ausência de verdadeira oração que prevalece é o pecado de muitos crentes que oram. Graças a Deus, existe um caminho para uma vida de oração e autoridade por meio da oração.

---

[7]MURRAY, Andrew. *Ministry of Intercession*, p. 12; Idem. *The Prayer Life*, p. 127.
[8]CHADWICK, Samuel. *The Path of Prayer*. Kansas City: Beacon Hill, 1931, p. 81-82.

Precisamos ter um relacionamento completamente novo com Jesus. Andrew Murray diz: "É vão para nós, com a nossa vida espiritual deficiente, nos esforçarmos por orar mais e melhor. Essa é uma impossibilidade".[9] Devemos ver Jesus como o Senhor que espera nos salvar da falta de oração. Temos que crer nEle para uma nova vida de relacionamento mais próximo com Ele, uma vida no seu amor e comunhão além de qualquer coisa que conheçamos até agora.

Jesus anseia salvar você de uma vida espiritual deficiente e de uma vida de oração falha. Ele tem de se tornar real de forma mais pessoal a você. Você precisa valorizar o infinito amor dEle mais do que antes. Você deve ser recíproco no desejo que Ele tem de ter comunhão com você. Esteja disposto a dedicar tempo para compartilhar o fardo de oração dEle enquanto Ele intercede à destra do Pai.

O Senhor Jesus ressurreto e entronizado, o seu grande intercessor, por meio do seu Santo Espírito, ensinará a você sobre a vida e o poder da oração. Que o Espírito o encha com o espírito da intercessão.

Aprender a prevalecer em oração exige força de vontade. Requer que você reconheça as suas prioridades espirituais. Ravenhill afirmou: "A oração é uma batalha para homens completamente maduros, totalmente armados e plenamente despertos às possibilidades da graça".[10]

Que Deus nos ensine o papel e a prioridade da oração! Que o Pai nos dê sede e gosto pela oração, por nos encontrarmos com o Senhor Jesus face a face! Que Ele nos dê determinação para nos prepararmos para orar, para separarmos tempo e para seguirmos o exemplo de Cristo na oração! Que o Senhor nos instrua a atender às condições da oração, a cultivar a sede pela oração, a experimentar o gozo da intercessão que prevalece e o poder de Deus que vem sobre a nossa vida e a dos outros enquanto oramos!

---

[9]MURRAY, Andrew. *The Prayer Life*, p. 31.
[10]RAVENHILL, Leonard. *Revival Praying*, p. 11-12.

5

O Cristo que prevalece

ELE PREVALECEU COMO CRISTO PRÉ-ENCARNADO

Há indícios nas Escrituras de que o nosso Senhor que ascendeu ao céu, o Cristo entronizado, tenha tido um papel intercessor desde o tempo de Adão e Eva até hoje. Isso continuará pelo menos até que toda a igreja seja unida ao Senhor no céu. Será que houve intercessão imediata pelo Jesus pré-encarnado quando Adão e Eva pecaram? Não teria sido por esse motivo que eles não tenham morrido instantânea e fisicamente, quando morreram espiritualmente?

Sabemos que Jesus acompanhou Israel durante suas andanças pelo deserto (Êx 14.19; 33.14; Is 63.9; 1Co 10.4). A declaração *A minha presença irá contigo*, em Êxodo 33.14, é literalmente "A minha face irá contigo". Cristo é o único rosto visível de Jeová. Se Jesus-Jeová em sua forma pré-encarnada acompanhou constantemente Israel, compartilhando dos seus sofrimentos, não há dúvida de que ele intercedesse por eles com frequência, acrescentando a sua intercessão e seu consentimento, por exemplo, à intercessão de Moisés (Êx 32) e dos profetas (Is 62). Pistas da existência, da presença e do ministério de Cristo estão presentes no Antigo Testamento, mas tudo se torna claro e explícito no Novo Testamento.

Uma das passagens mais deslumbrantes que tanto vela, mas ainda assim revela a intercessão de Cristo que prevalece se encontra em Isaías 62.1. Muitos comentaristas enxergam esse versículo como a voz de Deus ou voz do Servo de Jeová — em outras palavras, o Cristo pré-encarnado. *Por amor de Sião, me não calarei e, por amor de Jerusalém, não me aquietarei, até que saia a sua justiça como um resplendor, e a sua salvação, como uma tocha acesa.* De que forma Ele não ficará em silêncio? A resposta se encontra nos versículos 6 e 7: *Sobre os teus muros, ó Jerusalém, pus guardas, que todo o dia e toda a noite jamais se calarão; vós, os que fareis lembrado o* SENHOR, *não descanseis, nem deis a ele descanso até que restabeleça Jerusalém e a ponha por objeto de louvor na terra.*

Como o Cristo pré-encarnado está determinado a não ficar em silêncio (Is 62.1), ele apela aos que apelam ao Senhor — em outras palavras, que intercedem — que nunca se calem. O propósito para Jerusalém (a Jerusalém literal no momento, porém mais completamente agora a Jerusalém espiritual, a igreja) é tão grande e urgente que Ele e nós devemos nos unir em incessante oração que prevalece. Ah, quantos milhões de vezes Cristo já intercedeu pelo seu povo ao longo dos séculos!

CRISTO PREVALECEU NA TERRA

Cristo prevaleceu quando estava aqui na terra muito mais do que os discípulos perceberam na época. Ele não fazia nenhuma demonstração ostensiva da sua comunhão com o Pai ou da sua intercessão, mas costumava se retirar em silêncio e ficar a sós em oração. Ele se levantava cedo para ter condição de interceder sem interrupção.

Conhecemos a agonia da sua luta de oração no Getsêmani — uma oração de tanta vitória e a tanto custo de energia espiritual que ficamos espantados com o relato. Isaías diz: *Porquanto derramou a sua alma na morte; foi contado com os transgressores; contudo, levou sobre si o pecado de muitos e pelos transgressores intercedeu* (53.12). Então, a cruz e a agonia do Getsêmani ficam lado a lado. O que Ele estava fazendo em segredo com o Pai e a razão pela qual Ele agonizava no jardim foram verbalizados e revelados na cruz, quando ele disse: *Pai, perdoa-lhes.*

Jesus Cristo é o Salvador-Intercessor. O livro de Hebreus nos informa: *Ele, Jesus, nos dias da sua carne, tendo oferecido, com forte clamor e lágrimas* (5.7). F. F. Bruce especula sobre o escritor desse versículo: "É provável que ele conhecesse uma série de incidentes na vida de Jesus quando ele rendeu orações e súplicas com forte clamor e lágrimas".[1] É óbvio que um desses momentos foi no Getsêmani.

Quanta alegria teríamos em receber mais detalhes de como Jesus prevaleceu em oração. Moisés, Elias e Daniel foram todos poderosos na oração que prevalece, mas nunca esse tipo de persistência tinha sido como a de Cristo, o Filho do homem, ao interceder na terra como o nosso grande Sumo Sacerdote.

Nunca houve um ser humano mais ocupado do que o Nosso Senhor durante o Seu ministério terreno. Marcos nos conta de ocasiões em que nem sequer Ele teve tempo para comer. Em outras situações, Ele não teve tempo para dormir. Ele ministrava durante o dia e pessoas vinham conversar com Ele à noite. Ele ensinava, curava, viajava e abençoava, mas se retirava para orar. É provável que tenha sido durante essas horas da manhã e durante toda a madrugada em que Ele estava a sós com o Pai que tenha prevalecido muitas e muitas vezes com forte choro e lágrimas. O próprio Cristo nos diz com que profundidade e frequência Ele almejava salvar Jerusalém (Mt 23.37; Lc 13.34; 19.41). O avivamento do Pentecostes e o que veio depois dEle foram sem dúvida resultado principalmente da intercessão persistente de Jesus.

---

[1] BRUCE, F. F. *Commentary on the Epistle to the Hebrews, New International Commentary on the New Testament*, editado por Ned B. Stonehouse, 15 volumes impressos; London: Marshall, Morgan & Scott, 1964, p. 98.

E. M. Bounds escreveu: "As crises de sua vida foram marcadas distintivamente e todas as suas vitórias, obtidas em tempos de oração persistente". De acordo com Thomas Payne, "As orações dele eram mais fortes do que todas as forças do céu e do inferno, juntas [...]. Era para ele o verdadeiro campo de batalha".[2]

As orações dele trouxeram vitórias completamente necessárias. Ele orou e os discípulos não perderam a fé nem debandaram na crucificação (Lc 22.32). Ele orou e, por meio da agonia no Getsêmani, foi capaz de suportar o peso dos pecados do mundo.

Ajoelhar-se para orar não era costume nos tempos de Jesus. Mas Ele estava em tanta angústia pela oração que prevalece que se ajoelhou e orou (Lc 22.41). Mateus e Marcos acrescentam que Ele caiu com o rosto em terra em sua luta de oração (Mt 26.39; Mc 14.35). Jesus prevaleceu até ter garantia de vitória e, levantando-se do seu sofrimento, Ele demonstrava o equilíbrio tranquilo de vitória total. Ele orou como ninguém nunca tinha orado e prevaleceu como ninguém nunca havia prevalecido, e tudo isso foi por nossa causa. A oração que prevalece é quase sempre em favor dos outros.

A oração que prevalece era a vocação da vida de Jesus. Tudo o que Ele realizou durante o seu ministério terreno nasceu da intercessão, foi coberto e repleto de intercessão e habilitado e ungido como resultado da intercessão. Andrew Murray declara: "Cada ato de graça em Jesus foi precedido por, e devido, ao seu poder de intercessão".[3]

Cristo escolheu ministrar, não principalmente por meio do poder e dos atributos da sua divindade na essência como Filho de Deus, mas, em vez disso, como Filho do homem. O seu termo favorito sobre ele mesmo era Filho do homem. Ele decidiu encarar a vida e satanás no mesmo nível que nós. O Seu batismo aconteceu

---

[2]BOUNDS, E. M. *The Necessity of Prayer*. New York: Revell, 1920, p. 66; Payne, Thomas. *The Greatest Force on Earth*, p. 106-107.
[3]MURRAY, Andrew. *Ministry of Intercession*, p. 135.

enquanto Ele prevalecia em oração, e o Espírito Santo veio sobre Ele enquanto orava. Por que Ele estava orando? Com toda a certeza, durante os anos em que viveu em Nazaré, Ele já orava dia após dia enquanto trabalhava na carpintaria. A oração fazia parte de tudo o que Ele fazia. Era o Seu próprio fôlego de vida.

Jesus venceu a Sua batalha contra satanás de quarenta dias no deserto por meio da oração. Ele escolheu os seus apóstolos por meio da oração. Ele dependia completamente do Espírito Santo, da mesma forma que eu e você devemos fazer; e recebeu o Espírito Santo, exatamente como eu e você recebemos — por meio da oração. Jesus prevalecia todos os dias. Ele não podia viver e ministrar sem prevalecer na oração, como Hebreus 5.7 indica.

JESUS AINDA PREVALECE EM ORAÇÃO

Hoje, no trono do céu, Jesus ainda é o nosso Sumo Sacerdote, assim como o nosso Rei. O Seu sacerdócio é permanente (Hb 7.24). Ele ainda é o Filho do homem. Hoje, Ele reina e intercede como Filho do homem. Quando vier outra vez, ele virá como Filho do homem.

Como Filho do homem, onde repousa a prioridade dele? Como Filho do homem entronizado, Jesus vive para fazer o quê? Será que ele vive para receber os salvos no céu quando morrerem? Estou certo de que Ele os receba, mas a Bíblia não diz isso. Será que Ele vive para conceder entrevistas aos salvos e aos anjos? É muito provável que Ele faça isso, mas a Bíblia não o declara. Será que Ele vive para desfrutar da música do céu? Estou certo de que Ele se emocione com isso. Ele nos criou para sermos capazes de desfrutar da música junto com Ele, mas existe algo mais importante do que ouvir música. Será que Ele vive para reinar? Com toda a certeza, sim — e Ele reinará para sempre e sempre.

Contudo, a Bíblia enfatiza um papel de Jesus hoje acima de todos os outros — ele é *Sacerdote* para sempre (Hb 5.6; 6.20; 7.17,21). O Seu sacerdócio é permanente (7.24), porque Ele sempre vive para interceder (v. 25). O Seu trono soberano é um trono de graça, tanto por causa da Sua expiação quanto pela razão de que Ele vive para sempre para interceder por nós. O Seu trono é sacerdotal (8.1).

Romanos 8.34 associa dois fatos: Cristo à destra de Deus e Cristo intercedendo por nós. Em que implica a sua intercessão por nós? Muitos comentaristas acham que a própria presença dEle assentado no trono dos céus é suficiente por si só como intercessão gloriosa. Eles duvidam de que Ele esteja de fato orando. Eles têm a sensação de que Ele não precisa fazer mais nenhum pedido ao Pai; o simples fato de estar assentado no trono é todo o requisito necessário.

No entanto, Jesus é o mesmo ontem, hoje e sempre (Hb 13.8). Enquanto na terra, Ele nos amou, ansiou estar conosco, orou por nós (Jo 17). Ele orou pessoalmente por Pedro (Lc 22.32). Como Filho do homem, Ele está tão intensamente preocupado e interessado por todos nós quanto sempre esteve. Ele ainda tem tanta empatia quanto sempre teve (Hb 4.15). A palavra grega usada aqui, *sympatheō*, significa sofrer com. Todo o argumento de Hebreus 4.15,16 é que devemos vir até o trono de graça (onde Jesus está intercedendo) com segurança, porque Ele se compadece e sofre com a nossa dor. Ele é tocado e movido pela nossa necessidade e sente a nossa dor. Ele tem sentimentos por nós tão infinitos quanto sempre teve.

O Seu trono de intercessão por nós é um trono de intercessão com sentimento, uma intercessão com dor. Existe um hino em que a letra diz assim: "Será que Jesus se importa quando dói o meu coração?" E então cantamos o coro onde ressoa a nossa profunda convicção, dizendo assim: "Ah, sim, Ele se importa, sei que se importa. O Seu coração é tocado com o meu sofrimento".

Concordo com Andrew Murray que toda bênção que recebemos de Deus, cada resposta à nossa oração, carrega este selo divino sobre si: "Por meio da intercessão de Cristo".[4] Cristo não

---

[4] Ibidem.

está sentado de forma passiva em feliz dignidade real, imóvel, enquanto você intercede. Não! Nunca! Você intercede, porque Ele intercede. O Espírito Santo transmite a você o que move o coração de Jesus. Porém, você sente o fardo de preocupação mais leve em comparação à preocupação infinita que Jesus sente por você e com você.

Jesus entra em todas as lutas e guerras espirituais da igreja. O Jesus que sentiu todos os sofrimentos e dores de Israel pelo seu pecado (Is 63.9) sente todo o desgosto do mundo ainda hoje. Ele é o nosso eterno Sumo Sacerdote. Ele está persistindo hoje no trono dos céus — não somente com a Sua presença e por causa das Suas feridas no Calvário, mas por meio da Sua santa e contínua súplica, sua intercessão. Até que satanás seja lançado no lago de fogo, a guerra contra o pecado nunca terá terminado; e até que a última ovelha perdida esteja no aprisco, Jesus jamais cessará de prevalecer no fardo intercessor pelo nosso mundo.

A morte do nosso Senhor Jesus Cristo sobre a cruz marcou o fim da Sua humilhação e do Seu sofrimento, o cumprimento da provisão de expiação feita por Deus e a derrota esmagadora de satanás. A exaltação de Jesus então começou em quatro passos gloriosos. Em primeiro lugar, Jesus foi ao mundo oculto dos espíritos e anunciou o seu total triunfo sobre satanás (1Pe 3.19).

Em segundo lugar, veio a Sua ressurreição triunfante, que anunciou ao universo que o Seu sacrifício expiatório foi aceito por Deus Pai, que todas as suas alegações de ser o Filho de Deus foram validadas (Rm 14.9) e que todos os que pertencem a Ele um dia seriam ressuscitados exatamente da forma que Ele ressuscitou (1Co 15.20; 2Co 4.14).

Em terceiro lugar, Jesus ascendeu ao Pai no céu de forma visível e vitoriosa. Ele atravessou os céus (Hb 4.14), foi cortejado e recebido na glória (1Tm 3.16). É provável que essa procissão triunfal pelos portões do céu seja a descrição do Salmo 24.7-10. Como Filho do homem glorificado, ele agora reside oficialmente com Deus Pai e está preparando um lugar para nós (Jo 14.2).

Esse é um bendito mistério, mas o completo significado e resultado disso um dia compreenderemos.

Em quarto lugar, Jesus está agora entronizado à destra do Pai (Mc 16.19). Ele mesmo previu esse evento quando citou a profecia de Davi: *Disse o Senhor* [Deus Pai] *ao meu Senhor* [Deus Filho]: *Assenta-te à minha direita, até que eu ponha os teus inimigos debaixo dos teus pés* (Mt 22.44; Sl 110.1). Em seu julgamento diante do Sinédrio, Jesus anunciou: *Eu vos* [o mundo inteiro dos salvos e não salvos] *declaro que, desde agora, vereis o Filho do homem assentado à direita do Todo-Poderoso* (Mt 26.64).

Essa entronização de Jesus já é um fato consumado:

1. *Ele já está exaltado no lugar de maior honra e majestade* e recebe o nome que é sobre todo nome no céu, na terra e debaixo da terra (isto é, sobre todo poder satânico e demoníaco; Fp 2.9).
2. *Ele já está ativamente envolvido no governo do universo* (Hb 1.4). Ele está assentado, o que demonstra que a sua soberania é um fato consumado. Ele está à destra de Deus Pai — o lugar de autoridade suprema e honra mais elevada. O Seu reino é cósmico, sobre todo o universo. O Pai glorioso, diz Paulo, *fazendo-o sentar à sua direita nos lugares celestiais, acima de todo principado, e potestade, e poder, e domínio, e de todo nome que se possa referir não só no presente século, mas também no vindouro. E pôs todas as coisas debaixo dos pés e, para ser o cabeça sobre todas as coisas, o deu à Igreja* (Ef 1.20-22).
3. *O seu reino é sacerdotal*. Ele é o nosso Soberano Sumo Sacerdote. O Seu trono envolve tanto o reinado quanto o sacerdócio. Ele ainda é o Messias — o ungido — nosso Profeta, Sacerdote e Rei (as três classes de pessoas que eram ungidas no tempo do Antigo Testamento). Ele é *sumo sacerdote, que se assentou à destra do trono da Majestade nos céus* (Hb 8.1).

Como Sumo Sacerdote, Ele se ofereceu como sacrifício supremo e final na cruz. Ele, *tendo oferecido, para sempre, um único sacrifício pelos pecados, assentou-se à destra de Deus* (10.12).

Se a Sua atividade sacrificial já está completa para sempre, então de que forma Ele serve agora como Sumo Sacerdote? Na outra atividade principal do sacerdócio — a intercessão pelos outros. *Porque continua para sempre, tem o seu sacerdócio imutável [...] vivendo sempre para interceder por eles. Com efeito, nos convinha um sumo sacerdote como este* (Hb 7.24-26).

Cristo é hoje o Soberano intercessor do universo. O Seu trono é de intercessão. Um dia, Ele governará com a vara — pelo Seu forte poder. Hoje, Ele governa com a sua mão erguida para o alto e estendida — pela oração. A Sua intercessão não é simbólica, mas real. É tão real quanto era quando Ele intercedia na terra. Ele está no trono intercedendo por nós e aguardando que nos juntemos a Ele como intercessores.

6
Você é bem-vindo ao trono

COMO NOS APROXIMAMOS DO TRONO DE CRISTO

Toda oração é uma aproximação ao trono de Deus. A oração não é um ato casual ou trivial, mas, em vez disso, é um maravilhoso privilégio, uma glória de Deus. Ele condescende em permitir a nossa aproximação ao seu trono. Mas Deus nos deu o gracioso direito inato de virmos a qualquer hora e com a frequência que desejarmos. Todo o alicerce da oração que prevalece é que Deus nos deu constante acesso imediato ao seu trono e que Ele deseja que assumamos um papel responsável e ativo nos interesses do seu trono.

Por um lado, você deve sempre se lembrar de que está se aproximando do verdadeiro soberano do universo, assentado em majestade no seu trono. Essa imagem é real, e não meramente simbólica. O escritor de um hino conhecido nos Estados Unidos escreveu:

Tu estás vindo ao Rei;
Grandes pedidos contigo tens.

Você é oficial de um reino em serviço real. A oração que prevalece é um interesse urgente do reino.

Por outro lado, você precisa sempre trazer à memória quanto é amado, como é esperado e constantemente bem recebido. Você decepciona o seu pai celestial se não vem com frequência e liberdade. Você desaponta o Salvador se não vier intercedendo em nome dEle. Ele anseia o seu "amém" à oração dEle (Ap 3.4) e se juntar a você em intercessão.

Aproximar-se, lembrando de que esse é um trono de graça. Esse é de fato o trono do universo — mas é igualmente o trono de graça (Hb 4.16). A justiça é o seu alicerce (Sl 89.14), mas esse trono é de graça. O livro de Apocalipse retrata o Cordeiro de Deus sobre o trono, e Cristo é chamado de Cordeiro 26 vezes.

O trono de Deus é um trono de graça, porque Deus é o Deus de toda graça (1Pe 5.10). O Seu Espírito é o Espírito da graça (Hb 10.29). A Bíblia fala doze vezes da "graça do nosso Senhor Jesus". É por causa da graça de Deus que o seu trono é acessível a você. Este é o dia da graça do Senhor, quando ele almeja ser gracioso. A oração que prevalece capacita Deus a ser gracioso.

Aproximar-se do trono com ousadia e segurança. A palavra *parrēsia*, em Hebreus 4.16, significa liberdade; discurso sem restrição; ausência de medo ao falar com ousadia, consequentemente, segurança; e coragem bem-disposta.[1] Essa é exatamente a gloriosa liberdade que Deus nos dá ao entrarmos na sua presença.

Quando o nosso Rei nos exorta a vir e fazer conhecidos os nossos pedidos, por que deveríamos duvidar dEle? Com o Senhor, que nos amou o suficiente para morrer por nós, pedindo que nos juntemos a Ele na sua intercessão, por que deveríamos hesitar ou deixar de estar ansiosos para interceder e prevalecer em oração?

Aproximar-se do trono com transparência e sinceridade. O olho de Deus que tudo vê observa cada aspecto da necessidade que trazemos diante dEle. Ele sabe como isso influenciará o Seu propósito como rei e com que urgência isso é necessário. Ele conhece

---

[1] WATSON, Eva M. *Glimpses of the Life and Work of George Douglas Watson*. Cincinnati: God's Bible School and Revivalist, 1929, p. 130.

todas as razões pelas quais a necessidade existe. Ele deseja que compartilhemos de forma transparente e completa, sem esconder nada. Da mesma forma que Ezequias expôs a carta ameaçadora de Senaqueribe diante do Senhor (Is 37.14), nós também deveríamos apresentar todos os fatos e razões (1.18; 43.26). Quanto mais completamente compartilharmos a situação com o Senhor, maior a facilidade de termos condição de prevalecer em oração.

Aproximar-se do trono com fé. O trono é um lugar onde são dadas as respostas do rei, onde as necessidades são apresentadas e discutidas. É o lugar onde o rei toma decisões. Lembre-se de que, como filho de Deus, você não chega como um mendigo itinerante, na esperança de receber migalhas e sobras. Você vem como um príncipe e membro da família real. Você comparece como um oficial da corte do rei. Você chega como parceiro do reino e parceiro de oração do Filho do Rei.

Durante o tempo do império persa, somente os mais privilegiados da nobreza tinham permissão de estar na presença do rei e ainda assim por pouco tempo. Isso era tido como o maior privilégio de um ser humano. Mas você tem acesso permanente e imediato à sala do trono do Rei do universo, a qualquer momento. Você tem como ordem chegar e pedir. Lembre-se de que a oração que prevalece é primordialmente por coisas relacionadas de forma direta ou indireta aos interesses e desejos do próprio Rei.

Se você pode pedir auxílio ou favor de outra pessoa, quanto mais poderá rogar ao Deus todo-poderoso. Isso não causa a Ele nenhum embaraço ou perda; pelo contrário, faz o seu reino avançar. Charles Spurgeon exortou: "Quando oramos, nós estamos no palácio, no piso cintilante da sala de recepção do próprio Rei e dessa maneira estamos em um terreno estratégico. Na oração, encontramo-nos onde os anjos se curvam com o rosto encoberto; ali, até ali, os querubins e serafins adoram, diante desse mesmo trono ao qual as nossas orações se elevam".[2]

---

[2]SPURGEON, Charles Haddon. *Twelve Sermons on Prayer.* London: Marshall, Morgan & Scott, n.d., p. 60.

Aproximar-se do trono com amor e alegria. Aproxime-se com avidez e amor, pois Deus é o seu Pai. Dirija-se com gratidão em amor por toda a bondade de Deus por você, lembrando quanto Ele tem sido fiel a você. Achegue-se com amor ardente e incandescente no seu coração por Jesus, pelo seu reino e pelas pessoas por quem você ora. Ame, porque Deus ama.

Aproxime-se do trono com alegria e disposição. Você está pedindo coisas que Deus anseia fazer. Ele ordenou que, ainda que deseje fazer o que você pede, é normal ele não agir até que você ore. Deus fica então ainda mais feliz quando você se achega em oração persistente do que você se alegra com a oportunidade de fazê-lo. O seu tempo de oração é sempre um momento feliz para o Senhor.

Achegue-se com alegria, porque você tem o privilégio, acesso imediato e é ansiosamente bem-vindo ao trono. Acesse o trono regozijando-se, porque o trono de Deus é um trono de graça, e por causa das *suas preciosas e mui grandes promessas* (2Pe 1.4). Aproxime-se com alegria, não apenas pelo que Deus é capaz de fazer, mas também pelo que você está esperando que Ele faça.

Existe, porém, algo ainda maior e mais maravilhoso do que acessar o trono. A Bíblia também garante que nós estamos de fato sentados com Cristo no Seu trono.

A REALIDADE DA VIDA NO TRONO

Jesus promete: *Ao vencedor, dar-lhe-ei sentar-se comigo no meu trono, assim como também eu venci e me sentei com meu Pai no seu trono* (Ap 3.21). Mas esse assentar-se é futuro, depois de nos juntarmos a Ele no céu, depois do tribunal de Cristo, quando Ele nos dará as Suas recompensas e honras.

Agora mesmo, Jesus quer que exercitemos uma vida ativa sobre o trono. Cristo se identificou conosco de forma tão completa que fornece a cada verdadeiro seguidor uma provisão graciosa além do que pedimos ou pensamos. Seria uma audácia e até uma blasfêmia sugerir ou reivindicar a vida que apresento neste momento se a palavra inspirada por Deus não ensinasse isso.

A provisão de Cristo para nós é para que, pela graça de Deus e a nossa fé, possamos nos apropriar e experimentar a morte, ressurreição e exaltação de Cristo em um nível sagrado. Podemos conhecer a realidade de sermos crucificados com Cristo (Gl 2.20), ressuscitados com Cristo (Ef 2.6) e agora assentarmo-nos com Ele já no Seu trono.

Deus já *nos tem abençoado com toda sorte de bênção espiritual nas regiões celestiais em Cristo* (Ef 1.3). Somos membros do corpo, do qual Ele é o Cabeça, de modo que o que acontece com Ele, acontece espiritualmente conosco. Ele é a Videira, e nós somos os ramos. Nós estamos nEle, e ele está em nós. A linguagem é figurativa, mas as palavras devem ser tomadas como realidade espiritual verdadeira.

Potencialmente, nós já estamos exaltados ao trono onde Ele reina de fato. Embora ainda estejamos na terra, o nosso espírito está nos céus com Cristo. Estamos no mundo, mas não somos dele (Jo 17.11,14). Em espírito, somos elevados acima do que é terreno, mundano e temporal. O bispo Moule, no seu comentário sobre Efésios 2.6, destaca que, como estamos incorporados "em Cristo", estamos ao lado dEle no trono de domínio intercessor: "O crente está corporalmente no céu por direito e virtualmente também em espírito, e tem o seu lugar próprio designado ali, do qual no devido tempo ele haverá de tomar posse" (tradução livre).[3]

Devemos compartilhar espiritualmente a exaltação de Cristo agora. Temos de participar em uma vida e um papel sobre o trono agora. Nós tomaremos posse de forma visível no céu só do que possuirmos espiritualmente agora. Já que todas as coisas estão debaixo dos pés de Cristo (Ef 1.22) e nós estamos "em Cristo", então todas as coisas também estão potencialmente debaixo dos nossos pés.

---

[3]JAMIESON, FAUSSET e BROWN. *Commentary Practical and Explanatory on the Whole Bible*, rev. ed. Grand Rapids: Zondervan, 1963, p. 1284.

Paulo assegurou aos crentes de Roma: *O Deus da paz, em breve, esmagará debaixo dos vossos pés a satanás* (Rm 16.20). Não foi a isso que Jesus se referiu quando disse: *Eis aí vos dei autoridade para pisardes serpentes e escorpiões e sobre todo o poder do inimigo* (Lc 10.19)? Essa conquista deve ser realizada por meio da intercessão que prevalece. Então você compreende o poder para esmagar satanás. Pela fé, em virtude da cruz de Cristo e do seu nome, você pode até transmitir ordens a satanás. Da nossa posição onde estamos assentados com Cristo no trono, olhamos para baixo em visão espiritual sobre satanás. Nas palavras de Lutero:

> *Se nos quisessem devorar demônios não contados*
> *Não nos podiam assustar nem somos derrotados.*
> *O grande acusador dos servos do Senhor*
> *Já condenado está, vencido cairá*
> *Por uma só palavra.*
> *Você se assenta ao lado de Cristo no seu trono,*
> *triunfante nEle e vitorioso por meio dEle.*

Essa verdade é tão maravilhosa que Paulo temia que não a compreendêssemos em toda a sua beleza. Então, antes de explicá-la aos Efésios, ele diz que pede continuamente a Deus que o Pai lhes dê o *espírito de sabedoria e de revelação*, que os olhos do seu coração possam ser iluminados a fim de que venham a conhecer de verdade a sua esperança e as riquezas em Cristo, e a *suprema grandeza do seu poder para com os que cremos* (Ef 1.17—2.6). Que Deus nos ajude a compreender o poder e a autoridade dados a nós por meio da oração pela virtude dessa maravilhosa verdade. Esse ensino é o alicerce de toda oração que prevalece e explica por que, pela oração, podemos atacar e derrotar satanás.

Em nós mesmos, somos seres humanos fracos. Mas, em Cristo, estamos assentados ao lado dEle no trono soberano, e Ele nos delega o privilégio de orar em Seu nome resistindo a satanás, o nosso inimigo já vencido, e esmagá-lo debaixo dos nossos pés, porque ele está debaixo dos pés de Jesus.

Huegel nos traz à memória que não lutamos para chegar a esta vida sobre o trono gradualmente. Não é pelo nosso afinco, oração e jejum que finalmente alcançaremos a vida sobre o trono. Essa vida é presente da graça de Deus a nós em Cristo.[4] Tendo compreendido que a vida sobre o trono é dom de Deus, às vezes podemos batalhar e jejuar ao prevalecer em oração. Mas isso é a expressão da vida sobre o trono, e não um meio de entrar nela.

A compreensão total da vida sobre o trono "pressupõe naturalmente muitos passos: rendição, consagração, preenchimento do Espírito, vida vitoriosa — tudo isso é incluído e pressuposto".[5] A cruz é a porta para a vida cristã, para a vida cheia do Espírito e para a vida sobre o trono. Não temos nenhum poder, vitória ou autoridade em nós mesmos. É tudo pela graça; tudo por causa da cruz.

Andrew Murray chama o poder real da oração, onde a nossa vontade é unida à vontade de Cristo, de maior prova de que somos criados à semelhança de Cristo. "Ele se acha digno de entrar em comunhão com o Senhor, não apenas em adoração e louvor, mas em ter a sua vontade de fato usada no governo do mundo e tornando-se um canal inteligente pelo qual Deus pode realizar o seu infinito propósito."[6] Pela intercessão, foi dado a Moisés colocar a mão sobre o trono de Deus (Êx 17.16,). Pela graça, foi concedido a nós nos sentarmos com Cristo no Seu trono e ali então intercedermos e prevalecermos pelo Seu reino.

Identificamo-nos com Cristo de tal forma que, se somos um com Ele na sua morte na cruz, não podemos ser outra coisa senão um com Ele na Sua ressurreição e no Seu trono. A vida sobre o trono é tão real quanto a nossa crucificação com Cristo (Gl 2.20). A vida sobre o trono deve produzir resultados tão definitivos quanto a crucificação com Cristo.

---

[4]HUEGEL, F. J. *Reigning with Christ*. Grand Rapids: Zondervan, 1963, p. 42.
[5]HUEGEL, F. J. *The Enthroned Christian*. Poole, Dorset, England: Overcomer Literature Trust, n.d., p. 19.
[6]MURRAY, Andrew. *Ministry of Intercession*, p. 10.

Da mesma forma que devemos nos considerar *mortos para o pecado, mas vivos para Deus, em Cristo Jesus* (Rm 6.11), precisamos nos considerar entronizados com Cristo, o nosso Senhor que reina. Com a mesma certeza de que por causa de Romanos 6.11 somos exortados no versículo 12: *Não reine, portanto, o pecado em vosso corpo mortal*, devemos ser reis e sacerdotes em Cristo, o Rei Sumo Sacerdote intercessor, porque estamos entronizados com Cristo (Ap 1.6). Temos que reinar pela nossa oração da mesma forma que Jesus reina pela oração. Reinar significa prevalecer. Que Deus escreva essa poderosa verdade de forma cada vez mais profunda no nosso coração e a use de forma sempre mais significativa na nossa oração que prevalece.

A NORMALIDADE DA VIDA SOBRE O TRONO

Jesus quer que seja normal para nós o exercício da autoridade do trono na nossa oração que prevalece. Não é presunção agir de acordo com a Palavra de Deus. Não podemos tremer diante de satanás, mas devemos enfrentá-lo a partir do trono. Não temos que nos esconder no chão diante dele. Precisamos iniciar ataques de oração contra as fortalezas, forçar a sua retirada e libertar os seus prisioneiros. Somente a vida sobre o trono e o exercício da nossa autoridade delegada pelo trono condiz conosco como sacerdotes e reis de Deus por meio de Cristo (1Pe 2.9). A oração que prevalece por si só é adequada e condizente conosco como seres entronizados com Cristo.

Os intercessores consagrados não manifestam orgulho nem autoridade superior. É só por causa da sua humildade disseminada, transmitida pelo Espírito, que Deus é capaz de usá-los de forma tão poderosa. São os que se humilham debaixo da poderosa mão de Deus que o Espírito capacita a fazer orações que são como relâmpagos flamejantes saindo do trono. Os guerreiros de oração consagrados não saem por aí fazendo demonstrações do seu poder na oração. Eles costumam ser pessoas santas, discretas, poderosas somente em Deus.

Em todos os outros aspectos, a vida deles é normal — cheia do Espírito, consagrada à vontade de Deus e radiante com a presença e a alegria do Senhor. Eles não são desequilibrados, anormais ou fanáticos. Não se gabam de uma espiritualidade superior. Eles são inteiramente normais na sua vida em casa, no trabalho e na igreja. Mas, no esconderijo da oração, eles têm poder com Deus e exercem a autoridade do trono de Cristo na oração.

Talvez seja possível notar o seu sentimento tranquilo de responsabilidade espiritual, a sua sensibilidade e profunda preocupação com as necessidades do reino e do nosso mundo de sofrimento. Rios de amor, alegria, paz, paciência e bondade fluem do íntimo dessas pessoas (Jo 7.38; Gl 5.22,23). Elas carregam consigo uma porção especial da presença de Deus. As bênçãos parecem atender à sua palavra e ao seu trabalho. Nelas habita um poder silencioso, uma intensidade de comprometimento, uma fé ativa, e uma vida disciplinada e dedicada de oração.

A vida sobre o trono honra a Deus e cobra que Ele cumpra a sua Palavra. A pessoa que vive dessa forma conhece o que move o coração santo do Pai e ama com o amor de Cristo. Ela se regozija no triunfo de Cristo. Ela costuma reconhecer as obras ocultas de Deus que os outros não enxergam e não julga com base no que é externo, mas lhe é outorgado um discernimento mais profundo do propósito e objetivo de Deus. É a pessoa que diz "amém" às promessas de Deus, ecoando os "améns" do próprio Jesus (Ap 3.14). Quem vive essa vida sobre o trono, vê Deus como Deus, permite que Deus seja Deus e dá a Ele a oportunidade que Ele deseja de receber grande glória por meio das grandes respostas de oração.

REINANDO EM VIDA

A vida sobre o trono, pela intercessão que prevalece, não é nada além de um aspecto do seu reinado em vida. *Muito mais os que recebem a abundância da graça e o dom da justiça reinarão em vida por meio de um só, a saber, Jesus Cristo* (Rm 5.17). Quando ocorre esse reinado em vida? É óbvio que devemos reinar agora pela graça de Jesus Cristo. A sua plenitude máxima será na eternidade. A abundância de Cristo provê não apenas vida abundante agora, mas o nosso reinado em vida.

Vine comenta: "O fato de devermos reinar em vida envolve muito mais do que participação na vida eterna; indica a atividade da vida em comunhão com Cristo no seu reino. Há ênfase na palavra 'reinar'". Essa vida sobre o trono, de acordo com outro comentarista, é "uma vida divinamente adquirida e legalmente garantida, 'reinando' em liberdade exaltada e poder imparcial por meio 'dAquele' que é sem igual, Jesus Cristo".[7]

Com toda a certeza, reinar em vida implica estar livre da dominação do pecado e ser mais que vencedor por Cristo (Rm 8.37). Isso inclui estar equipado com *todo o bem, para cumprirdes a sua vontade* (Hb 13.21), abrange vencer o mal com o bem (Rm 12.21) e ter uma fé que vence o mundo (1Jo 5.4). Com certeza, também envolve compartilhar do trono de Cristo como sacerdote real para com Deus (1Pe 2.9).

Toda autoridade no céu e na terra foi dada a Jesus (Mt 28.18). Por causa da sua autoridade universal, pedimos tudo o que desejamos em nome dele e temos a garantia de que Deus responderá. Somente por causa da sua autoridade podemos prevalecer em oração ou ousar enfrentar satanás em batalha de oração.

FÉ EM AÇÃO

A vida sobre o trono inclui o privilégio de, debaixo da direção do Espírito, usar a autoridade delegada do nome de Jesus e dar comandos de fé. Huegel chamou isso de um tipo de "autoridade executiva", o que ele considera ser o privilégio mais elevado da vida sobre o trono.[8]

---

[7]Vine, W. E. e Kohlenberger III, John R. *The Expanded Vine's Expository Dictionary of New Testament Words*. Minneapolis: Bethany, 1984, p. 132; Jamieson, Fausset e Brown. *Commentary*, p. 1151.
[8]Huegel, F. J. *The Enthroned Christian*, p. 35.

Esse é o privilégio mais incrível de todos. É uma forma especial de fé em ação. Quando Moisés clamou ao Senhor diante do mar Vermelho, Deus respondeu: *Por que clamas a mim? Dize aos filhos de Israel que marchem* (Êx 14.15). Moisés tinha fé. Nos dois versículos anteriores, ele disse a Israel como Deus iria libertá-los. *Não temais; aquietai-vos e vede o livramento do Senhor que, hoje, vos fará* [...] *O Senhor pelejará por vós, e vós vos calareis*. Ele acreditava que Deus responderia de imediato e ainda assim "clamou" ao Senhor. A resposta de Deus foi: "Você não precisa continuar pedindo. Coloque a sua fé em ação".

Israel estava sendo guiado por Deus. Moisés havia intercedido. Agora, ele não precisava de mais oração; o que ele precisava era colocar em ação a fé que tinha no seu coração.

Quando Elias, por orientação de Deus (2Rs 2.6), levou Eliseu até o Jordão, ele não orou para que a água se dividisse. Ele tomou o seu manto, o enrolou e avançou sobre a água, que se abriu de imediato (v. 8). Quando Eliseu retornou para levar adiante a comissão que havia recebido de Deus, exclamou: *Onde está o Senhor, Deus de Elias?* (v. 14), e mais uma vez avançou sobre a água. Ele descobriu que Deus estava logo ali, e a água se dividiu diante dele.

Essa fé representada é um privilégio da vida sobre o trono. As pessoas que são acostumadas a prevalecer em oração normalmente enfrentarão crises em que precisarão expressar a sua fé pela ação. Como são consagradas, elas serão capazes de obedecer a Deus, e ele validará a sua fé.

O COMANDO DE FÉ

É provável que o comando de fé seja a forma mais dramática da autoridade vinda do trono. Tanto o Antigo quanto o Novo Testamento contêm muitos exemplos de uso de tal comando, o que é possível a nós, por causa da nossa vida sobre o trono. Discutiremos em detalhes sobre isso mais à frente.

7
Por que é necessário prevalecer?

Todos nós passamos por situações em que as respostas de oração são muito mais difíceis do que em outras. Sobre quem ou o que devemos prevalecer em oração? Permita-me salientar que você precisa prevalecer sobre si mesmo, sobre as situações, algumas vezes sobre pessoas e talvez quase sempre sobre satanás. Existe também um sentido em que temos que prevalecer diante de Deus.

É NECESSÁRIO PREVALECER SOBRE SI MESMO

Você deve prevalecer sobre a sua agenda de atividades. A vida é tão cheia de coisas que costuma ser difícil encontrar o tempo necessário para a oração prolongada que pode ser exigida para prevalecer. Pode ser necessário ajustar as suas prioridades para prevalecer. Em adição a isso, sempre parece que satanás é capaz de manipular as circunstâncias ou pessoas para interromper ou chamar ao telefone justamente quando você quer se concentrar na oração. Quando precisa prevalecer, você acha o tempo a sós com Deus mais difícil do que o usual. Pode ser necessário a você sacrificar atividades boas e urgentes a fim de proporcionar o tempo apropriado à intercessão.

Às vezes, você precisa prevalecer sobre o cansaço. Após um dia de atividades e trabalho diligente e parar para ficar a sós com Deus, você pode descobrir que o seu desgaste físico natural o atrapalha. Algumas vezes, quando você estiver cansado, o ato espiritual a ser realizado pode ser uma soneca rápida antes de começar a sua oração mais intensa. Depois de várias horas orando, você pode precisar se refrescar com um copo de água, um lanche, um pedaço de fruta ou uma pequena quantidade de comida para ajudá-lo a despertar. Talvez seja necessário variar a postura ou caminhar de um lado para o outro, no cômodo onde você se encontrar, se o local em que estiver orando permitir isso. Quando você não estiver bem, talvez seja necessário prevalecer sobre a dor.

Algumas pessoas têm que prevalecer sobre a própria preguiça ou falta de descanso. Elas são indisciplinadas demais para acharem que a oração persistente prolongada é fácil. Essas pessoas precisam resolver pela graça de Deus que aprenderão a ser disciplinadas. Elas podem fazer dessa necessidade um assunto especial sobre o qual orar e receber verdadeiro socorro de Deus no ponto de fraqueza.

Outras pessoas são tão fracas espiritualmente que nunca aprenderam a orar com sede verdadeira de alma por qualquer necessidade, exceto por suas próprias crises. Elas precisam desenvolver um interesse amoroso pelos outros, aprender a fazer e usar listas de oração, e criar tempo para a intercessão como parte da sua vida diária. Elas podem aprender a prevalecer sobre a vida espiritual fraca e a equivalente falta de oração delas.

Talvez seja necessário prevalecer sobre a tendência de duvidar. Pode ser que você tenha uma natureza questionadora que o predisponha à dúvida. Pode ser que você não tenha aprendido a se concentrar e tenha desenvolvido um padrão de pensamento que permite que a sua mente fique pulando de um pensamento para outro. Estas tendências humanas não são pecaminosas, mas precisam ser trazidas até a cruz e receber o auxílio do Espírito.

Há pessoas tão pouco espirituais que, além de a sua natureza física evitar a oração, a sua natureza carnal teme se envolver na oração, impedindo-as de orar de forma fervorosa e prolongada, e elas encontram milhares de desculpas para não prevalecer em oração. Satanás tira vantagem de qualquer tendência natural para procrastinar e ataca em especial o tempo de oração. Uma pessoa espiritualmente saudável, madura e cheia do Espírito se alegra com a oportunidade de orar, encontra tempo extra para orar e costuma ter sede de mais tempo a sós com Cristo em oração. Tal pessoa está ansiosa para sacrificar as outras coisas a fim de ter condição de interceder com Cristo.

Em alguns aspectos da oração que prevalece, tais como lutar em oração ou a batalha de oração, pode ser que Deus nos dirija a acrescentarmos o jejum à nossa intercessão por algum tempo. Então talvez precisemos prevalecer sobre o desejo por comida.

É possível que antes de começar a realmente experimentar a oração que prevalece, você precise confessar a sua falta de oração do passado diante de Deus, a sua falta de sede pela presença de Deus ou de que a vontade dEle seja feita, a sua falta de vontade e determinação para perseverar até obter respostas à oração por necessidades mais importantes. Talvez seja necessário pedir que Deus o livre das hesitações, dos temores do seu íntimo e da relutância em pagar o preço da vitória. É impossível conquistar respostas para as suas orações, mas existe um custo de esforço pessoal, definição de prioridades e disposição para sacrificar os interesses pessoais a fim de que a vontade de Deus possa prevalecer. Peça a Deus que dê nova ousadia, determinação e fé a você.

É NECESSÁRIO PREVALECER SOBRE A SITUAÇÃO

As situações pelas quais você ora costumam ser complexas. Pode haver tantos aspectos inter-relacionados que seja quase impossível descobrir o que está impedindo ou bloqueando o caminho.

Estruturas organizacionais, leis do governo, tradições ou hábitos de pensamento e métodos há muito tempo estabelecidos podem estar tão envolvidos e intrinsecamente interligados que façam parecer impossível haver respostas à oração.

Para ocasionar mudanças em alguns aspectos da situação, as ações de um número de pessoas precisam ser coordenadas e cronometradas com tantos detalhes que sempre parece haver algo atrapalhando. Uma vez que tivermos recebido respostas de oração para um aspecto de alguma situação, podemos discernir outros fatores de impedimento.

Pode ser necessário todo um conjunto de respostas de oração antes que uma situação extremamente complexa se renda à vontade de Deus. Talvez esse processo exija longos períodos de oração. Obstáculos que se repetem e situações complicadas que não cedem podem nos deixar frustrados e quase sem esperança.

Nunca diga "impossível" quando estiver orando por algo que é da vontade de Deus. Ele é soberano sobre a natureza e sobre as pessoas. Deus pode agir em sabedoria, graça e poder até que um aspecto de alguma situação depois do outro ceda com um efeito dominó divino até que enfim a resposta completa de Deus seja concedida e a sua vontade completa se realize. Nunca descarte um ato de intervenção de Deus. Jamais duvide da possibilidade de um milagre.

É NECESSÁRIO PREVALECER SOBRE AS PESSOAS

Deus criou cada um de nós com o poder de escolha e uma vontade própria. A vontade humana em uma ou mais pessoas pode aparentemente quase eliminar a resposta de oração que buscamos. É quase impossível prever a forma psicológica em que a mente das pessoas trabalha e ainda mais impossível influenciá-la ou controlá-la. As pessoas podem ser obstinadas, teimosas e resistentes a toda sugestão e mudança. Vez após vez, Deus disse que

Israel tinha dura cerviz. Moisés também concordava que Israel tivesse dura cerviz. (Talvez hoje disséssemos que essa atitude é ser cabeça dura ou turrão.)

Ambição, orgulho, ciúme, inveja e até ódio podem envenenar a mente e o coração. Além de se tornar uma pessoa inflexível por hábito e surda a todo apelo, ela pode ficar endurecida pelo pecado. Então nos perguntamos: o que será necessário para mudar a atitude ou decisão de uma pessoa?

A única esperança é que Deus transforme o que não podemos mudar sem a ajuda dEle. Por isso nós oramos. Deus tem um meio de falar à consciência de uma pessoa, apelar ao seu bom senso e melhor julgamento. Deus tem um jeito de trazer novas sugestões à mente de uma pessoa, até que esse alguém veja as razões e as vantagens de uma mudança no seu curso de ação. Pode ser necessária uma série de circunstâncias para trazer uma nova perspectiva sobre a situação ou pressão sobre a pessoa. Mas todas essas mudanças são possíveis para o nosso soberano Deus.

Deus nunca vai tratar as pessoas como robôs nem manipulá-las. Deus jamais vai violar o livre-arbítrio de um indivíduo. Mas Deus tem maneiras de coordenar eventos, efeitos e ações de outras pessoas até que o mais cabeçudo mude. Isso pode exigir intercessão contínua por um longo período de tempo ou oração acumulada de vários guerreiros persistentes de oração, mas a oração pode prevalecer, até a pessoa mudar, independentemente de quão relutante esteja.

Quando Israel enfrentou as arrasadoras probabilidades das tantas e diversificadas nações armadas e consolidadas que ocupavam Canaã, Deus disse a ele de forma simbólica: *Enviarei o meu terror diante de ti, confundindo a todo o povo onde entrares; farei que todos os teus inimigos te voltem as costas. Também enviarei vespas diante de ti, que lancem os heveus, os cananeus e os heteus de diante de ti* (Êx 23.27,28).

Assim como a conquista de Canaã foi um processo, uma série de vitórias capacitadas por Deus, por um período estendido de tempo, a persistência em muitas situações em que pessoas inflexíveis e obstinadas estão envolvidas pode também exigir persistência repetida e uma batalha militante de oração. Mas, quando a nossa intercessão prevalece com Cristo, não há ninguém que não possa ser trazido em submissão à vontade de Cristo, caso contrário será retirado do caminho.

É NECESSÁRIO PREVALECER SOBRE SATANÁS

O idealizador instigante, manipulador que coordena tudo por trás de muitas das coisas contra as quais devemos prevalecer, é satanás. Ele trabalha por meio dos seus muitos demônios para fazer tudo o que estiver ao seu alcance para nos impedir de orar e, se de alguma maneira for possível, nos fazer desistir antes de prevalecer em oração.

satanás prefere que façamos qualquer outra coisa que não seja orar. Ele prefere nos ter ocupados trabalhando para Deus a orando a Deus. Mais do que qualquer outra coisa que possamos fazer, a oração que prevalece tem o potencial de atrapalhar satanás, arruinar o seu reino e roubar seus seguidores e escravos humanos.

A oração que prevalece, mais do que qualquer outra coisa, nos liga a Deus e ao poder do seu reino onipotente. Só ela traz o ministério divino e mundial dos santos anjos de Deus à ação. A Bíblia retrata o poder quase indescritível de alguns anjos de Deus (1Cr 21.15; Is 37.36; Dn 6.22). A oração que prevalece nos une a todas as forças celestiais.

Satanás tem hostilidade intensa e constante contra os seres humanos, porque ele é extremamente contra Deus. Existe apenas uma forma de satanás poder tentar atrapalhar a Deus e frustrar o plano dEle: focando em nós, seres humanos — nós que somos tão amados por Deus, tão semelhantes a Deus em poder e potencial, e tão integrados nos planos de Deus. Satanás tem medo e terror da oração que prevalece, mais do que de todas as outras atividades para Deus e com Deus.

satanás costuma saber quais são as suas prioridades e, já que a oração que prevalece pode restringi-lo, amarrá-lo e derrotá-lo mais do que qualquer outra coisa, ele tem como prioridade atrapalhar, desviar ou deter a oração que prevalece. Toda oração é uma ameaça e um perigo extremo para ele. A oração que prevalece o apavora mais do que todo o resto e o deixa desesperadamente contrariado. Parece que a tarefa prioritária dada por ele a seus demônios seguidores é fazer oposição e atrapalhar a oração.

A oração que prevalece, assim sendo, deve muitas e muitas vezes ser focada em satanás e na nossa batalha incessante contra as forças, intrigas e maquinações dele. A nossa oração que prevalece normalmente precisa se transformar em batalha poderosa de oração. A batalha de oração será tratada com muito mais detalhes posteriormente.

Nós não prevalecemos até que satanás seja derrotado. A derrota começa no mundo invisível espiritual, mas se torna visível quando recebemos a resposta à nossa oração.

8
É preciso prevalecer diante de Deus

Prevalecer implica ser forte espiritualmente, comprometido com o objetivo da oração e perseverar até receber a resposta de vitória de Deus. Prevalecer na oração pode incluir não somente prevalecer sobre si mesmo, sobre a situação, sobre outras pessoas e sobre satanás, mas também pode haver um elemento de prevalecer diante de Deus.

Prevalecer talvez requeira o tempo mais perfeito de Deus. Só Deus sabe em que instante do tempo poderia haver os maiores retornos espirituais e a vantagem mais estratégica para o seu reino por recebermos a resposta da nossa oração. O relógio de Deus marca a hora perfeita. O tempo de Deus é o melhor de todos os momentos. Para obter os resultados mais elevados do reino, talvez Deus precise demorar a nos responder. Pode ser que nesse tempo esteja incluída uma bênção especial para nós. É possível que Deus veja que é melhor para o nosso crescimento espiritual e galardão eterno que nós prevaleçamos por algum tempo antes de nos dar a resposta.

É possível que Deus esteja testando a profundidade do nosso desejo. Temos a garantia de o encontrarmos quando o buscarmos de todo o nosso coração (Jr 29.13). Se estivermos dispostos a renunciar à resposta de Deus, o nosso desejo ainda não é profundo o bastante. Quanto mais tempo orarmos com esforço de alma, mais profundo o nosso desejo se tornará.

É possível que Deus esteja testando a nossa humildade. Se houver desejo de prestígio pessoal ou de autoglorificação, é provável que a nossa oração não seja concedida. É muito fácil querermos algo com sinceridade para a glória de Deus, mas ainda ficar feliz se os outros ficarem sabendo que nós ajudamos orando para que isso acontecesse! Talvez Deus teste, aprofunde e purifique a nossa humildade demorando a responder.

No caso da mulher siro-fenícia (Mt 15.21-28), Jesus a testou desta forma. A princípio, Ele se manteve em silêncio, até que os seus discípulos disseram: *Despede-a, pois vem clamando atrás de nós.* Mas ela continuou apelando até prevalecer. É provável que Jesus tenha aprofundado tanto o desejo quanto a humildade dela.

É possível que Deus use o nosso tempo de persistência para sondar e purificar a nossa motivação. Motivos equivocados podem bloquear qualquer oração, mesmo que o desejo almejado esteja dentro da vontade de Deus. *Pedis e não recebeis, porque pedis mal* (Tg 4.3). A motivação pode ser muito complexa. É possível buscar uma resposta de Deus por diversas razões, uma das quais pode ser inaceitável para Ele. É para o nosso bem que Deus purifica a nossa motivação, mesmo que para tanto Ele tenha de adiar sua resposta.

Enquanto você apela por uma resposta, talvez Ele o faça lembrar de alguma necessidade espiritual que você tenha negligenciado ou se esquecido na sua vida pessoal. Será que algum tipo de ruptura na sua atitude ou no relacionamento com os outros, seja em pensamento, seja em ação, está bloqueando a resposta de Deus à sua oração (Mt 5.23,24)? É provável que Deus tenha sondado o relacionamento de Jacó com o seu irmão Esaú durante aquela noite em que ele prevaleceu em oração.

Será que você tem entristecido a Deus com algum pecado de omissão, ou algum pecado por pensamento, palavra ou ação? O salmista disse: *Se eu no coração contemplara a vaidade, o Senhor não me teria ouvido* (Sl 66.18).

Que tipo de persistência estava envolvida quando Jesus prevaleceu no jardim de Getsêmani? O mais provável é que a Sua intensa intercessão tenha durado três horas. Ele estava prevalecendo a nosso favor. É razoável que vários aspectos da batalha estivessem envolvidos. A oração *Meu Pai, se possível, passe de mim este cálice!* (Mt 26.39) que Ele fez indica que Ele estava prevalecendo sobre si mesmo, sobre a sua natureza humana. É certo que Ele também estava prevalecendo sobre satanás, e satanás foi completamente derrotado. Pode ser que tenha havido aspectos ocultos da persistência dos quais não tenhamos ciência.

Sobre o que Elias prevaleceu no monte Carmelo? Elias sabia que estava em conformidade com a vontade de Deus. Ele havia anunciado três anos antes que não cairia chuva nem orvalho, exceto pela sua palavra (1Rs 17.1). Deus deu a ele direção passo a passo — até a torrente de Querite, depois até Sarepta, de volta ao rei Acabe e a cada passo no desafio a Baal no monte Carmelo. Deus o alimentou de forma sobrenatural pelos corvos, multiplicou a farinha e o azeite da viúva, ressuscitou o filho dela e enviou fogo dos céus para consumir o sacrifício e o altar no monte Carmelo.

Elias estava orando para que a nação se voltasse para Deus e a idolatria fosse banida do meio deles. Agora o povo havia endossado a forma de disputa que Elias teve com os profetas de Baal. Eles tinham visto esses profetas serem envergonhados, haviam testemunhado o fogo de Deus descer do céu quando Elias orou e tinham caído com o rosto em terra, exclamando: O S͟ᴇɴʜᴏʀ é Deus! O S͟ᴇɴʜᴏʀ é Deus! (1Rs 18.39). Eles haviam capturado os falsos profetas de Baal, que então foram destruídos.

Elias anunciou ao rei Acabe que agora Deus enviaria chuva. Então Elias caiu de joelhos no topo do monte Carmelo e orou por chuva, mas não veio chuva nenhuma — não apareceu nem uma nuvem sequer no céu. Sete vezes, Elias mandou o seu servo procurar sinal de chuva no céu. Mas Elias perseverou em oração que prevalece, curvando-se ao chão com o rosto entre os joelhos em intensa intercessão. Então o servo localizou uma pequena nuvem do tamanho da mão de um homem. Elias havia prevalecido diante de Deus, e logo a chuva começou a cair em torrentes.

Note os diversos aspectos da batalha de Jacó naquela noite de oração (Gn 32.9-31). A sua vida não havia sido perfeita, porém Deus tinha um propósito eterno para ele, para o qual Jacó precisava de preparo espiritual. A necessidade imediata era prevalecer pela segurança da sua família. Acima de tudo, ele precisava ser um novo Jacó, mais espiritual. Jacó se transformou em Israel prevalecendo com Deus. Tanto de forma simbólica quanto literal, ele orou até prevalecer. Isso é um modelo do que significa prevalecer diante de Deus.

- *Ele estava voltando por ordem de Deus* (Gn 31.3). Prevalecer costuma ser uma exigência, mesmo quando estamos pedindo algo de acordo com a vontade de Deus.
- *Ele estava voltando por promessa de Deus.*
- *Ele estava apelando pela promessa de Deus.* A nossa oração toma uma nova dimensão de fé e poder quando clamamos pela promessa de Deus.
- *Ele tinha provas da presença e da aprovação de Deus.* Labão testificou que Deus falou (Gn 31.24-29). Os anjos de Deus acompanharam Jacó (32.1).
- *Dificuldades, obstáculos e atrasos não são prova de estar fora da vontade de Deus.* Esaú veio com o seu exército particular. É mais provável que os ataques de satanás provem que estamos sintonizados com a vontade de Deus.
- *Ele imediatamente começou a orar* (Gn 32.9-12). Nenhuma vitória espiritual é conquistada sem algum recurso instantâneo e frequente de Deus. Jacó lembrou a Deus sua ordem, suas promessas e bênçãos anteriores, e apresentou um pedido específico.
- *Ele se humilhou* (Gn 32.10). Ele chamou Deus de Elohim (poderoso) e Jeová (Senhor), confessando a sua própria indignidade e miséria sem Deus.

- *Ele fez o que podia para ajudar a responder à sua oração pessoal.*
- *Ele não conseguiu dormir.* Quando Deus nos mantém acordados, Ele tem algo a nos dizer.
- *Ele confiou tudo às mãos misericordiosas de Deus* — esposas, servos, filhos e posses.
- *Ele orou sozinho* (v. Os 12.4). Ele lutou de forma literal e simbólica. Essa era uma peleja espiritual. Ele chorou. Note estas traduções do verbo em Oseias: ele suplicou (*A21*), implorou o favor de Deus (*NVI*) e rogou a Deus por misericórdia (*ARA*).
- *Ele recusou deixar Deus ir antes de abençoá-lo.* Ele persistiu em santa ousadia. Quanto mais ele compreendia quem era o Lutador, mais determinado ficava em ser abençoado por ele. Ele se manteve firme a qualquer custo, mesmo quando estava sofrendo.
- *Ele parou de lutar e começou a se agarrar.* Ele insistiu apenas na bênção de Deus.
- *Ele recebeu um novo nome.* Essa mudança indica uma nova natureza. Ele recebeu um novo discernimento de Deus face a face. O seu nome apontava uma nova realeza — ele se tornou um príncipe.
- *O seu poder com Deus precedeu o seu poder com os homens.* Quando prevaleceu diante de Deus, ele não teve problema de prevalecer diante do irmão.

AS DINÂMICAS DA ORAÇÃO QUE PREVALECE

Toda vitória em oração depende da total capacitação, orientação e habilitação do Espírito Santo. De determinado ponto de vista, existe apenas uma fonte e uma dinâmica da oração que prevalece — o Espírito Santo. Somente quando Ele nos encher, nos possuir, ansiar por meio de nós, permear e habilitar cada aspecto da nossa oração, e nos revelar as prioridades para a nossa oração — isto é, somente se Ele for o Senhor da nossa oração —, poderemos prevalecer.

De outro ponto de vista, há oito dinâmicas de suma importância da oração que prevalece:

1. Desejo
2. Fervor
3. Importunação
4. Fé
5. O Espírito Santo
6. Unidade em oração
7. Perseverança
8. Louvor

Ao estudar os relatos bíblicos, as biografias dos guerreiros de oração mais santos de Deus e as emocionantes narrativas de orações respondidas, podemos ver menção repetida de como essas oito dinâmicas foram usadas pelo Espírito para levar os veteranos em oração do Senhor a vitórias extraordinárias por Cristo.

Em algumas batalhas de oração, uma ou mais dessas dinâmicas parecem predominar, mas na maioria dos casos quase todas são usadas pelo Espírito Santo ao prevalecer e triunfar por meio da oração dos filhos de Deus. Nenhuma situação é igual à outra na sua necessidade ou nas atividades que satanás emprega para tentar evitar ou limitar a vitória de Cristo. As pessoas envolvidas em cada situação oravam por divergirem em suas atitudes, personalidades e preconceitos.

O pecado nubla o entendimento, perverte os desejos e escraviza a vontade até que muitos dos problemas que necessitam de solução sejam muito complexos. Algumas necessidades já existem há tanto tempo que parecem ser impossíveis de mudar. Algumas pessoas são tão resistentes à vontade de Deus, tão endurecidas pelo pecado e tão limitadas por satanás que existe uma luta tremenda de oração para conceber e acreditar que Deus responderá.

satanás não abrirá mão das suas fortalezas sem forte resistência e batalha espiritual. Além de ser insolente e inveterado no seu ódio a Deus e aos homens, ele é cheio de ira por causa das suas repetidas derrotas pelas ofensivas de oração dos filhos de Deus.

A nossa oração, no entanto, pode prevalecer sobre qualquer circunstância e sobre todo engano ardiloso e poder demoníaco que satanás possa ordenar. Deus ordena que satanás seja afugentado e derrotado pela nossa oração.

Contudo, quem de nós se sente suficiente para se engajar em conflito espiritual contra as forças e fortalezas de satanás, preparados para a batalha? Quem ousa invadir o território que satanás reivindica para si? Quem se arrisca a levantar a ira de satanás atacando as suas forças poderosas e quebrando as correntes com as quais ele algemou os seus prisioneiros? Quem se atreve a batalhar quase sem auxílio, como às vezes parece acontecer, contra os poderes das trevas e o arraigado reino do mal? Quem?

Deus Espírito! Ele não é intimidado por satanás e toda a ira do leão que ruge. Ele não desanima, não importando por quanto tempo satanás tenha usurpado o controle sobre algum lugar, alguma situação ou pessoa. O Espírito Santo é Deus Espírito. Satanás não se equipara a Deus.

Deus predeterminou que satanás fosse desalojado e derrotado pelas orações do seu povo. O Deus triúno decidiu que o Espírito habilitaria e oraria por meio de nós ao habitar em nós e nos preencher. O Espírito Santo foi encarregado da responsabilidade de se engajar no conflito contra todos os poderes das trevas e reforçar a vitória de Cristo. Esta é a era do Espírito e também a era da batalha. Existe uma batalha de longa data sem trégua entre Deus e satanás.

No mistério do propósito de Deus, ele decidiu vencer satanás pela cruz de Cristo e a oração dos filhos de Deus. Satanás foi derrotado de uma vez por todas na cruz. Essa vitória Cristo obteve sozinho — sozinho no jardim, sozinho na cruz. Mas a vitória eterna deve agora ser imposta e reforçada pela atuação do Espírito Santo por meio das orações e da obediência dos filhos de Deus.

A igreja de hoje é a igreja militante, a igreja em guerra por Deus. É da vontade de Deus que a igreja seja agressiva. Não devemos depender com passividade da vitória total e eterna de Cristo no Calvário. Precisamos lançar as nossas batalhas de oração com base nesse triunfo de Cristo. Firmados nesse alicerce de vitória, temos que manter uma ofensiva constante contra todas as forças dominadas do inferno.

Você deve prevalecer, porque Cristo prevaleceu. Você precisa prevalecer pelo poder do Espírito Santo, pela sua oração e obediência. A vitória é certa se você mantiver a sua posição de vitória conquistada por Cristo para você. Você tem de atacar e desalojar satanás de uma fortaleza após outra. É seu dever libertar prisioneiro após prisioneiro. É necessário seguir de vitória em vitória — não em você mesmo, mas no poder do Espírito.

A batalha de oração faz parte da própria essência do cristianismo do Novo Testamento. As vitórias da oração são o seu desafio e a sua herança como crente. Levante-se para assumir o seu santo privilégio, o seu papel adquirido por Cristo e decretado por Deus! Adiante, de vitória em vitória, por Cristo, por meio da oração que prevalece, usando as oito dinâmicas da oração que prevalece, fornecidas pelo Espírito!

9
A dinâmica do desejo

O desejo tem um poder motivador tremendo na oração que prevalece. Quanto mais profundo o desejo de ver as respostas de Deus, mais profunda a sede de ver Deus em ação; e quanto mais urgente o clamor para ver o triunfo de Cristo, maior o poder com que o Espírito Santo pode orar por meio de nós. O desejo santo é um poder sagrado que fortifica a oração. Essa é uma dinâmica do Espírito.

Fénelon escreveu: "Quem deseja não das profundezas do seu coração, faz uma oração enganosa".[1] Deus quer sinceridade, e não belas palavras educadas. Ele deseja profundidade de alma, e não articulação de lábios indiferente. Depois de ouvir as orações de muitos dos nossos familiares e até dos nossos pregadores, os anjos de Deus, devem sentir vontade de recitar as palavras de Salomão em Eclesiastes 1.2: *Vaidade de vaidades* [...] *tudo é vaidade*. Usamos as mesmas palavras com tanta frequência que quase podemos dizê-las sem pensar. Não há nada de novo, porque não existe um desejo real.

A repetição é doce aos ouvidos de Deus quando é um clamor do coração. Jesus foi repetitivo na agonia do Getsêmani, mas a

---

[1] MATHEWS, R. Arthur. *Born for Battle*, p. 115.

repetição é um vazio indiferente quando vem de palavras não sentidas que têm como intuito consciente ou inconsciente os ouvidos das pessoas tanto quanto os ouvidos de Deus. Tais palavras podem ser um sedativo para a nossa própria alma. Elas não são registradas por Deus.

Talvez seja necessário prevalecer diante de Deus por algum tempo antes de alcançar sinceridade total e profunda na sua oração. Fraser escreveu: "A súplica verdadeira é filha do desejo de coração e não pode prevalecer sem ele; um desejo não terreno nem é emitido do nosso coração pecaminoso, mas forjado em nós pelo próprio Deus. Ah, que tenhamos tais desejos!". Estimulando a necessidade de acolher o desejo espiritual e nos voltarmos à oração, ele acrescenta: "Um desejo fervoroso pelas coisas espirituais é um sino tocando para a oração. Não que devamos esperar por tais desejos. Deveríamos orar em todas as épocas, estejamos sedentos por isso ou não. Se tivermos um anseio saudável pela oração, muito melhor".[2]

Há um sentido no qual o seu desejo profundo e santo é a oração em si. *Tens ouvido, SENHOR, o desejo dos humildes; tu [...] lhes acudirás* (Sl 10.17). Embora o nosso coração clame ao Senhor vez após vez com desejo profundo, não teremos condição de verbalizar esse desejo sempre. Mas, mesmo quando a oração não estiver nos nossos lábios, o desejo com o qual todo o nosso ser clama a Deus queima como uma chama contínua de oração aos olhos de Deus.

Assim foi a oração incessante do coração de Paulo, quando escreveu: *Digo a verdade em Cristo, não minto, testemunhando comigo, no Espírito Santo, a minha própria consciência: tenho grande tristeza e incessante dor no coração; porque eu mesmo desejaria ser anátema, separado de Cristo, por amor de meus irmãos, meus compatriotas, segundo a carne. São israelitas* (Rm 9.1-4).

---

[2]FRASER, Mrs. O. J. *Fraser and Prayer*. London: Overseas Missionary Fellowship, 1963, p. 33-34.

De onde Paulo tirou esse desejo constante tão profundo que queimava como uma chama no altar da sua alma? Ele saturou a alma com a verdade do Antigo Testamento. Ele viu Isaías descrever Deus como que ficando o dia inteiro com as mãos estendidas ao povo em anseio (Is 65.2). Ele ouviu o Senhor suplicar por meio de Ezequiel: *Convertei-vos, convertei-vos dos vossos maus caminhos; pois por que haveis de morrer, ó casa de Israel?* (Ez 33.11). Ele ouviu o Pai apelar por meio de Oseias: *Como te deixaria, ó Efraim?* [...] *as minhas compaixões, à uma, se acendem* (Os 11.8). Paulo ouviu a Deus nesses textos das Escrituras, e o clamor do seu coração se tornou um com o de Deus.

A base para o nosso desejo na petição e intercessão é o reconhecimento da necessidade. Nada é mais essencial. Andrew Murray diz: "O desejo é a alma da oração e a causa de a oração insuficiente ou malsucedida ser muito encontrada na falta ou fragilidade do desejo".[3] Enquanto não fizer diferença para nós se a nossa oração é respondida ou não, nós não prevaleceremos.

O desejo faz a oração ser específica. Ele dá foco à oração e impõe prioridade. O desejo faz a oração ser tanto vital quanto pessoal. Paulo fala da sua profunda oração pelo povo incrédulo de Israel: *Irmãos, a boa vontade do meu coração e a minha súplica a Deus a favor deles são para que sejam salvos* (Rm 10.1). Outra vez, escreveu aos filipenses: *E também faço esta oração: que o vosso amor aumente mais e mais* (Fp 1.9). Paulo focava a sua intercessão desta maneira toda vez que orava por eles.

A nossa intercessão cresce no poder de prevalecer quando conseguimos começar a falar como Paulo que o que oramos é de fato a "nossa oração" — a súplica, o apelo constante do nosso coração a Deus. Nas palavras de Davi: *Uma coisa peço ao Senhor, e a buscarei* (Sl 27.4). O desejo torna a nossa oração muito pessoal. Ele faz que esse seja o clamor do nosso próprio coração. Além disso, ele não só motiva a nossa oração; também nos ajuda a visualizar a

---

[3]Murray, Andrew. *Ministry of Intercession*, p. 104.

resposta e assim aumenta a nossa fé. O cristão sem convicção tem pouco valor para Deus ou para os homens. As pessoas o consideram hipócrita e Deus não consegue usá-lo de forma grandiosa.

A falta de sinceridade ou a indiferença na oração, ou em outras coisas espirituais, são inúteis para Deus (Ap 3.15,16). A falta de paixão e a ausência de calor são repulsivas para ele. Cristo quer seguidores batizados pelo fogo (Mt 3.11), uma igreja que fica incandescente com a presença e o poder do Espírito. O nosso Deus é um Deus de fogo e deseja que compartilhemos não apenas da sua presença e pureza, mas do seu desejo e zelo ardentes. O Espírito lança fogo na nossa oração. De acordo com Bounds, "Esta chama santa e fervente na alma desperta o interesse pelo céu, atrai a atenção de Deus e o põe à disposição daqueles que a exercitam, as riquezas inesgotáveis da graça divina".[4]

O desejo refina e purifica a nossa oração de muitas banalidades comuns facilmente verbalizadas. Ele filtra as generalidades e repetições religiosas de expressões com pouco significado. Ele separa as palavras que aprendemos a usar na oração que na verdade não expressam quase nada do íntimo da nossa alma e são apenas palavras em excesso diante de Deus. O desejo faz evaporar as nossas palavras quase hipócritas que apaziguam a nossa alma e a mente dos ouvintes, e que não sobem a uma altura um pouco maior do que a da nossa cabeça. Elas são vazias demais para chegarem ao trono de Deus.

COMO APROFUNDAR O NOSSO DESEJO

Receber os desejos dados por Deus. De determinado ponto de vista, o desejo real é um dom de Deus. De outra perspectiva, nós precisamos aprofundar o nosso desejo com a ajuda de Deus. Finney ensina que, se achamos um desejo pelo bem de outras pessoas fortemente arraigado em nós, há uma forte possibilidade de que

---

[4] BOUNDS, E. M. *The Necessity of Prayer*, p. 47.

o Espírito Santo esteja dando e aprofundando esse desejo a fim de nos instigar a orar. Ele acrescenta: "Nesse caso, nenhum grau de desejo ou inconveniência na oração é indevido. Um cristão consagrado pode aproximar-se, por assim dizer, e agarrar a mão de Deus".[5] Leia a oração de Jacó: *Não te deixarei ir se me não abençoares* (Gn 32.26). Essa atitude insultou a Deus? Não! Isso fez de Jacó um príncipe com Deus, com um novo nome — Israel. Moisés orou com tamanho desejo que Deus ficou face a face com Ele (Êx 33.12-23; Nm 12.8).

Não apagar ou perder esses desejos santos. Eles são um fogo do Espírito Santo. Não os extinga (1Ts 5.19). Não permita que outras coisas o desviem ou distraiam. Permita que o Espírito Santo aprofunde cada vez mais a sua oração ao acalentar esses santos anseios e a sede por eles de forma cada vez mais profunda. Muitas das coisas que dizem respeito a você são tão seculares que buscam se intrometer no seu tempo de oração e dissipar os seus santos desejos e a sua consciência da presença de Deus.

Deus não faz joguinhos conosco. As vontades nascidas do Espírito e aprofundadas por Ele indicam o que Deus quer fazer. Ele dá desejos pelo que Ele anseia fazer acontecer. O Espírito Santo dirige ao próprio propósito do coração de Deus e ao ponto da total persistência.

Render os seus próprios desejos. "A lei é imutável: Deus se oferece, se entrega, a quem se doa por completo a ele".[6] Lembre-se de que, na sua humanidade, é possível que você deseje coisas e seja mais motivado com frequência pela sua própria vontade do que pela de Deus. A sua oração pode ser mais adornada pelo interesse pessoal do que pelo desejo de glorificar a Deus. A oração que prevalece é normalmente possível somente pelas coisas que forem da vontade de Deus. Se persistir na obstinação do desejo pessoal e buscar

---

[5]FINNEY, Charles G. *Princípios da oração*. Disponível em: <https://pt.scribd.com/doc/313827816/Principios-Da-Oracao-de-Charles-Finney>, p. 5.
[6]MURRAY, Andrew. *Ministry of Intercession*, p. 105.

exigir a sua própria vontade, é possível que você viva para se arrepender da sua oração. Israel clamou diante de Deus até que Ele deu a eles o que estavam pedindo, mas viveram tempo suficiente para se arrependerem disso (Sl 106.14,15). É provável que tal oração não aconteça se você render a sua própria vontade e orar de verdade como Jesus nos ensinou: *Faça-se a tua vontade* (Mt 6.10).

Podemos ser cheios do *pleno conhecimento da sua vontade* (Cl 1.9). Podemos viver *para que experimenteis qual seja a boa, agradável e perfeita vontade de Deus* (Rm 12.2).[7]

O Espírito Santo será fiel em nos ensinar a perspectiva de Deus, as prioridades de Deus e os processos de Deus se permanecermos, sem egoísmo, cheios do Espírito e comprometidos com a vontade de Deus. Assim, os desejos divinos e humanos brilharão e emergirão juntos.

Confiar o que você deseja a Deus e louvá-Lo. O Espírito trará você ao lugar onde a fé aproveitará a promessa de Deus e dará a você a *veste de louvor* (Is 61.3) conforme você prosseguir com anseios profundos e santos pela vontade de Deus para a situação pela qual está orando. Talvez nesse ponto a sua oração tenha sido concedida ou pode ser que o Espírito esteja dirigindo você para a dinâmica da fé e/ou dinâmica do louvor. (Esses níveis serão esclarecidos posteriormente nos capítulos a seguir.)

"Desejo" é outra palavra para sede. A menos que haja suspiros, anseio, fome, sede e até lágrimas de desejo, é provável que você ainda não tenha chegado à oração que prevalece. Se o seu coração não clamar das profundezas ocultas de dentro dele, às vezes parecerá que os obstáculos de satanás não se movem e que os prisioneiros de satanás continuam escravizados.

Foi uma sede indescritível que encontrou voz na oração de John Knox: "Dá-me a Escócia, senão morrerei!" John Smith rogou com palavras praticamente idênticas na Inglaterra: "Dá-me almas, senão morrerei". Deus deu almas para ele. Essa mesma oração

---

[7]Consulte Duewel, *Let God Guide You Daily*, p. 79-85, 101-104, 169, 196-197, 202, 209.

foi feita dia após dia, várias vezes, por um jovem evangelista coreano, que talvez seja a razão pela qual eu servi por cinquenta anos em uma agência missionária chamada OMS (One Mission Society) International. O seu rosto brilhava com a presença de Deus, e o seu coração sempre clamava por almas. Ele ganhou milhares de pessoas para Cristo em poucos anos e começou a ser conhecido como Moody da Coreia. Infelizmente, nós o perdemos no ministério da OMS, e Deus o perdeu no seu serviço. As coisas seculares roubaram a sua sede, e os seus lábios se tornaram inúteis. Ele deixou de prevalecer, perdeu o seu poder e morreu em uma cidade estrangeira praticamente desconhecido.

Ah, meu companheiro em Cristo! Valorize a sede. Guarde-a para as respostas de oração de Deus. A busca pela sede pode custar a você incompreensão e até sofrimento. É possível que você seja considerado um extremista ou até um fanático. Muitas igrejas experimentam muito pouca oração que prevalece.

Mas Jesus precisa suportar a cruz sozinho? Vez após vez, Ele doou da paixão da sua alma aos seus filhos que andavam nas suas pegadas. De onde John Wesley, George Whitefield, Charles Finney, William Booth, John Hyde e Charles Cowmn tiraram aquela sede por respostas de oração, avivamento e salvação de almas? Eles aprenderam o que move o coração de Jesus. Finney diz: "Que força não deve ter o desejo de Deus quando seu Espírito produz nos fiéis uma angústia tão extraordinária, tamanha agonia da alma, uma dor de parto! Deus escolheu a melhor expressão para descrever isso — dores de parto da alma".[8]

Aprenda a beber do Espírito de Cristo enquanto Ele tem sede de ver as correntes dos hábitos malignos, das drogas e de satanás quebradas e pessoas libertadas. Aprenda a chorar sobre a sua Jerusalém com Jesus, se quiser ver o avivamento concedido pelo Espírito vir sobre a sua cidade ou igreja. Respostas poderosas podem ter um alto preço, mas valem todo esse custo. Aprenda a ter sede se deseja prevalecer.

[8]FINNEY, Charles. *Princípios da oração*, p. 8.

10

A dinâmica do fervor

As dinâmicas do desejo e do fervor têm uma relação próxima, porém cada uma tem uma contribuição especial a fazer na oração que prevalece. Uma dá apoio e força a outra; cada uma é essencial no seu próprio direito. O desejo tem a ver mais com a paixão e o zelo. Ele nasce da necessidade, enquanto o fervor nasce do amor. Precisamos de olhos que enxerguem a necessidade e de um coração que arda de amor.

O amor abre o nosso coração para Deus, que é o único com a capacidade de atender a todas as necessidades. O amor é a natureza de Deus. O Seu coração se inflama de amor por nós e pelo mundo que é dEle. A chama que arde no coração de Deus colocará fogo no seu coração se você se aproximar dEle o suficiente. O amor dEle irradia para o nosso coração. Enquanto oramos, o amor do Senhor coloca em nosso coração um interesse profundo pelas necessidades que Ele vê e deseja que vejamos. O seu amor, ao ser incutido em nós, faz da nossa oração um doce perfume diante dEle (Sl 141.2).

O amor de Deus é dinâmico. Ele acrescenta amor, desejo e zelo à nossa oração. Charles Finney afirmou: "É necessário ter tanto do amor de Deus — um amor como o amor de Deus pelos pecadores — na sua alma que você esteja preparado para qualquer sacrifício ou esforço. É preciso sentir como Deus sente [...] amor pelas almas". A menos que tenhamos isso, ele afirma que as nossas "orações por esse assunto terão pouca paixão e nenhum poder com Deus".[1]

Andrew Murray insistiu: "É da própria natureza do amor abrir mão e se esquecer de si mesmo em favor dos outros. Ele toma as suas necessidades e as faz como suas, encontra real alegria em viver e morrer pelos outros, como Cristo fez [...] amor verdadeiro [...] se tornará em nós o espírito de intercessão [...] o verdadeiro amor deve orar".[2]

A dinâmica do fervor tem recebido o nome de lei da devoção. Quantas orações fracassam por falta disso? Richard Watson, um teólogo que viveu há cerca de duzentos e cinquenta anos, escreveu: "A oração sem fervor não é oração; é falar, e não orar. A oração sem vida não é uma oração tanto quanto um retrato de um homem não é um homem". Acker acrescenta: "O incenso não pode exalar cheiro nem subir sem fogo; a oração não faz nada a menos que se eleve de um calor e fervor espirituais [...]. As orações frias, sem vida e inativas são como pássaros sem asas [...] meras orações dos lábios são orações perdidas".[3]

O pioneiro missionário Adoniram Judson sabia como prevalecer. Ele escreveu: "Um espírito que trabalha pesadamente, as dores de um grande desejo, pertence à oração. Um fervor suficientemente forte para espantar o torpor, que consagra e inflama o espírito, [...] pertence à oração de luta que prevalece. O Espírito, o poder, o ar e o alimento da oração estão em tal espírito".[4]

Isaías lamentou: *Já ninguém há que invoque o teu nome, que se desperte e te detenha* (Is 64.7). Israel estava em necessidade, mas

---

[1] FINNEY, Charles. *Sermons on Gospel Themes*. New York: Revell, 1976, p. 323.
[2] MURRAY, Andrew. *Ministry of Intercession*, p. 40-41.
[3] ACKER, J. W. *Teach Us to Pray*. St. Louis: Concordia, 1961, p. 31, 33.
[4] BOUNDS, E. M. *The Necessity of Prayer*, p. 59.

ninguém estava se levantando para prevalecer em intercessão pela nação. A palavra hebraica significa se levantar, despertar, incitar. Precisamos despertar e aprofundar as qualidades do interesse, do amor e do zelo dentro de nós. Temos que acordar espiritualmente e prevalecer.

Carecemos de novos movimentos poderosos de alma. Precisamos despertar e levantar o nosso ser dormente para usufruirmos de Deus em oração de poder. Necessitamos ordenar todos os nossos recursos espirituais e energias santificadas para fazer a oração que prevalece. A menos que a nossa oração tenha força fervorosa, ela não terá nenhum poder para superar as dificuldades e conquistar vitórias poderosas.

Há vários termos na Bíblia que expressam fervor e paixão na oração. Um deles é "chamar", que é usado por Samuel, Davi, Elias e muitos dos profetas. A alma busca o auxílio de Deus, rogando a Ele com uma força e intensidade que espera ser ouvida.

Outro termo é "clamar". Ó SENHOR, [...] *dia e noite clamo diante de ti* [...] *inclina os ouvidos ao meu clamor* (Sl 88.1,2). Algumas vezes, Moisés clamou em oração apaixonada (Êx 14.15). Samuel clamou a favor de Israel (1Sm 7.8). Assim como Salomão (2Cr 6.19) e Ezequiel (Ez 9.8). Elias clamou que Deus ressuscitasse o filho da viúva, e Deus o atendeu (1Rs 17.22).

Outro termo bíblico é "derramar". O salmista descreve como a sua alma anela por Deus da mesma forma que uma corça perseguida por caçadores anelava por água. Ele tem sede de Deus, anseia encontrar-se com Ele, chora dia e noite enquanto espera as respostas de Deus e derrama a sua alma (Sl 42.1-4). No texto de Salmos 62.8, Davi nos exorta: *Derramai perante Ele o vosso coração; Deus é o nosso refúgio.*

Todas essas pessoas piedosas que suplicaram em oração sentiam, nas palavras de Finney, "a pressão de uma grande causa". Não há nenhum incentivo para desejos fracos, esforços indiferentes e atitudes preguiçosas na oração. E. M. Bounds conhecia a oração que prevalece por experiência. Ele escreveu: "Desejos ardentes apaixonados, insistência infatigável, agradam o céu [...]. Deus está ocupado demais para ouvir orações irresolutas".[5]

A visão da necessidade pela qual estamos orando precisa se tornar uma paixão ardente por contemplar a resposta de Deus. É necessário que ela se transforme em um princípio profundo dentro de nós que se dedica a conseguir a resposta. É essencial que ela se torne um impulso que nos compele. É importante que ela acrescente fervor à nossa oração e coloque a ferramenta da determinação dentro da nossa alma. Não podemos aceitar um "não" como resposta!

Samuel Chadwick exorta que somente o fervor na oração transforma a intercessão simples em oração que prevalece.

> Existe uma paixão na oração que prevalece. Elias era um homem de paixões [...]. Tudo o que ele era ia dentro de tudo o que ele fazia [...]. Ouça a sua oração na câmara mortuária. Observe-o no Carmelo. Escute-o apelar pela honra de Deus e ao Senhor pela aflição do povo.
>
> É sempre a mesma coisa: Abraão apelando por Sodoma, Jacó lutando na quietude da noite, Moisés colocando-se na brecha, Ana intoxicada de dor, Davi quebrantado de remorso e tristeza, Jesus ao suar sangue. Acrescente a essa lista dos registros da igreja a observação e a experiência pessoal, que sempre há um custo pela paixão a ponto de sangrar. Ela prevalece. Ela transforma mortais comuns em homens de poder. Ela traz poder. Traz fogo. Traz chuva. Traz vida. Traz Deus. Não há poder como esse de prevalecer em oração.[6]

O medidor mais importante da oração não é a sua extensão, mas a sua profundidade; não as suas belas palavras, mas a sua intensidade. Não é necessariamente uma questão de quantas horas por dia usamos em oração, mas com que intensidade nós

---

[5] BOUNDS, E. M. *Purpose in Prayer*, p. 59.
[6] CHADWICK, Samuel. *The Path of Prayer*, p. 81-82.

oramos quando estamos orando. Existe uma dinâmica da perseverança — é comum que a oração deva ser continuada por algum tempo, mas, seja curta ou longa, que seja fervorosa.

Esta é uma lei da oração que aqueles que buscam com todo o coração encontrarão. *Então, me invocareis, passareis a orar a mim, e eu vos ouvirei. Buscar-me-eis e me achareis quando me buscardes de todo o vosso coração. Serei achado de vós, diz o* SENHOR (Jr 29.12-14). Moisés usou palavras quase idênticas a estas, especificando: *De todo o teu coração e de toda a tua alma* (Dt 4.29).

Chadwick mais uma vez declara: "A intensidade é a lei da oração [...] a luta em oração prevalece. A oração fervorosa, eficaz, do justo tem grande força. Deus odeia fogo estranho. Jamais devemos tentar produzir uma emoção de intensidade [...]. Se o Espírito geme na intercessão, não tenha medo da agonia da oração. Há bênçãos do reino que são concedidas somente ao ímpeto da alma veemente".[7]

O livro de Hebreus nos assegura que *Ele, Jesus, nos dias da sua carne,* [ofereceu], *com forte clamor e lágrimas, orações e súplicas* (5.7). Estar tão sobrecarregado em oração a ponto de orar com paixão é ser semelhante a Cristo. Paulo pediu aos crentes em Roma: [...] *luteis juntamente comigo nas orações a Deus a meu favor* (Rm 15.30). *Luteis juntamente comigo* em grego são duas palavras que significam literalmente "agonizar comigo". Isso é oração com paixão!

R. A. Torrey escreve:

> A oração que prevalece é aquela em que pomos toda a alma, lançando-nos em direção a Deus em desejo intenso e agonizante [...]. Se pomos tão pouco de nosso coração nas orações, não podemos esperar que Deus ponha muito do seu nelas [...]. Quando aprendemos a nos aproximar de Deus com uma intensidade de desejo que esprime a alma, conhecemos então um poder na oração que a maioria de nós ainda não conhece.[8]

---

[7]Ibidem, p. 68.
[8]TORREY, R. A. *Como orar*. São Paulo: Editora Mundo Cristão, 1984, p. 21-22.

Alexander Whyte, o grande pregador e escritor escocês, suplica: "Que todo homem coloque a sua paixão nas suas orações".[9] Tiago descreve que Elias *orou, com instância* (Tg 5.17), que no grego diz "orou com oração", uma expressão idiomática que significa que ele orou com intensidade ou paixão.

RESUMO

A paixão real na oração tem estas características

1. Ela cresce do amor da nossa alma.
2. Ela cresce do desejo santo.
3. Ela pode ser um dom direto de Deus em algum momento em que Ele queira nos usar na oração.
4. Ela pode ser resultado da nossa nova perspectiva sobre alguma necessidade.
5. Ela pode ser resultado do aprofundamento gradual da convicção da urgência de alguma necessidade e da vontade de Deus em atender a essa necessidade. Finney aconselhou: "Se você se acha atraído a orar poderosamente em prol de certos indivíduos, consumido por grande compaixão, angustiado com forte clamor e lágrimas por certa família, vizinhança ou povo, renda-se a essa influência".[10]
6. Ela pode se tornar uma característica da nossa vida de oração quando nos estregarmos à intercessão.
7. Ela acelera e fortalece a nossa fé.

O que não é paixão na oração

1. Não é sinônimo de oração barulhenta, em voz alta. Ela pode até ser tranquila ou silenciosa. Muitas vezes uma pessoa prevaleceu

---

[9]WHYTE, Alexander. *Lord, Teach Us to Pray*. New York: Harper, n.d., p. 75.
[10]FINNEY, Charles. *Princípios da oração*, p. 17.

de forma tão silenciosa durante a noite que as outras que estavam dormindo por perto não souberam de nada.
2. Não é sinônimo de esforço físico. A luta espiritual não depende da atividade física. A paixão na oração não é produzida levantando as mãos, balançando os braços, ficando de pé, de joelhos, deitado, prostrado no chão, andando para a frente e para trás, ou em qualquer outra forma de postura ou ação durante a oração. O Espírito Santo pode nos dirigir a tal mudança de postura, em especial quando estivermos orando sozinhos no nosso lugar secreto.

Às vezes, o uso de tais posturas por algum tempo entra em harmonia ou expressa o ânimo da nossa alma — humilhação diante de Deus, súplicas sedentas a Deus, espera na presença dEle ou determinação espiritual e urgência. Muitos guerreiros poderosos de oração, como Brainerd e Finney, tiveram o seu corpo ensopado de suor por causa da intensa angústia de alma na sua oração persistente, assim como Jesus suou sangue no Getsêmani. Mas não tente fabricar intensidade espiritual com o seu esforço físico.
3. Não é sinônimo de oração respondida. Muitas orações são concedidas de forma instantânea, ou sem oração prolongada ou intensa. Muitos desejos de oração são conferidos quando nos deleitamos no Senhor (Sl 37.4).
4. Não é um tipo de "boa obra". Ela não conquista a salvação ou a bênção de Deus. Em vez disso, o fervor é uma decorrência do ministério do Espírito dentro de nós.

COMO DESENVOLVER PAIXÃO NA ORAÇÃO

1. Peça que o Espírito Santo dê do Seu amor, paixão e zelo a você.
2. Receba e valorize qualquer impulso do Espírito para orar. Bounds nos assegura: "Talvez não esteja nas nossas mãos criar o fervor espiritual, mas podemos orar para que Deus o implante em nós. É nosso dever, então, alimentá-lo e estimá-lo,

além de cuidarmos para que não seja extinto e impedir que ele diminua ou decline".[11]

3. Leia e releia os relatos bíblicos ou histórias de livros com profundidade espiritual de como Deus chamou pessoas para orar e respondeu às suas orações.

4. Continue aprofundando a sua própria vida de oração pela fidelidade nos seus hábitos e compromissos de oração.

5. Tome sobre o seu coração vários interesses ou fardos principais de oração e faça deles o foco especial da sua oração. Por exemplo: continuar orando por avivamento, pela sua igreja, pela sua nação, pelo ministério com jovens, ministério nas prisões, em países comunistas e com povos muçulmanos. Os fardos podem incluir algumas necessidades especiais como pornografia, drogas, abuso infantil ou doenças sexualmente transmissíveis. Eles podem abranger uma nação em particular — Índia, China, Indonésia, Cuba ou outro lugar qualquer que Deus colocar no seu coração. Também podem conter o ministério por rádio, pela TV, os ministérios internacionais ou nacionais como os de Billy Graham, Luis Palau ou algum ministério de orientação à família. É impossível orar longamente por tudo, mas você pode pedir que Deus o dirija até vários assuntos especiais de oração.

6. Mantenha os seus ouvidos abertos a qualquer incumbência especial de oração que Deus possa dar a você como fardo urgente temporário para orar. Pode ser que haja necessidade especial de orar em algum dia ou momento particular. Sempre que possível, vá orar por essa necessidade no mesmo instante. Use todo momento livre possível até Deus tirar do seu coração a inquietação de orar por essa necessidade. A sua paixão na oração aumentará grandemente quando você obedecer a esse chamado do Espírito.

---

[11]BOUNDS, E. M. *The Necessity of Prayer*, p. 59.

Permita que eu resuma com as palavras de Bounds:

> As orações devem ser vulcânicas. É a oração fervente que é eficaz [...] é preciso haver fogo para que as orações subam. O calor da alma cria uma atmosfera favorável à oração [...]. Por meio do fogo, a oração ascende ao céu. No entanto, fogo não é rebuliço, e calor não é barulho [...]. Ser absorvido na vontade de Deus, ser tão grandemente fervoroso que faça com que todo o nosso ser pegue fogo, é a condição qualificadora daquele que se engaja em oração efetiva.[12]

[12]Ibidem, p. 56.

11
A dinâmica da importunação

Além do fervor e do desejo, a intensidade da oração inclui a importunação. Em alguns aspectos, a importunação combina o fervor, o desejo e a perseverança — mas nem sempre. A oração insistente pode ser fervorosa, mas é algo mais do que fervor. Ela pode ser revestida do desejo mais profundo, mas é algo acima e além do desejo. Ela costuma incluir a perseverança, mas acrescenta uma importante nova dimensão.

O que é importunação? A palavra grega em Lucas 11.8 é *anaideia*, que significa completa falta de vergonha. Ela inclui o conceito de grande ousadia, urgência, de impor o seu pedido, clamor ou demanda ao limite, e abrange a determinação de persistir nessa ousadia com urgência até receber a resposta.

Andrew Murray, um grande adepto da oração de importunação, descreve o aumento da insistência nestas palavras: "Ela começa com a recusa imediata em receber uma negativa. Ela evolui para a determinação em perseverar, não economizar tempo ou sofrimento até que a resposta chegue. Ela se eleva à intensidade em que todo o ser seja entregue a Deus em súplica e a ousadia se apresente para valer-se da força de Deus".[1]

---

[1] MURRAY, Andrew. *Ministry of Intercession*, p. 53.

A importunação na oração é a oração feita para que a vontade de Deus se cumpra. Ela deve ser completamente altruísta. Isso costuma ser um atrevimento em fazer pressão pela urgência da necessidade de outra pessoa. A luta em oração pode incluir alguns elementos de benefício próprio. Quando Jacó lutou pela proteção de Deus para a sua família, ele se incluiu, e também foi beneficiado.

No entanto, a importunação santa é íntegra e correta quando apela pelos outros. Observemos a petição da mulher siro-fenícia pela sua filha que estava possuída por demônios, o apelo do pai de família por comida para um amigo de madrugada, a súplica de Moisés por perdão para Israel, o clamor de Daniel pela restauração de Israel e Jerusalém. Testifiquemos também Lutero prevalecendo pela cura do seu companheiro de Reforma, Filipe Melâncton, e John Knox suplicando pelas almas da Escócia.

A oração insistente não se rende ao desânimo, ao esgotamento, ao medo ou à impaciência. Ela é sincera ao extremo. A oração de importunação não está de brincadeira com Deus em indiferença passiva quanto ao fato de a oração ser respondida ou não. Richard Sibbes escreveu: "É ateísmo orar e não aguardar em esperança. O cristão sincero vai orar, esperar, fortalecer o seu coração com as promessas, nunca vai deixar de orar e buscar até que Deus lhe dê uma resposta graciosa".[2]

A perseverança desinibida e arrojada em oração até que Deus conceda a sua resposta completa é descrita por George Mueller: "Não é o bastante começar a orar nem orar de maneira correta; assim como não é o suficiente continuar a orar por um tempo; mas é nosso dever continuar em oração com paciência e convicção até obtermos uma resposta".[3] Bengel, o teólogo luterano do século 18 que influenciou grandemente John Wesley, sugeriu que não temos a permissão de Deus para deixar de orar até que Ele

---

[2]McIntyre, D. M. *The Hidden Life of Prayer*. 3. ed. London: Marshall, Morgan & Scott, n.d., p. 86.
[3]Ibidem, p. 87.

nos dê alguma resposta. É claro que esses escritores se referem à oração por necessidades significativas pelas quais Deus nos tenha afligido.

P. T. Forsyth nos adverte de não ousarmos limitar a oração a uma comunicação com Deus ou até a um diálogo com Ele, "uma mera caminhada com Deus em uma conversa amigável". Nós não perderemos apenas o aspecto do conflito espiritual de batalhar e prevalecer, mas também poderemos perder a realidade final da oração. Nós a tornamos um bate-papo em vez de um grande exercício da alma.

Como Forsyth conclui em seu livro *The Soul of Prayer* [O caráter da oração], ele nos incita a batalharmos em oração com estas palavras: "Agarre-se a Ele com a sua força, e não somente com a sua fraqueza. Com a sua fé ativa, e não apenas com fé passiva, e Ele lhe dará força. Lance-se nos braços dEle não para ser acariciado, mas para lutar com Ele. Ele ama essa guerra santa. Ele pode ser demais para você e imobilizá-lo. Mas isso será para tirá-lo da terra e colocá-lo nos lugares celestiais onde estão aqueles que lutam o bom combate e se agarram a Deus como sua vida eterna".[4]

A importunação é tão essencial no reino espiritual quanto às vezes o é na vida secular. É provável que ela seja ainda mais efetiva com Deus do que com os homens. Quando Abraão começou a sua intercessão ousada e respeitosa, porém insistente, por Sodoma, Deus não se ressentiu, ainda que Sodoma fosse extremamente pecaminosa (Gn 18.16-33). Toda vez que Abraão fazia pressão sobre algum outro ponto, Deus concedia. O coração misericordioso de Abraão entrou em harmonia com o coração misericordioso de Deus. O limite da misericórdia de Deus se revelou quando Abraão parou de interceder? Será que Abraão poderia ter pressionado mais?

Deus anseia estender a sua misericórdia. Como é frequente Ele ser limitado pela nossa importunação inadequada. Abraão se

---

[4]FORSYTH, P. T. *The Soul of Prayer*. Grand Rapids: Eerdmans, n.d., p. 92.

tornou amigo de Deus em um sentido ainda mais íntimo por meio da sua importunação. Se nós fôssemos amigos de Deus, faríamos pressão com a intercessão insistente por outras pessoas aos mais altos limites espirituais.

Nós ainda temos uma visão muito incompleta do que Deus deseja da nossa oração. Deus demonstra a sua disposição de ser persuadido pela intercessão ousada e altruísta. Ele nunca repreende um de seus filhos por ser inadequado na importunação diante do seu trono de graça. Deus nos deu uma imensa responsabilidade espiritual e colocou um tremendo empreendimento nas nossas mãos.

Deus colocou um limite para Moisés quando ele estava pedindo por ele mesmo (Dt 3.26), mas não impôs limites à importunação de Moisés ao pedir por Israel que estava em pecado. Deus clamou "Deixa-me" a Moisés, mas isso foi um teste do caráter de Moisés (Êx 32.10). O desejo e o zelo de Moisés pelo povo de Deus eram tão fortes que ele se recusou a deixar o Senhor. Ele discorreu, argumentou e apelou a Deus. Ele se ofereceu para, de forma vicária, tomar o lugar de Israel a fim de sofrer o castigo da ira de Deus. É claro que tal substituição era impossível, mas demonstrou que Moisés tinha a mesma paixão que o nosso Senhor quando Ele tomou o nosso lugar no Calvário. Então a importunação de Moisés não foi rude aos olhos de Deus. Ela foi santa, nobre e gloriosa diante do Senhor. Isso o confirmou como amigo de Deus (33.11).

Existem limites para a importunação — os limites da vontade de Deus. Quanto mais perto de Deus andarmos, mais intimamente compreenderemos o seu anseio indescritível pela salvação da humanidade e por toda bênção espiritual para o seu povo. Ele almeja abençoar com saúde, suprir as necessidades essenciais e com tanta prosperidade quanto não seja espiritualmente prejudicial.

A vontade básica de Deus é sempre a de abençoar. Nós não persuadimos Deus a ser misericordioso — Ele já é. Não precisamos persuadi-lo a manifestar amor — a própria natureza dEle garante que Ele sempre amará até o limite do que for o melhor. Nós apenas pedimos a Deus que manifeste o que Ele tão infinitamente já é.

Deus, porém, predeterminou que Ele limitaria muito da sua obra à intercessão do seu povo. A nossa importunação é a ocasião oportuna de Deus. Ele anseia que nós demos a Ele a oportunidade de manifestar a sua natureza. Assim, Deus honrou a insistência de Moisés e se aproximou tanto que o rosto de Moisés trouxe o esplendor de Deus de volta para Israel, que tanto necessitava.

Será que a importunação da mãe desolada de Sidom foi uma ofensa para Jesus? Ele testou a insistência dela com um repúdio aparente (Mt 15.21-28), mas, quando ela passou no teste sendo ainda mais ousada na importunação, Jesus respondeu: *Grande é a tua fé! Faça-se contigo como queres.*

Alguns comentaristas acreditam que a razão principal para Jesus ter levado os seus discípulos para essa região de Tiro e Sidom tenha sido atender à necessidade dessa mulher e usar essa experiência para treinar os discípulos dEle no papel da oração insistente. Jesus testou a importunação dela, mas então a elogiou e fez dela um exemplo para os cristãos de todas as eras.

Nas palavras de Bounds, "Aquele que não impõe o seu pedido, na realidade não ora. Orações frias não têm nada para reivindicar no céu, nem sequer são ouvidas nos tribunais do alto. O fogo é a vida da oração, e o céu é alcançado pela importunação ardente subindo em uma escala ascendente".[5]

Deus Se deleita na nossa santa ousadia em não aceitarmos "não" como resposta. Deus contabiliza isso como "grande fé" e então nos inclui como amigos por entendermos o Seu coração.

Paulo exorta: *pelo qual temos ousadia e acesso com confiança, mediante a fé nEle* (Ef 3.12). O grego diz literalmente: "temos

---

[5]BOUNDS, E. M. *The Necessity of Prayer*, p. 68.

ousadia e acesso com segurança". *Parrēsia* é uma declaração sem reservas, é falar de forma direta, sem medo, com intrepidez, coragem entusiasta.

Tendo, pois, irmãos, intrepidez [parrēsia — coragem com ousadia e confiança] *para entrar no Santo dos Santos, pelo sangue de Jesus* (Hb 10.19). *Acheguemo-nos, portanto, confiadamente* [parrēsia — coragem com ousadia e confiança], *junto ao trono da graça* (4.16). Ester se aproximou do trono do imperador Xerxes com essa ousadia e esse foi o meio pelo qual Deus salvou o seu povo.

Como é frequente perdermos as bênçãos e respostas de oração que Deus se deleitaria em nos dar por causa do nosso medo, timidez e falta de fé. A. B. Simpson escreve: "O segredo do sucesso nos assuntos humanos costuma ser a audácia. Há [...] uma audácia santa na vida cristã e na fé, a qual não é inconsistente com a mais profunda humildade".[6] Essa foi a audácia de Moisés, Josué, Elias, Daniel, Lutero e uma multidão de guerreiros de oração no decorrer dos séculos.

O guerreiro de oração insistente faz pressão além dos limites da amizade, quase além dos limites da filiação. Existe uma determinação, uma persistência ousada, que se recusa a aceitar uma resposta negativa ou uma demora mais longa. Tal importunação não seria adequada em nenhuma outra situação que não envolvesse a glória de Deus. Quando a vontade, o nome e a glória de Deus estão em risco, nada deve nos deter. Jesus ensinou que esse tipo de oração recebe respostas que não podem ser obtidas de nenhuma outra forma. A importunação santa vence todas as circunstâncias, derrota todas as trevas e penetra as hostes demoníacas para chegar ao trono de Deus.

A frouxidão na oração, a timidez na intercessão e a fraqueza na importunação são fatais para quem faz a oração de poder que prevalece. "Aguardar o desencadeamento da nossa importunação e insistência é o coração do Pai, a mão do Pai, o infinito poder

---

[6]SIMPSON, A. B. *The Life of Faith*. New York: Christian Alliance Publishing, n.d., p. 52.

do Pai, a disposição infindável que o Pai tem em ouvir e doar aos seus filhos.[7]

Isaías lamentou o fato de que *já ninguém há que invoque o teu nome, que se desperte e te detenha* (Is 64.7). Esta frase foi traduzida por "ninguém se levanta". Deus deseja que você leve a sério a oração que prevalece. Ele quer que você desperte, que você se mexa. Por isso, Deus fala por meio de Isaías: *Sobre os teus muros, ó Jerusalém, pus guardas, que todo o dia e toda a noite jamais se calarão; vós, os que fareis lembrado o* Senhor, *não descanseis, nem deis a ele descanso até que restabeleça Jerusalém e a ponha por objeto de louvor na terra* (Is 62.6,7).

A oração de importunação é um movimento poderoso da alma em direção a Deus. É uma comoção das forças mais profundas da alma em direção ao trono de graça celestial. É a capacidade de segurar firme, prosseguir e esperar [...]. Não é um incidente [...] mas uma paixão da alma [...]. A qualidade combativa da oração de importunação não brota de veemência física ou energia carnal. Não é uma energia impulsiva nem mera sinceridade de alma; é uma força entretecida, uma faculdade implantada e despertada pelo Espírito Santo. Virtualmente, é a intercessão do Espírito Santo dentro de nós.[8]

Você precisa despertar, pedindo ao Espírito Santo que o ajude, mas, ao mesmo tempo, Ele se juntará a você na sua importunação e a intensificará pela obra poderosa dEle em seu interior. Mas você tem de tomar a iniciativa e depois o Espírito Santo multiplicará a sua oração pelo gemido, zelo e poder dEle dentro de você. Leia o salmista que tomou esta audaciosa iniciativa com Deus: *Desperta! Por que dormes, Senhor? Desperta,* não *nos rejeites para sempre. Por que escondes a face e Te esqueces da nossa miséria e da nossa opressão? Pois a nossa alma está abatida até ao pó, e o nosso corpo,*

---

[7]Bounds, E. M. *The Necessity of Prayer*, p. 72.
[8]Ibidem, p. 63.

como que pegado no chão. Levanta-Te para socorrer-nos e resgata-nos por amor da tua benignidade (Sl 44.23-26).

Em cerca de 500 d.C., o bispo Avitus escreveu: "Você deve clamar em tom de súplica; e, se enquanto o perigo aumentar, Ele ainda continuar surdo, você precisa bater na porta com mãos incansáveis".[9]

---

[9]BLOESCH, Donald G. *Struggle of Prayer*, p. 79.

12

A importunação prevalece

O PAPEL DA IMPORTUNAÇÃO

Deus usa a importunação para nos trazer grandes bênçãos espirituais. Andrew Murray chama a oração insistente de um dos meios de maior qualidade escolhidos por Deus para ser gracioso.

A importunação ensina os aspectos de caráter mais semelhantes aos de Cristo. Se não houvesse nenhuma outra razão, Deus reservaria as suas respostas especiais para os intercessores insistentes, porque a própria natureza da importunação desenvolve em nós as virtudes mais elevadas de Cristo. W. E. Biederwolf chamou a importunação de "um dos instrutores na escola de treinamento de Deus".[1]

Dos oitenta dias de comunhão e intercessão de Moisés, os últimos quarenta incorporaram muita oração de importunação e deixaram um selo permanente do Senhor sobre a sua vida. Depois disso, ele foi um homem muito mais paciente, perdoador e humilde diante de Deus do que jamais havia sido. A experiência no monte Sinai não foi apenas vital para Israel; foi a preparação essencial para os próximos 38 anos da liderança de Moisés.

---

[1] SANDERS, J. Oswald. *Prayer Power Unlimited.* Minneapolis: Billy Graham Evangelistic Association, 1977, p. 72.

A oração perseverante nos faz sempre mais piedosos em caráter. Moisés saiu daquele tempo de persistência com a glória de Deus brilhando no seu rosto e o selo evidente de Deus sobre a sua vida — não apenas em milagres externos (os quais ele havia experimentado antes), mas em piedade de caráter. Mais do que nunca, ele se tornou um parceiro do próprio Espírito de Deus.

A importunação intensifica os nossos anseios pela vontade de Deus e pelo Seu reino. Ela eleva a nossa vontade às reivindicações em maior conformidade com o Senhor pela integridade, santidade e realização da vontade de Deus. Ela fortalece a nossa fé até crermos, não apenas por causa do que Deus pode fazer, mas por causa de quem Ele é. Bounds explica: "A importunação [...] leva a oração ao ponto da convicção. Um espírito persistente traz o homem ao lugar onde a fé aproveita, reivindica e se apropria da bênção".[2]

Deus nos faz fortes espiritualmente nos levando a exercitar os nossos músculos espirituais. O seu amor faz que Ele demore em nos responder até nos elevarmos às alturas da sua graça. R. A. Torrey escreveu: "Não há treinamento mais abençoado na oração do que ser obrigado a pedir repetidamente, até mesmo durante um período de anos antes de obter o que se busca de Deus".[3]

A importunação ensina a principal forma de serviço cristão. Não há ministério mais semelhante a Cristo do que a oração intercessora, e a importunação é a principal forma de intercessão. Andrew Murray afirma: "O principal exercício e a glória da oração é que a importunação perseverante pode prevalecer e obter o que Deus a princípio não poderia dar e não daria". Payne acrescenta: "A oração intensificada [...] [é] o esforço mais elevado do qual o espírito humano é capaz e se torna uma força irresistível".[4] Deus deseja tanto que você se torne semelhante a Cristo em espírito e parceiro

---

[2]BOUNDS, E. M. *The Necessity of Prayer*, p. 76.
[3]TORREY, R. A. *Como orar*, p. 41
[4]MURRAY, Andrew. *Ministry of Intercession*, p. 10; PAYNE, Thomas. *The Greatest Force on Earth*, p. 19.

dEle na intercessão que Ele lhe reserva as suas respostas mais especiais quando você aprende a importunar em oração.

A importunação traz respostas que não estariam disponíveis de outra forma. Costuma-se dizer que nada está fora do alcance da oração, a menos que esteja fora da vontade de Deus. A importunação intrépida é bem-sucedida quando todas as outras súplicas e orações fracassam. A importunação vence circunstâncias impossíveis, faz as forças das trevas recuarem e supera uma sucessão de impedimentos sem fim. A insistência liga Deus às suas promessas, traz os anjos dos céus ao seu auxílio e dispersa os demônios do inferno. A importunação faz a vontade de Deus ser realizada quando todo o restante fracassar.

A IMPORTUNAÇÃO É TRABALHO E LUTA

A importunação não é diversão. Embora seja emocionante prevalecer e ver as poderosas respostas de Deus, ainda assim o real trabalho é garantir as respostas. A oração insistente pode ser física e emocionalmente exaustiva, em especial quando a tribulação da alma se estende por um longo período de tempo. A tribulação da oração é essencialmente espiritual, mas a nossa natureza espiritual é tão interligada à nossa natureza mental e emocional que a luta espiritual e a batalha espiritual afetam o nosso ser como um todo.

As biografias e os diários de guerreiros de oração como John Knox, Martinho Lutero, Adoniram Judson, Praying Hyde e John Smith testificam isso. Há um custo espiritual pela oração de poder que prevalece. A importunação tem um preço. Jowett escreveu: "Toda oração vital cria um dreno para a vitalidade do homem. A verdadeira intercessão é um sacrifício, um sacrifício de sangue".[5] Mas a oração que prevalece vale todo esse custo.

É necessário ter determinação no esforço de prevalecer para derrotar satanás. Calvino declarou: "Você nunca almejará orar até se

---

[5] JOWETT, John Henry. *The Passion for Souls.* New York: Revell, 1905, p. 35, 38.

estimular e se forçar". Zwemer chamou a oração de "academia da alma". Um dos líderes da igreja primitiva escreveu: "Creia em mim quando digo: penso que não existe nada que exija mais esforço do que a oração a Deus [...]. A oração requer combater até o último suspiro". Martinho Lutero acrescentou: "A oração é na realidade uma ação violenta incessante do Espírito ao ser elevada a Deus. Esse ato se compara ao de um navio indo contra o fluxo da água".[6]

Todo ministério espiritual realizado com ônus, compaixão e santo afinco esgota tanto o físico quanto o espírito. Durante a luta insistente de Jesus no jardim, o seu suor se transformou em sangue (Lc 22.44).

> Se a oração do discípulo deve "completar" a intercessão do Mestre, a oração do discípulo precisa ser caracterizada por muito clamor e lágrimas. Os ministros do Calvário devem suplicar em suor de sangue, e a sua intercessão precisa com frequência chegar ao ponto da angústia [...]. A verdadeira intercessão é um sacrifício, um sacrifício de sangue [...] um "completar" dos sofrimentos de Cristo [...] reiteradamente sinto-me envergonhado das minhas orações. É muito comum que elas não me custem nada; que não derramem nem uma gota de sangue. Fico maravilhado com a graça e condescendência do meu Senhor em conferir alguma produtividade às minhas dores superficiais.[7]

A REPETIÇÃO NA IMPORTUNAÇÃO

Algumas pessoas têm a impressão equivocada de que nunca devemos nos repetir diante do Senhor, que, depois de ter falado uma vez com Ele, podemos deixar de lado. Talvez em alguns momentos, Deus tenha dado a certas pessoas uma segurança tão profunda de que uma oração em particular já havia sido concedida que elas sentissem que o fato de lembrar ao Senhor mais uma vez insinuaria dúvida.

---

[6]BLOESCH, Donald. *Struggle of Prayer*, p. 132.
[7]JOWETT, John Henry. *The Passion for Souls*. New York: Revell, 1905, p. 35-36.

Não há nenhuma irreverência ou incredulidade em dizer a mesma coisa ao Senhor de forma repetida. Um amante pode falar à pessoa amada "Eu te amo" centenas de vezes, e não é desrespeitoso; é agradavelmente lindo. Jesus é o nosso maior amor. Um filho pequeno pode repetir a sua necessidade para o seu pai ou a sua mãe, a menos que tenha recebido a ordem de se calar. Deus é o nosso Pai. Ele não mandou que nos calássemos, mas que falássemos.

Jesus foi repetitivo no jardim. Quanto mais intensa a sua persistência e mais urgente a sua importunação, mais provável será que você repita algum pedido ou expressão várias vezes. R. A. Torrey disse que aqueles que vão além de orar duas vezes pela mesma questão, foram mais longe do que Jesus foi capaz de ir, na oração![8]

João Calvino escreveu: "Devemos repetir a mesma súplica não somente duas ou três vezes, mas sempre que necessário: centenas, milhares de vezes [...]. Nunca devemos nos sentir esgotados ao esperar pelo socorro de Deus". Oswald Chambers ensinou que "a repetição na importunação intercessora não é uma barganha com Deus; pelo contrário, é a alegre insistência da oração".[9]

Bounds acrescenta: "Devemos impor a questão, não com vãs repetições, mas com urgente reincidência. Repetimos, não para contar quantas vezes, mas para receber a oração. Não podemos desistir de orar, porque o coração e a alma estão nisso [...]. Impomos as nossas alegações, porque precisamos obtê-las ou morreremos". Além disso, ele escreveu: "Cristo coloca a importunação como uma qualidade distintiva da verdadeira urgência, com empenho e repetição. Temos de não apenas orar, mas pedir muitas e muitas vezes [...]. Jesus deixou muito claro que o segredo da oração e do seu sucesso reside na sua urgência".[10]

---

[8]Torrey, R. A. *Como orar*, p. 42.
[9]Bloesch, Donald. *Struggle of Prayer*, p. 80; Chambers, Kathleen M. *Oswald Chambers*. Nashville: Nelson, 1987, p. 262.
[10]Bounds, E. M. *Purpose in Prayer*, p. 60, 55.

13

A dinâmica da fé

A oração não se limita ao que é humanamente possível. A oração é uma obra de fé. O propósito da oração que prevalece é fazer acontecer coisas que são divinamente possíveis e que sejam da vontade de Deus. A nossa oração é uma condição essencial para grande parte da forma soberana como Deus trabalha na redenção. Condicionar os Seus atos de poder à nossa persuasão em oração não limita a soberania de Deus. Ele escolheu nos fazer Seus colaboradores por meio da nossa oração e obediência.

Na oração que prevalece, nós estamos pedindo que Deus faça coisas que não podemos realizar de nenhuma outra forma. Para prevalecer, precisamos desejar e ter sede profunda, orar com fervor e paixão. Em adição a isso, no entanto, precisamos da dinâmica da fé. *Esta é a vitória*, nos garante João, para vencer o mundo — a nossa fé (1Jo 5.4). Da mesma forma, esta é a vitória da oração que prevalece — a nossa fé triunfante.

Milhões de orações têm sido feitas quase sem nenhuma fé. Tiago nos diz que Deus é um doador generoso, mas que devemos orar *com fé, em nada duvidando* quando orarmos (Tg 1.6). Ele diz que a pessoa que duvida tem ânimo dobre e é enfático ao afirmar: *Não suponha esse homem que alcançará do Senhor alguma coisa* (v. 7).

Henry Martin foi um grande missionário em nome da cruz e gastou a sua vida em devoção a Deus. Ele viveu com sacrifício e teve uma morte prematura, por causa do seu extraordinário comprometimento, sem se importar com o custo disso. Ele era um homem de oração, mas talvez não um homem de fé. Ele disse que "esperaria antes ver um morto ressuscitar do que um brâmane converter-se a Cristo".[1] Ele traduziu o Novo Testamento para as línguas hindustâni, árabe e persa; os seus diários são um clássico da literatura devocional, mas ele não testemunhou a conversão de um sacerdote do hinduísmo. A falta de uma fé dinâmica limita o que Deus pode fazer por meio de nós.

Como tem sido frequente termos ânimo dobre nas nossas orações. Cremos que Deus pode responder à nossa oração. É óbvio que temos alguma esperança de que Ele responda a ela, senão não oraríamos. Mas, infelizmente, é muito comum não esperarmos realmente que Deus responda. Se Jesus nos perguntasse como questionou os dois cegos que vieram até Ele para receber cura: *Credes que eu posso fazer isso?* (Mt 9.28), responderíamos no mesmo instante: *Sim, Senhor!* Nós sabemos que Ele é capaz de fazer qualquer coisa. No entanto, se formos totalmente honestos, admitiríamos que não sentimos segurança de que Deus responderá à necessidade pela qual estamos orando.

Talvez não haja nada pelo qual Jesus tenha expressado desapontamento tão frequente quanto a falta de fé dos discípulos. Cinco vezes Ele exclamou: *Homens de pequena fé*. Em três lugares, lemos os dizeres: *Geração incrédula*. Três vezes Jesus condiciona a obra poderosa que Deus fará, dizendo: *Se tiverdes fé*.

Leia o que ele disse: *Onde está a vossa fé?* (Lc 8.25); *Como é que não tendes fé?* (Mc 4.40); *Por causa da pequenez da vossa fé* (Mt 17.20); Não sejas incrédulo, mas crente (Jo 20.27); *Admirou-se da incredulidade deles* (Mc 6.6); *E não fez ali muitos milagres, por causa da incredulidade deles* (Mt 13.58); *Censurou-lhes a incredulidade* (Mc 16.14).

---

[1] Um cristão anônimo. *A oração que funciona*, p. 139.

A DINÂMICA DA FÉ

Fica absolutamente claro que a nossa falta de fé limita a liberdade de Deus trabalhar de forma poderosa. Isso impediu que Jesus usasse o seu poder de fazer milagres (Mc 6.5). Da perspectiva da onipotência, Deus é Todo-poderoso — o seu poder é totalmente ilimitado. Pela ótica da sua soberania, Deus pode fazer o que desejar. Mas, pelo prisma da sua graça, ele decidiu como norma que as suas respostas milagrosas se limitassem à nossa credulidade. *Conforme a vossa fé* (Mt 9.29), disse Jesus.

Essa limitação é apenas um dos muitos mistérios da vontade e da graça de Deus. Deus deseja fazer muitas coisas por nós, mas ele diz: *Nada tendes, porque não pedis* (Tg 4.2). Parece que o avivamento só chega quando alguém preparar o caminho em oração. Deus se agrada em trabalhar por meio dos seus filhos. Várias vezes, Ele baseia muito da sua ação divina na salvação de almas e no crescimento do Seu reino à nossa obediência, fé e oração. Isso impõe uma responsabilidade fantástica sobre nós!

É maravilhoso sabermos que Jesus disse: *A tua fé te salvou* (Lc 17.19; 7.50; Mc 5.34; 10.52). Por acaso não foi o poder de Jesus? Não foi um ato de Jesus? Sim, mas teria sido incompleto sem a fé daquelas pessoas. A situação hoje em dia é exatamente a mesma: não existe substituto para a fé. Horas e horas de oração não eliminam a necessidade da fé. Elas podem nos ajudar a alcançar a posição da fé, mas, sem a dinâmica da fé, a oração não prevalece.

É necessário apelar ao coração cheio de amor do Senhor. A oração o comove de forma profunda. Mas, sem fé, a oração fica incompleta. Falar com Deus sem fé não é intercessão verdadeira. A fé submete a nossa necessidade à vontade de Deus e lança mão do poder de Deus. A fé honra ao Senhor, e Ele tem prazer de responder à fé.

No processo da intercessão que prevalece, a fé prossegue passo a passo:

- *A fé aceita a revelação de que somos criados à imagem de Deus, criados para representá-lo na terra e governar em Seu nome* (Gn 1.26-28).

- *A fé aceita a redenção de Cristo, tornando-nos filhos de Deus com o direito espiritual de termos acesso a Deus a qualquer momento e para qualquer necessidade* (Ef 2.18).
- *A fé aceita a nossa identificação com Jesus, não apenas na sua morte, mas também na sua ressurreição e exaltação, a fim de que agora nos assentemos nos lugares celestiais com Cristo à destra do Pai* (Ef 2.6). A fé acata o nosso papel como reis e sacerdotes para Deus (Ap 1.6; 1Pe 2.5; Êx 19.6; Is 61.6; Ap 5.10; 20.6).
- *A fé reconhece o auxílio do Espírito enquanto Ele habita em nós, aprofunda os nossos desejos e dirige a nossa intercessão* (Rm 8.26,27). Nas palavras de Andrew Murray, "A fé vê a intercessão dos santos como parte da vida da Santa Trindade — o crente como filho de Deus pedindo ao Pai, no Filho, por meio do Espírito Santo".[2]
- *A fé é superada pelo maravilhoso amor de Deus em prover como plano para o seu reino que nós compartilhemos do governo atual de Jesus por meio da oração.* Curvamo-nos em humilde submissão à vontade de Deus, atrevendo-nos a ser ousados no exercício do papel para o qual Deus nos chamou e exaltou. A fé traz a determinação para sermos tudo o que Deus quer que sejamos por meio de Cristo.

A FÉ VENCE A DÚVIDA

A dúvida cega a nossa alma para o papel e o poder da oração, fazendo-nos esquecer o propósito redentor de Deus e a sua boa vontade. A incerteza enfraquece a segurança da alma quanto à disponibilidade, fidelidade e papel ativo de Deus na nossa vida. Ela turva o horizonte, distorce a visão espiritual e entorpece a nossa vitalidade espiritual. Ela rouba da nossa oração o seu poder e a sua eficácia. Em resumo, ela desonra a Deus.

[2]MURRAY, Andrew. *The Ministry of Intercession*, p. 113.

A DINÂMICA DA FÉ

A fé foca os nossos olhos em Deus e nas suas promessas, na sua fidelidade e disponibilidade. A convicção enxerga que Deus está presente, profundamente interessado e ativo. Ela olha para os problemas e necessidades pela perspectiva de Deus.

A dúvida, a ansiedade, o medo e a preocupação se concentram principalmente nas circunstâncias, mas a fé se concentra essencialmente em Deus. A ansiedade olha para as coisas e nos faz ficar preocupados, até obcecados, com as coisas que parecem ser impossíveis. Ela tenta nos inquietar, nos deixar chocados com os nossos problemas e necessidades. Ela desvia os nossos olhos de Deus. Mueller diz: "O início da ansiedade é o fim da fé".[3]

A fé não é cega quanto às necessidades. Ela encara a realidade, mas pelo parâmetro de Deus, e não pelos padrões humanos. Abraão exemplifica essa fé focada em Deus: *Abraão, esperando contra a esperança, creu [...] sem enfraquecer na fé, embora levasse em conta o seu próprio corpo amortecido, sendo já de cem anos, e a idade avançada de Sara, não duvidou, por incredulidade, da promessa de Deus; mas, pela fé, se fortaleceu, dando glória a Deus, estando plenamente convicto de que Ele era poderoso para cumprir o que prometera* (Rm 4.18-21).

A fé percebe as nossas mãos vazias, mas também vê a realidade superior da promessa de Deus. Com base no amor e na misericórdia de Deus, a fé reivindica a promessa de Deus. A fé tem consciência de Deus, tem o seu foco voltado para Ele e crê nEle. O nosso amor, a nossa oração e a nossa fé devem sempre ter um objeto. Não podemos ter fé na fé; temos de nos unir a Paulo, dizendo: *Pois eu confio em Deus* (At 27.25).

A fé é uma graça que triunfa e prevalece. Ela supera o mundo e qualquer coisa que nos faça oposição, pois ela foca os nossos olhos espirituais nas coisas superiores ao mundo. Ela é altamente específica. Ela reivindica respostas definitivas de Deus. A fé que prevalece não crê simplesmente em Deus; ela acredita na resposta

---

[3]Citação de George Mueller. Disponível em: <https://www.goodreads.com/quotes/238228-the-beginning-of-anxiety-is-the-end-of-faith-and>.

de Deus para a necessidade diante de nós. A resposta de Deus será tão específica quanto a nossa fé. A fé que prevalece é tão específica quanto a oração que prevalece.

A FÉ E OS SINAIS

A fé mais pura e simples não exige sinais. Abraão chegou a um estado de fé em que ele cria que Deus lhe daria um filho, sem exigir sinais. A sua fé foi aperfeiçoada a ponto de acreditar que Deus levantaria Isaque dos mortos, ainda que ninguém nunca tivesse ressuscitado até aquele momento (Hb 11.19).

Ainda assim, é comum que Deus se rebaixe à nossa humanidade e nos dê sinais para fortalecer a nossa fé. Deus não reprovou Gideão, mas várias vezes concedeu a ele um sinal (Jz 6.16-23,36-40). Davi orou pedindo um sinal (Sl 86.17). Deus mandou Acaz solicitar um sinal (Is 7.10-14). Ele deu um sinal a Ezequias de que ele seria curado (38.7,8).

Esteja aberto para a confirmação de Deus à sua oração ou obediência por sinais se Ele assim escolher. De alguma forma, todo milagre é um sinal proclamando a presença, a bondade e o poder de Deus. Uma fé oscilante pode suplicar um sinal, mas o desdém deliberado e a incredulidade não têm o direito de pedir um sinal (Mt 12.39; 16.4).

A nossa caminhada com Deus deve ter como normalidade uma vida de fé, e não do que se vê (2Co 5.7). Fixamos os nossos olhos espirituais na realidade invisível de Deus em vez do que é visível ao nosso redor (2Co 4.18). Nós não damos ordens a Deus nem o manipulamos. Nunca exija sinais de Deus, mas receba de bom grado tudo o que ele oferecer para fortalecer a sua fé.

FÉ E SEGURANÇA

Deus não despreza a nossa humanidade. Quando precisamos de algo visível para fortalecer e auxiliar a nossa fé, Deus costuma estar disposto a nos socorrer dessa maneira. O testemunho do

Espírito quanto ao nosso novo nascimento é uma segurança invisível, porém profunda, que Deus nos concede (Rm 6.16). Talvez possamos pensar nisso como um sinal de garantia.

COMO SABER QUE DEUS OUVE A NOSSA ORAÇÃO

De acordo com 1João 5.15, *se sabemos que Ele nos ouve*, então temos confiança de que *obtemos os pedidos que Lhe temos feito*. Mas como podemos ter esse discernimento, qual é a condição essencial para vermos as nossas orações respondidas?

Temos a segurança de que Deus é um Deus que ouve as nossas orações. Davi orou com confiança: *O Senhor me ouve quando eu clamo por Ele* (Sl 4.3). Miqueias testificou: *Eu, porém, olharei para o Senhor e esperarei no Deus da minha salvação; o meu Deus me ouvirá* (Mq 7.7). Essa segurança sustentou Moisés, os profetas e os heróis da fé de todas as épocas. Deus sempre nos ouve! Esse tipo de fé firma a nossa alma, impulsiona a paixão na oração e traz determinação inabalável à nossa vontade.

É possível sabermos que estamos pedindo em conformidade com a vontade de Deus. Algumas orações sempre estão em conformidade com a vontade dEle — a salvação do pecador (2Pe 3.9), a bênção e o avivamento da igreja, o engrandecimento do nome de Deus. Digo que essas são "orações de sempre". Mas existem orações das quais não estamos certos — a cura de uma pessoa em particular em algum momento específico, Deus fazer prosperar alguma atividade específica em algum período distinto (Tg 4.15).

Às vezes, sabemos por sentirmos uma confiança dentro de nós. Essa sensação é baseada na direção clara de Deus, na oração respondida, na providência de algum aspecto relacionado à situação, ou uma paz interior profunda com relação ao assunto pelo qual oramos.

Deus concede uma segurança interior especial ao nosso coração quando estamos prevalecendo em oração. Algumas pessoas chamam essa experiência de "orar até o fim". Às vezes, essa confiança vem de forma muito rápida. Nós simplesmente sabemos dentro do nosso coração que Deus ouviu e respondeu. Outras vezes, essa convicção interior vem depois de muita oração, ou de orar em conjunto com vários filhos de Deus. Talvez depois de horas ou dias de oração, o Espírito Santo revele de repente que Deus concedeu o pedido. É como se Deus dissesse em alto e bom som: "Sua oração foi ouvida e já atendi ao seu pedido". Tal segurança é a experiência da "maioria daqueles que fazem da oração os fundamentos de sua vida [...]. Ela ocorre várias e várias vezes". O dr. Goforth, um missionário que Deus usou na China, testificou dessa mesma certeza clara.[4]

Sobre essa segurança, Lutero disse que, apesar de não compreendê-la, "Soando do alto e tocando aos meus ouvidos, eu ouço o que está além do pensamento humano".[5]

[4]Um cristão anônimo. *A oração que funciona*, p. 47.
[5]Bloesch, Donald G. *The Struggle of Prayer*, p. 63.

14

Como aumentar a fé

O AUMENTO DA FÉ

A visão espiritual se baseia no que se vê naturalmente com os olhos, mas vai acima e além das coisas materiais. A percepção espiritual enxerga o que os nossos olhos não conseguem ver. De forma semelhante, a fé espiritual tem como base a fé natural, porém vai acima e além dela.

A fé natural está presente em todo ser humano, mas em alguns, em um grau superior ao dos outros. A vida seria impossível sem fé. O comércio, o serviço dos correios, o governo em todos os seus aspectos, as relações humanas do dia a dia com outros, a ciência, a medicina e até a vida em família dependem da fé. A fé em Deus, na Palavra de Deus e no fato de Deus ouvir as orações e responder a elas depende da fé espiritual.

Todo cristão tem alguma fé espiritual, caso contrário não teria sido salvo. Somos salvos pela fé, vivemos pela fé, obedecemos com fé, baseamos a nossa vida na Palavra de Deus em fé e oramos em fé. Em alguns, a fé se expressa de forma mais aberta, simples ou dramática do que em outros. A fé pode aumentar ao crescermos na graça de Deus.

Quando os discípulos pediram a Jesus: *Aumenta-nos a fé* (Lc 17.5), foi em reação à instrução dada por Jesus de que, se o seu irmão pecar contra você, ele deve ser repreendido e, se ele se arrepender, deve ser perdoado. Jesus acrescentou que mesmo se o ofensor for tão instável a ponto de repetir o pecado contra você sete vezes no curto espaço de um dia, e cada vez professar arrependimento, você ainda deve perdoá-lo. Então, quando os discípulos pediram que a sua fé fosse aumentada, foi em ralação à salvação de um caso aparentemente sem esperança.

Mas de imediato Jesus expandiu a aplicação da fé para a salvação à fé para lançar uma amoreira no mar usando o comando de fé. Como a nossa fé pode evoluir a esse grau extraordinário?

SETE PASSOS PARA UMA FÉ SUPERIOR

Reconhecer a nossa impotência e necessidade. Hallesby testifica: "O senso de incapacidade unido à fé é que produz a oração". A impotência é o primeiro degrau na escada da fé. A fé exige que tomemos a iniciativa e, por mais estranho que possa parecer, uma sensação de incapacidade, impotência e total dependência de Deus nos capacita a tomar a iniciativa da fé. "A noção da nossa impotência é a alma da intercessão."[1]

1. *Alimentar a alma com a Palavra de Deus. E, assim, a fé vem pela pregação, e a pregação, pela Palavra de Cristo* (Rm 10.17). *Habite, ricamente, em vós a Palavra de Cristo* (Cl 3.16). Quanto mais lemos ou ouvimos a Palavra de Deus — toda a Palavra —, mais a nossa fé cresce. Existem relatos especiais sobre as obras poderosas de Deus nas Escrituras e maravilhosas promessas que são como vitaminas exclusivas para a fé. Mas toda a Palavra de Deus desenvolve a fé. Você deve lê-la de forma extensiva e intensiva. Ler, ler, ler. Encha a sua alma com a Palavra!

---

[1]HALLESBY, Ole. *Oração*, p. 24; MURRAY, Andrew. *Ministry of Intercession*, p. 42.

2. *Gastar o tempo devido em oração.* Todas as formas de oração ajudam a fortalecer a fé. A intercessão por outras pessoas, a batalha de oração, tempo em comunhão com Deus e o louvor a Ele em oração são de grande auxílio no crescimento da fé.
3. *Ler relatos de como Deus respondeu a algumas orações.* A biografia de pessoas que foram grandes exemplos de fé é um forte estímulo para a fé. Os relatos de grandes avivamentos, histórias de conversão e narrativas sobre orações respondidas de cura, proteção, direção, sustento financeiro e amparo em necessidades especiais fortalecem a fé de forma grandiosa.
4. *Obedecer a Deus em tudo.* É impossível confiar em Deus por completo se houver alguma revelação de Deus que você ainda não tenha obedecido. Qualquer controvérsia entre a nossa alma e Deus e qualquer pecado oculto vão bloquear a fé e a oração eficaz. Deus convidou Israel a testá-lo e fazer prova dEle obedecendo quanto aos dízimos para então ver como Ele responderia e atenderia às suas necessidades materiais (Ml 3.10-12). Tenha certeza de estar obedecendo a toda iluminação que Deus der a você.
5. *Começar a confiar que Deus dá respostas específicas.* Quanto mais exercitarmos a nossa fé, mais ela crescerá. Algumas pessoas comparam a fé a um músculo. Quando mais o exercitamos, mais forte ele se torna. Comece a confiar em Deus para as necessidades menores específicas. Quando houver alguma emergência, vá primeiro a Deus. Mantenha um diário das respostas de oração que você recebeu e revise-o de tempos em tempos.
6. *Começar a louvar a Deus.* Deus merece o nosso louvor e sempre se aproxima de nós quando O louvamos. Desenvolva o louvor na sua vida sempre que tiver tempo livre. Ame e louve ao Senhor. Cante de forma silenciosa no seu coração estribilhos ou estrofes de grandes hinos de louvor. Repita versículos bíblicos.
7. *Use do louvor na militância diante do diabo.* Já vi um demônio ser expulso com louvor militante, que havia resistido à oração e ao jejum em grupo. O louvor obtém uma vitória de fé poderosa

para Josafá. Ele exortou: *Crede no* Senhor, *vosso Deus,* e então começou o louvor de guerra. *Tendo eles começado a cantar e a dar louvores, pôs o* Senhor *emboscadas e as forças combinadas de Amom, Moabe e do monte Seir foram completamente derrotadas sem que Israel tivesse de lutar* (2Cr 20.20-23).

A ORAÇÃO DE FÉ

A oração de fé é definida por James Fraser como "um pedido definido [...] feito em fé definitiva por uma resposta decisiva".[2] Lembre-se de que Deus prometeu Canaã ao povo de Israel. Deus o levou de forma milagrosa até as fronteiras de Canaã e abriu o Jordão para ajudá-lo a entrar na terra. Por milagre, Deus entregou Jericó em suas mãos, mas, daquele momento em diante, eles tiveram que lutar para conquistar cada porção adicional de Canaã que ocuparam. Às vezes, fazer a oração de fé é como garantir a promessa geral de Deus. Depois, precisamos desalojar satanás das suas fortalezas, uma a uma. A vida de fé pode ser uma vida de batalhas frequentes, mas isso também é uma vida de vitórias.

Fraser também escreveu: "Normalmente, temos que nos esforçar e batalhar em oração [...] antes de atingirmos esse grande descanso, essa fé tranquila [...] contudo, uma vez que obtemos a fé real, todas as forças do inferno são impotentes para anulá-la. E depois disso? Elas se retiram e se unem nesse pedaço de chão que o próprio Deus prometeu nos dar e disputam cada centímetro dele. A verdadeira batalha começa quando a oração de fé é oferecida. Mas, louvado seja Deus, porque nós estamos do lado vencedor".[3]

A oração de fé é uma oração que chama a atenção, toca o trono de Deus de forma consciente e depois descansa de forma inabalável, na confiança de que a resposta chegará no tempo de Deus.

---

[2]Sanders, J. Oswald. *Prayer Power Unlimited*, p. 64.
[3]Ibidem, p. 65.

Talvez isso possa ser chamado de uma forma poderosa especial de oração convicta.

1. *Essa oração depende totalmente do Espírito Santo.* Temos certeza de estarmos sendo guiados na questão da oração, de termos consciência de que somos revitalizados na oração (orando no Espírito) e de estarmos cientes de que a nossa fé é acelerada durante a oração. Ela não surge do interesse pessoal ou da vontade própria. É claro que estamos interessados na resposta, mas o Espírito nos confirma que o pedido é um alvo essencial de oração.
2. *Essa é uma oração totalmente comprometida em ver a resposta de Deus realizada.* Precisamos dedicar todo o nosso ser, tudo o que somos, a Deus, em um voto definitivo e consciente que nunca poderá ser quebrado. É necessário orarmos com um desejo ardoroso que traz comprometimento. *Euchē*, a palavra grega usada em Tiago 5.15, é uma palavra menos usada para a oração e pode ser traduzida tanto por "oração" quanto por "voto". A oração intensa na sua forma mais elevada como uma "oração de fé" faz que nos comprometamos a ser determinados como em um voto.
3. *Essa é uma oração disposta a acreditar na resposta de Deus e prevalecer em uma situação totalmente impossível.* Independentemente da dificuldade da situação, nós não exigimos nenhuma confirmação externa, mas cremos em Deus, apesar da circunstância aparente. Os nossos olhos estão em Deus, e não na ocorrência (Rm 4.19,20).
4. *Essa é uma oração que crê independentemente dos sentimentos ou das emoções.* Com fé, nós confiamos em Deus, apesar das contradições e ausência de sentimentos ou até a despeito dos nossos sentimentos. Às vezes, isso é chamado de fé "nua".
5. *Essa é uma oração convicta de que estamos de acordo com a suprema vontade de Deus.* Submetemo-nos de forma total à vontade de Deus, mas, tendo a segurança dessa vontade, podemos prevalecer até recebermos a resposta prometida por Ele.

6. *Essa é uma oração tão segura da vontade de Deus que não aceitará ficar sem a resposta.* Quanto mais longa a batalha de oração, mais intenso se torna o nosso comprometimento de ver a resposta, porque estamos seguros de que essa seja a vontade de Deus (Lc 11.9). Nós estamos cientes de que satanás faz oposição muito forte, porque ele teme demais a resposta.
7. *Essa oração é desejosa de obedecer a Deus em qualquer direção que Ele guiar a fim de ajudar a apressar a resposta.* Regozijamo-nos na resposta de Deus mesmo antes que ela seja visível (Rm 4.20). Nós temos tanta certeza da vitória de Deus que com alegria investimos tempo, posses e até a própria vida na resposta. Ficamos alertas a qualquer direcionamento do Espírito no sentido de darmos passos adicionais enquanto continuamos a oração de fé.
8. *Essa oração pode incluir a batalha de oração para resistir e afugentar satanás.* Satanás é um usurpador, um intruso. Ele tenta se agarrar ao seu território ou aos seus escravos mesmo depois de ter sido derrotado. Fraser disse: "Gosto de ler passagens das Escrituras como 1João 3.8 ou Apocalipse 12.11 em oração como armas diretas contra satanás [...]. Nada é mais cortante do que a Palavra do Deus vivo (Hb 4.12)".[4]
9. *Essa oração traz a disposição de mencionar cada detalhe da resposta ou da vitória.* A oração detalhada é sempre mais definitiva e mais útil para prevalecer e acreditar. Na medida da nossa compreensão, devemos preparar o caminho do Senhor ponto a ponto e nos contrapor a satanás ponto a ponto. Fraser achava a oração detalhada exaustiva, porém eficaz tanto em desvendar a vontade de Deus quanto em garantir vitórias completas.[5]

---

[4] FRASER, Mrs. J. O. *Fraser and Prayer*, p. 43.
[5] Ibidem.

15

O uso e o comando de fé

DUAS FORMAS DE ORAÇÃO DE FÉ

Às vezes, a oração de fé tem a certeza, tranquilidade e compostura de um comandante-chefe invencível. Outras vezes, ela tem a determinação calorosa das tropas na linha de frente forçando a sua passagem pelas fortalezas inimigas de forma explosiva. Ambas são bíblicas. Ambas prevalecem diante de Deus. Uma é tão espiritual quanto a outra. O Espírito Santo é quem nos dirige quanto à forma em que a oração que prevalece deve ser apresentada. Vamos ilustrar isso com a vida de outros irmãos em Cristo.

A fé de absoluta confiança e tranquilidade. Johann A. Bengel foi um teólogo e comentarista luterano que viveu em meados do século 18. Uma repentina tempestade de granizo devastadora varreu as plantações, ameaçando destruir totalmente as lavouras. Uma pessoa entrou correndo no quarto de Bengel, exclamando: "Que lástima, senhor, tudo será destruído; nós perderemos tudo!" Bengel foi com tranquilidade até a janela, abriu-a, ergueu as suas mãos ao céu e disse: "Pai, detém isso". No mesmo instante, a tempestade cessou.[1]

---

[1] McIntyre, D. M. *The Hidden Life of Prayer*, p. 91.

O sr. David Thomas, irmão de um dos nossos primeiros líderes da OMS International na Coreia, era um comerciante bem conhecido em Londres. Numa ocasião, ao sair de um culto na igreja, o seu filho chegou ofegante: "Pai, a loja está em chamas!". O sr. Thomas perguntou: "Os bombeiros estão trabalhando?" Quando teve garantia de que eles estavam, o Sr. Thomas se virou para o evangelista, pôs a sua mão sobre o ombro dele e disse: "Vamos orar por isso". Então ele orou: "Senhor, essa loja não é minha. Ela é Tua. Põe a Tua mão sobre aquele fogo e faze isso neste momento em nome de Jesus".

Ele então disse de forma tranquila: "Agora, vamos jantar". Vários amigos que o acompanhavam protestaram: "Mas e o fogo?" Thomas replicou: "Nós acabamos de entregar isso ao Senhor, não foi? Se fôssemos lá, o que mais poderíamos fazer? Ele cuidará disso".

No meio da noite, durante a refeição, o filho entrou na sala. "Bem, o que aconteceu?", perguntou Thomas. "Aconteceu! Parecia que um milagre havia acontecido [...] parecia que nada poderia ser salvo de ser queimado completamente, mas, quando retornei, por algum meio misterioso as chamas tinham sido contidas. Os próprios bombeiros não conseguiam entender. Isso parece ser um ato de Deus."[2]

A fé de determinação ardorosa. D. McIntyre conta de um rapaz que caiu na inundação causada pelo rio Wupper. O seu pai, que era cristão, gritou: "Senhor, ensina-me a nadar!", ao pular para dentro da água. Ele nadou com sucesso, apesar da impetuosidade da água, chegou até o filho e o resgatou. Ele nunca havia tentado nadar![3]

Um amigo meu, M. B. Case, deserdado pela sua abastada família no Reino Unido por tomar uma posição ao lado de Cristo,

---

[2]Jessop, Harry E. *The Ministry of Prevailing Prayer*. Berne: Light and Hope Publications, 1941, p. 109.
[3]McIntyre, D. M. *The Hidden Life of Prayer*, p. 91.

foi para os Estados Unidos e começou a dirigir encontros evangelísticos. Na década de 1920, ele ficou por algum tempo com uma família muito pobre. Ele quis ser útil, de modo que saiu para cortar lenha para o fogão. Ele havia sido acostumado a ser servido por servos no Reino Unido e nunca tinha usado um machado na sua vida. Ao tentar partir a madeira, sem atenção, ele cortou a sola do seu pé. Enquanto o sangue jorrava, ele pisou forte no chão, gritando: "Louvado seja Deus!" No mesmo instante, o seu pé foi curado sem nenhuma cicatriz.

O grande avivamento em Kilsyth, na Escócia, sob o ministério de William Burns, começou na terça-feira de manhã do dia 23 de julho de 1839. O povo que orava de Kilsyth almejava, prevalecia e batalhava em oração por uma nova visitação de Deus. Na noite anterior, muitos se reuniram e passaram a noite inteira fazendo um esforço penoso em oração para que almas nascessem de novo. Eles receberam tamanha segurança de fé que vieram para a reunião da manhã esperando uma obra gloriosa de Deus. Enquanto o jovem pregador falava, o poder de Deus veio sobre ele. A congregação inteira desabou e começou a chorar. Muitas pessoas encontraram paz com Deus. Logo, cultos de avivamento começaram e prosseguiram noite após noite durante meses, na igreja e no mercado. Algumas vezes, de três a quatro mil pessoas se encontravam para ouvir Burns. A cidade toda foi purificada do vício, as pessoas abandonaram o consumo de bebidas alcoólicas e casas e tecelagens se transformaram em lugares de oração.[4]

Antes da Dieta de Nuremberg, Lutero continuou em fervor intenso de luta de oração. O Espírito o capacitou a lançar mão do trono de graça do Senhor com tanta fé e tanto poder que ele convenceu a Deus. Ele tinha certeza, mesmo antes de ocorrer a Dieta, de que aqueles que a compunham ficariam firmes nos princípios da Reforma. E eles assim o fizeram.[5]

---

[4]Ibidem, p. 89.
[5]McClure, James G. J. *Intercessory Prayer*. Chicago: Moody, 1902, p. 34.

O COMANDO DE FÉ

Houve momentos em que o Espírito levou o povo de Deus a um nível de fé chamado comando de fé. Spurgeon exortou o povo a subir até esse nível de fé e ser ousado com Deus. Ilustrações disso são encontradas no Antigo e no Novo Testamento, bem como na vida dos guerreiros de oração do Senhor no decorrer dos séculos. Embora pensemos em prevalecer pela oração e na oração de fé, algumas vezes o Espírito pode nos dirigir a praticarmos um ato de fé ou a darmos um comando de fé.

Em algumas das pragas do Egito, Moisés clamou ao Senhor antes que a praga cessasse. Mas, em cada caso, a praga começava com o ato de obediência da parte de Moisés. Ele não precisava orar. No mar Vermelho, Deus mandou Moisés parar de orar, agir com fé e atravessar. Deus ordenou a Moisés: *Falai à rocha*. Ele não precisava continuar orando, mas deveria dar um comando de fé (Nm 20.8). Jericó caiu pelo ato de fé de Josué. Quando lutou contra os cinco reis amorreus, ele ordenou ao sol: *Detém-te* (Js 10.12). A natureza obedeceu.

Elias não orou ao Senhor para multiplicar a comida da viúva de Sarepta. Ele ordenou com fé. Quando Eliseu e Elias precisaram atravessar o Jordão, Elias bateu na água. Eliseu fez o mesmo na viagem de retorno. Elias disse: *Se eu sou homem de Deus, desça fogo do céu* (2Rs 1.10). O fogo desceu no mesmo instante. Quando o filho da viúva do profeta estava prestes a ser vendido por causa de uma dívida, Eliseu comandou e o azeite se multiplicou. Quando ele precisou alimentar centenas de pessoas com uma pequena quantidade de comida, ele deu o comando e a multiplicou.

Jesus usou o comando de fé quando disse ao homem com a mão mirrada: *Estende a mão*. Ele foi curado no mesmo instante (Mt 12.13). Jesus ordenou: *Lázaro, vem para fora!* E o homem que estava morto veio para fora.

Jesus costumava dar um comando de fé a quem precisava de cura. Ele ensinou de forma clara que, se tivermos fé como um grão de mostarda, poderemos comandar com fé e as montanhas sairão do nosso caminho (Mt 17.20,21).

Pedro combinou o ato de fé com o comando de fé no incidente com o mendigo aleijado: *Em nome de Jesus Cristo, o Nazareno, anda! E, tomando-o pela mão direita, o levantou* (At 3.6,7). Ele combinou a oração e o comando de fé com Dorcas: *Pondo-se de joelhos, orou; e, voltando-se para o corpo, disse: Tabita, levanta-te!* (At 9.40). No mesmo instante, ela voltou à vida.

Em Derbe, Paulo viu o homem aleijado de nascença e comandou: *Apruma-te direito sobre os pés!* Ele foi imediatamente curado (At 14.10). O comando de fé é usado repetidas vezes na expulsão de demônios. Em Filipos, Paulo se voltou para a menina com o espírito de adivinhação: *Em nome de Jesus Cristo, eu te mando: retira-te dela. E ele, na mesma hora, saiu* (16.18).

Essa verdade do comando de fé é tão importante que Jesus repetiu três vezes o seu ensino sobre esse assunto. Quando os apóstolos pediram a Jesus: *Aumenta-nos a fé*, Jesus não mandou que eles orassem mais. A sua resposta imediata foi: *Se tiverdes fé como um grão de mostarda, direis a esta amoreira: Arranca-te e transplanta-te no mar; e ela vos obedecerá* (Lc 17.6).

Em outra ocasião, quando Jesus repreendeu um demônio e o expulsou, ele disse aos discípulos: *Pois em verdade vos digo que, se tiverdes fé como um grão de mostarda, direis a este monte: Passa daqui para acolá, e ele passará* (Mt 17.20).

Quando os discípulos ficaram maravilhados, porque a figueira que Jesus amaldiçoou morreu de um dia para o outro, Jesus explicou: *Em verdade vos digo que, se tiverdes fé e não duvidardes, não somente fareis o que foi feito à figueira, mas até mesmo, se a este monte disserdes: Ergue-te e lança-te no mar, tal sucederá* (Mt 21.21).

Existem montanhas de dificuldades pelas quais muito se tem orado. Pode ser que um comando de fé vindo do trono seja o necessário. O Espírito Santo pode dar direção sobre quando dar esse passo. Com frequência, a oposição satânica precisa receber a ordem de parar. Jesus mandou satanás passar para trás dEle

(Mt 16.23). Na oração que prevalece, é recorrente podermos precisar ter a coragem da nossa posição sobre o trono e repreender satanás de frente.

R. Arthur Mathews escreveu:

> "Muitas montanhas obstruem o progresso da obra de Deus no mundo de hoje. Elas estão lá por omissão, e a culpa repousa sobre nós. Enquanto as montanhas persistirem, nós jamais teremos condição de ver o que Deus tem para nós do outro lado [...]. Não somos chamados nem temos como função substituir Deus, mas liberá-lo. Assim como não temos que superar algum tipo de relutância da parte dele. Foi corretamente dito: 'Sem Deus o homem não pode fazer; sem o homem, Deus não faz'". [6]

"Fica muito aparente pela sequência desse ensinamento (Mt 11.20-23)", escreve Huegel depois de muitos anos de experiência como missionário, "que o 'comando de fé' recebe o mesmo lugar que a oração comum na vida do crente".[7]

Quando você está sobre o trono, não precisa esperar para receber a vitória. Cristo já conquistou a vitória e satanás já foi derrotado. Dessa posição de poder e autoridade, ordene que satanás saia. Em virtude da vitória de Cristo, amarre satanás, o seu inimigo, usando o poder do nome de Jesus.

Tende fé em Deus (Mc 11.22) é literalmente "tenham a fé de Deus". Existe um sentido no qual a fé dada por Deus é disponibilizada a nós por Ele, mas devemos agir baseados nela ou dar comandos por sua causa. A fé verdadeira é essencialmente uma questão de vontade. Ela se torna criativa pelo poder do Espírito. Posicionamo-nos ao lado de Deus, olhamos para os problemas da perspectiva do trono de Deus e ousamos falar em nome dEle alicerçados no trono, onde estamos assentados com Cristo.

---

[6]MATHEWS, R. Arthur. *Born for Battle*, p. 106.
[7]HUEGEL, F. J. *The Enthroned Christian*, p. 36.

16

A dinâmica do Espírito

PARTE 1

Todas as dinâmicas da oração que prevalece que discutimos dependem da dinâmica do Espírito Santo. Ele auxilia, capacita e coordena tudo. Ele é o Senhor da oração que prevalece. Nós ouvimos a sua voz, reagimos ao seu senhorio ativo, a fim de que Ele possa habitar em nós, nos encher e orar por meio de nós.

O senhorio do Espírito é, com efeito, o senhorio de Cristo, que enviou o Espírito para ser o nosso outro Consolador (Jo 14.16). Ele recebe de Cristo, revela e transmite a nós (16.14). O Espírito coloca todas as forças do mundo celestial à nossa disposição por meio da oração.

O arcebispo Trench escreveu: "Devemos orar no Espírito [...] se formos orar de alguma maneira. Internalize isso, eu lhe imploro. Não se dirija à oração como se fosse um trabalho a ser realizado na sua própria força natural. Isso é obra de Deus, do Deus Espírito Santo, uma atuação dEle em você e por meio de você, na qual você deve ser companheiro de trabalho dEle — mas ainda assim obra dEle".[1]

---

[1] BOUNDS, E. M. *The Reality of Prayer*. New York: Revell, 1924, p. 133.

Andrew Murray acrescenta: "Somente ao nos entregarmos ao Espírito que vive e ora em nós, que a glória do Deus que ouve as orações e a sempre bendita e mais eficiente mediação do Filho podem ser conhecidas por nós no seu poder".[2] Spurgeon pregou que a oração a Deus não é verdadeira, a menos que o Espírito tenha total senhorio da oração. O Espírito Santo "deve estar presente no decorrer de toda a oração para ajudar na fraqueza e dar vida e poder".[3]

A verdadeira oração que prevalece nasce do Espírito, no Espírito ela prevalece e pelo Espírito se torna eficaz. Orar da forma mais verdadeira é orar no Espírito. Ele é o Espírito de graça e súplica (Zc 12.10). Essa expressão, diz Andrew Murray, significa "graça para suplicar" (hebraico: graça e busca pela graça). Ele é o Espírito da filiação que nos capacita a dizer: "Aba, Pai", fazendo, assim, a nossa oração aceitável a Deus (Rm 8.15).

O Espírito Santo sopra o espírito de oração dentro de nós; o poder na oração vem da capacitação dEle dentro de nós. Ele não continuará nos habilitando a orar, a menos que usemos esse poder na oração. A fraqueza na oração costuma ser resultado da fraqueza espiritual e ela mesma contribui para a fraqueza espiritual. Andrew Murray chamou a oração de "indicador da obra do Espírito em nós". Somente quem é cheio do Espírito pode prevalecer seguidamente com poder na oração.

Quando a obra do Espírito em nós é fraca, então a nossa vida de oração será debilitada e sem poder. Quanto maior o poder da obra do Espírito dentro de nós, mais poderosos serão os resultados da nossa oração. A razão principal para a falta de oração é a habitação mínima do Espírito em nós, quase de forma nominal, e não na sua plenitude.

Deus pode trabalhar por meio das nossas orações somente quando Ele é verdadeiramente Senhor da nossa oração. Esse senhorio é exercido inteiramente pelo Espírito Santo. A visão da

---

[2]MURRAY, Andrew. *Ministry of Intercession*, p. 120.
[3]SPURGEON, Charles Haddon. *Twelve Sermons on Prayer*, p. 57.

oração é uma visão dada pelo Espírito, a sede pela oração é uma sede dada pelo Espírito e o poder da oração é o forte poder do Espírito se derramando por meio de todo o nosso ser espiritual. Bounds declara: "Você deseja orar com resultados poderosos? Busque as obras poderosas do Espírito Santo no seu próprio espírito".[4]

O padrão do Novo Testamento para o cristão é que ele seja cheio do Espírito. Mas lembre-se: Ele é o Espírito de poder. Leonard Ravenhill questiona se qualquer experiência considerada como de plenitude do Espírito que não resulte em "períodos extensos de oração" pode ser reconhecida como bíblica.[5]

Vivendo deste lado do Pentecostes, nós temos disponibilidade muito maior do ministério do Espírito do que os santos do Antigo Testamento. Deveríamos conhecer em um grau muito mais avançado o poder e a realidade da oração, e a vida de oração que prevalece por meio do Espírito. Ao enviar o Espírito Santo, Deus tornou disponível a nós *a suprema grandeza do seu poder para com os que cremos* (Ef 1.19). Paulo orava de forma constante para que a igreja pudesse conhecer melhor a Deus e ao seu poder (v. 17-21). Isso tudo está à nossa espera para descobrirmos e nos apropriarmos por meio da oração que prevalece.

> O dom que ele concedeu de forma tão liberal nunca terá se esgotado. Os céus ainda estão repletos de Pentecostes. A grande necessidade é de homens que saibam como convencer Deus a fim de trazer as chuvas sobre a igreja e o mundo. Aqui reside [...] o segredo de levar adiante a vida de oração apostólica em total operação, assim como todos os outros ministérios do Espírito.[6]

Na oração, assim como em todo o restante na vida espiritual, *Não por força nem por poder, mas pelo Meu Espírito, diz o* SENHOR *dos Exércitos* (Zc 4.6). É bem possível que Jesus tivesse essa promessa

---

[4]BOUNDS, E. M. *The Reality of Prayer*, p. 129.
[5]RAVENHILL, Leonard. *Revival Praying*, p. 175.
[6]PAYNE, Thomas. *The Greatest Force on Earth*, p. 128.

em mente quando disse que a nossa fé poderia mover qualquer montanha opositora, pois o próximo versículo dessa passagem em Zacarias diz: *Quem és tu, ó grande monte?* [...] *serás uma campina.*

Quando Deus chamou a igreja para trabalhar de forma sobrenatural para Ele, forneceu poder sobrenatural. Essa dinâmica sobre-humana do Espírito opera por meio de oração, fé e obediência. Por que dependemos quase exclusivamente da nossa sabedoria superior, do aperfeiçoamento dos nossos próprios métodos, da nossa psicologia e do nosso treinamento gerencial? Temos estado tão ocupados dependendo das nossas forças naturais, do nosso bom treinamento e dos nossos muitos afazeres para Deus que estamos próximos de uma falência espiritual.

Mal sabemos o que significa orar no Espírito e ter as nossas palavras acompanhadas de *demonstração do Espírito e de poder* (1Co 2.4). A oração de poder que prevalece acompanhará uma revolução espiritual poderosa na nossa alma. A presença avassaladora de Deus nos nossos cultos de adoração e a sua onipotência fazendo ser eficiente o nosso esforço evangelístico e missionário estão aguardando que tenhamos uma nova dimensão da vida de oração pela dinâmica do Espírito.

O ESPÍRITO NOS AJUDA A ORAR

Jesus prometeu nos enviar outro Auxiliador (possível tradução de Jo 14.16), e Paulo nos assegura que o Espírito nos ajuda na nossa fraqueza na oração (Rm 8.26). Ravenhill escreve:

> O Espírito Santo, como Espírito de vida, dá fim ao nosso estado moribundo na oração [...] como Espírito de sabedoria liberta-nos da ignorância nesta arte sagrada da oração [...] como Espírito de fogo livra-nos da frieza na oração [...] como Espírito de poder vem ao nosso auxílio em nossa fraqueza ao orarmos.[7]

---

[7]RAVENHILL, Leonard. *Revival Praying*, p. 90.

Em cerca de 400 d.C., o bispo Ambrósio ensinou:

> O auxílio do Espírito é muito enfático no original; é como um homem pegando um pedaço pesado de madeira por uma das pontas que não consegue levantá-lo até que algum outro homem o pegue pela outra ponta [...]. O Espírito de Deus vem na outra ponta e pega a parte mais pesada do fardo, assim ajudando a alma a erguê-lo.[8]

Examinemos uma variedade de formas pelas quais o Espírito nos auxilia a fim de que sejamos capacitados a prevalecer em oração:

O Espírito enche você a fim de que Ele possa ser o Senhor da sua oração. Você nunca se tornará uma pessoa de oração de verdade, poderosa na oração que prevalece, até que Ele encha você. O enchimento do Espírito, nas palavras de Payne, "atualiza o Pentecostes". Os apóstolos não foram homens de oração excepcionais até o Pentecostes. Foi então que as suas perspectivas, o seu compromisso e a sua experiência espiritual foram transformados. Eles mostraram qual era a sua maior prioridade quando declararam: *Nos consagraremos à oração* (At 6.4). Chadwick diz: "Aquele que ora no Espírito deve estar no Espírito". J. Stuart Holden acrescenta que estar cheio do Espírito é "o único segredo para uma vida real de oração".[9]

O Espírito torna você espiritualmente saudável. Ele faz que Cristo seja a sua própria vida (Rm 8.2; Cl 3.4). Viver no Espírito dá saúde e vitalidade espiritual a você a fim de que possa orar e servir a Deus como deveria. Viver no Espírito equipa você para orar no Espírito. Ao permanecer em Cristo, você tem o direto de pedir o que quiser (Jo 15.7).

O grande mestre da oração Andrew Murray escreveu: "A conexão entre a vida de oração e a vida no Espírito é próxima e

---

[8] McIntyre, D. M. *The Hidden Life of Prayer*, p. 37.
[9] Payne, Thomas. *The Greatest Force on Earth*, p. 118; Chadwick, Samuel. *The Path of Prayer*, p. 53.

indissolúvel". Ele também escreveu: "A oração é uma das funções mais celestiais e espirituais da vida do Espírito; como poderíamos tentar ou esperar cumpri-la de tal modo que agrademos a Deus, se a nossa alma não estiver perfeitamente saudável e a nossa vida não for verdadeiramente possuída e movida pelo Espírito de Deus?"[10]

Mais uma citação de Murray:

> A extensão da permanência é a medida exata do poder na oração. É a habitação do Espírito dentro de nós que ora, nem sempre em palavras e pensamentos, mas em um sopro e em um ser mais profundos do que uma declaração. Exatamente na mesma medida em que houver o Espírito de Cristo em nós haverá oração verdadeira... Ah, que as nossas vidas sejam cheias de Cristo, do seu Espírito e as incrivelmente ilimitadas promessas para a nossa oração não mais parecerão estranhas.[11]

O Espírito chama para orar. Como guardião da nossa alma e mordomo da sua vida espiritual, Ele chama você para orar vez após vez. Em algumas ocasiões, Ele chama para orar mostrando a você quanto uma necessidade é grande e quanto você é incapaz de atender a essa necessidade. Outras vezes, ele chama dando a você uma visão de tudo o que Deus anseia fazer. Somente o Espírito pode transmitir a você o que move o coração de Deus, a prioridade de Deus ou a batalha espiritual à qual Ele chama você para lutar.

Não sabemos quando algum amigo ou ente querido necessita da nossa oração, quando está enfrentando algum perigo, está doente, sendo tentado ou buscando uma resposta urgente de Deus na qual ele ou ela precisa da nossa parceria em oração. Mas o Espírito onisciente pode nos convocar para orar e fixar essa pessoa na nossa mente a fim de que, pelo Espírito, saibamos que devemos orar.

---

[10]MURRAY, Andrew. *The Prayer Life*, p. 46; Idem, *Ministry of Intercession*, p. 25.
[11]WATT, Gordon B. *Effectual Fervent Prayer*. London: Marshall, Morgan & Scott, 1927, p. 45.

Spurgeon pregou:

> A qualquer momento em que o nosso Senhor lhe der uma inclinação especial para orar, você deveria então dobrar a sua diligência [...]. Quando Ele lhe der o anseio especial depois de orar e você sentir uma aptidão e um prazer peculiar nisso, você tem, mais do que o mandamento que é constantemente obrigatório, outra ordem que deveria compeli-lo à obediência exultante. Em tais momentos, penso que podemos nos colocar na posição de Davi, a quem o Senhor disse: *Ouvindo tu um estrondo de marcha pelas copas das amoreiras, então, te apressarás*. Esta marcha pelas copas das amoreiras pode ter sido o som dos passos dos anjos se apressando para socorrer Davi.[12]

Graças a Deus, nós podemos depender do Espírito para nos dar desejos, chamados e sede para orar no exato momento em que a nossa oração for estratégica para o reino de Cristo.

James McConkey afirma: "Jamais desobedeça a essa propensão dada pelo Espírito para orar. Esse é um chamado especial de Deus ao indivíduo que tem consciência disso [...]. Questões tremendas podem depender da obediência a esse chamado à oração".[13] É sempre trágico negligenciar a oração, mas é duplamente pior quando o Espírito assim nos convoca. É possível que alguém em crise precise da sua oração naquele momento, ou que algum perigo seja evitado se você orar naquele momento. Será comum que apenas na eternidade sejamos esclarecidos por completo quanto à importância de obedecer a tal chamado para orar.

O Espírito dá acesso especial a Deus. Porque, por Ele [...] temos acesso ao Pai em um Espírito (Ef 2.18). *Pelo qual temos ousadia e acesso com confiança, mediante a fé nEle* (3.12). Quem somos nós para ter acesso à sala do trono no céu? Nenhum governante de nenhuma nação dá acesso instantâneo e constante a ninguém. Mas, por

---

[12]SPURGEON, Charles Haddon. *Twelve Sermons on Prayer*, p. 10.
[13]McCONKEY, James. *Prayer*. Pittsburg: Silver Publishing Society, 1939, p. 10.

meio de Cristo, eu e você fomos feitos reis e sacerdotes para Deus em virtude da redenção de Cristo.

É como se o Espírito nos conduzisse à presença de Deus. Essa imagem sugere um oficial da corte que introduz as pessoas que desejam uma audiência com o rei. Você e eu não sabemos como abordar Deus ou como expressar os nossos pedidos mais profundos, mas o Espírito Santo exprime o clamor do nosso coração e interpreta com perfeição a nossa necessidade mais profunda. *Acheguemo-nos, portanto, confiadamente, junto ao trono da graça, a fim de recebermos misericórdia e acharmos graça para socorro em ocasião oportuna* (Hb 4.16).

17

A dinâmica do Espírito

PARTE 2

O ESPÍRITO NOS AJUDA A ORAR
(continuação)

O Espírito ensina a orar. No início de cada período de oração, você deve se consagrar ao Senhor e pedir que o Espírito Santo O possua de forma intensa na oração, capacitando você a orar no Espírito. *No Espírito* (Ef 6.18) é literalmente "no Espírito". Essa expressão foi interpretada para indicar cercado completamente pelo Espírito. Ele é a atmosfera transformadora da oração. Você tem de inspirar a atmosfera do Espírito e expirar o espírito da oração.

Devemos *andar no Espírito* (Gl 5.16, grego), *viver no Espírito* (v. 25, grego) e andar *segundo o Espírito* (Rm 8.4). A atmosfera e o senhorio do Espírito precisam caracterizar toda a nossa vida, mas, acima de tudo, a nossa oração. O Espírito exerce o senhorio dEle ensinando-nos a orar, chamando-nos para orar, fortalecendo-nos para orar, guiando-nos na oração e dando-nos fé enquanto oramos.

Charles Finney aconselha: "Se você deseja orar em fé, certifique-se de andar todos os dias com Deus. Se assim o fizer, Ele lhe dirá pelo que orar. Esteja cheio do seu Espírito, e Ele lhe dará temas suficientes pelos quais orar. Ele lhe dará tanto do espírito da oração quanto você tiver de força corporal para suportar".[1]

Dependemos totalmente do Espírito, o que qualquer um que anseia prevalecer em oração já sabe. Ele deve tocar as nossas emoções, dando-nos um desejo profundo; a nossa fé, dando-nos intrepidez na oração; e a nossa vontade, dando-nos insistência perseverante. Ele deve tanto nos ensinar quanto nos capacitar a colocar os seus ensinamentos na oração. Ele é o doador de toda oração no Espírito, como Spurgeon bem disse.

O Espírito Santo é o intercessor-mor dentro de nós, da mesma forma que Jesus é o intercessor-mor à destra do Pai. O Espírito Santo é o nosso infalível, todo-sábio Professor, mas Ele também nos capacita a agirmos de acordo com o que Ele ensina. Além de nos ensinar a necessidade e a maneira de orar, Ele nos revela os mistérios da oração. Ele é o Auxiliador em toda a nossa vida espiritual, mas em especial na oração.

O Espírito é o Professor *paraklētos* (Jo 14.26). O paracleto, ou paráclito, ia ao tribunal com o homem em julgamento como seu auxiliar ou conselheiro. Ele dava coragem à pessoa ao ficar ao lado dela. O réu não estava sozinho, pois o seu paracleto estava com ele. Ele ajudava o réu a entender as questões contra ele, o auxiliava a enxergar com clareza as declarações que ele precisava fazer, sugeria ações a serem tomadas e estava disponível ao lado dele o tempo todo.

Mesmo assim, o Espírito Santo é o nosso paracleto quando oramos. Ele está tanto ao nosso lado quanto dentro de nós. Ele apela por nós, dentro de nós e por meio de nós. Ele trabalha com poder dentro de nós a fim de que possa orar com poder por meio de nós.

O Espírito nos santifica para fazermos a vontade de Deus de tal maneira, anseia dentro de nós pela vontade de Deus de tal modo, lança luz sobre a vontade de Deus para nós de forma tão intensa, e crê com tamanha força na vontade de Deus por meio de

---

[1]Finney, Charles. *Sermons on Gospel Themes*, p. 56-57.

nós que Ele santifica a nossa intercessão até que a intercessão do Deus Filho, do Deus Espírito e o clamor do nosso coração sejam um. Nessa unidade santa e irresistível de intercessão, o céu e a terra podem ser movidos, se necessário.

Eu e você não sabemos interceder como deveríamos. Nós poderíamos atuar de forma equivocada. A oração poderia se tornar algo perigoso! Deus teria de nos dizer muitas e muitas vezes, nas palavras de Jesus a Pedro: *Não sabeis o que pedis* (Mt 20.22). O que faríamos sem o Espírito nos ensinando e dirigindo na oração?

O Espírito Santo nos ensina o amor pela oração, o conteúdo sábio e adequado da oração e como orar no Espírito. Essas questões espirituais são ensinadas por Ele e discernidas espiritualmente por quem é cheio do Espírito (1Co 2.14). A sensibilidade espiritual, a percepção espiritual, as pretensões espirituais e a batalha espiritual são todos assuntos de Deus que são ensinados pelo Espírito Santo (2Co 2.10).

Contudo, o Espírito ensina somente o que é da vontade de Deus. Ele nunca dá um apetite santo por qualquer coisa que esteja fora da vontade de Deus, nem ora por nosso intermédio por alguma coisa além do que Deus tenha como melhor para nós.

Se orarmos por desejos carnais, o Espírito se cala dentro de nós. As pessoas cheias do Espírito percebem de forma brusca que algo está errado; que estão orando sozinhas. O Paracleto está dizendo, com o seu silêncio: "Não posso endossar essa oração. Jesus não pode dizer 'amém' para essa oração. Você pode ter boa intenção, mas está passando por cima do meu propósito e da minha vontade. Espere, espere que eu o ajudarei a enxergar um caminho melhor, uma oração melhor".

Ao nos deleitarmos no Senhor, começamos a compreender de forma cada vez mais clara o que agrada ao Senhor e o que é da Sua vontade. O Espírito Santo, nosso amado Professor, nos ajudará a conhecer a vontade de Deus, a nos regozijarmos na vontade de Deus, a desejarmos a vontade de Deus e a orarmos pela vontade dEle. Assim, não desejaríamos de forma verdadeira nem profunda qualquer coisa que soubéssemos ser contrária à vontade de Deus. Deus pode assim nos conceder os desejos do nosso coração, porque eles estão em conformidade com os desejos dEle (Sl 37.4).

Sem consagração total à vontade de Deus, a revelada e a não revelada, não temos condição de ser cheios do Espírito. Ele não pode exercer o seu papel completo como Professor na nossa oração, a menos que sejamos cheios com o Espírito.

De forma muito real, as orações mais profundas da pessoa cheia do Espírito vêm do Pai, pelo Espírito, até quem está orando e então são devolvidas do seu coração ao Pai pelo Espírito e têm o "amém" do Deus Filho. Não existe forma de estar mais próximo da Trindade do que quando oramos. Ouvir os crentes orando no Espírito é uma alegria para Deus.

Quando oramos no Espírito, estamos sempre orando em harmonia com a Palavra de Deus, pois o Espírito que está nos orientando na oração é quem inspirou a Palavra. Ao orarmos, existe uma unidade bendita entre o Espírito, a Palavra e nós. Ele sempre nos ensina a amar, a ser guiados pela Palavra e a lançar mão da vontade e do propósito de Deus revelados na Palavra. Assim, nada excede a oração no Espírito para trazer glória a Deus. A glória de Deus é o nosso desejo principal; a bondade de Deus para os outros e para nós mesmos é secundária.

O cristão carnal e o homem natural não são relativamente instruídos pelo Espírito. A oração costuma parecer muito desconcertante para eles. Infelizmente, os desejos de vontade própria, egocêntricos, os pedidos insensatos e a oração superficial são praticamente tudo o que muitas pessoas conhecem sobre a oração. Elas nunca penetram a vida da oração de poder que prevalece ensinada pelo Espírito até que se consagrem e se comprometam de forma completa, o que leva à vida cheia do Espírito.

O Espírito aflige para orar. Nenhum filho de Deus compreende totalmente o fardo no coração do Espírito Santo de como Ele anseia, ama e Se identifica com todo o sofrimento, angústia e fardos do coração dos crentes ao redor do mundo. Não existe desalento, lágrima escondida ou dor não revelada que o Espírito Santo não sinta por completo e de forma pessoal. Não há injustiça, tristeza ou desânimo que o terno Espírito Santo não sofra conosco.

Em adição a isso, no entanto, o Espírito Santo anseia e se interessa por todas as vidas quebrantadas, todos os lares desfeitos, todos os milhões de não salvos que sofrem em todo o mundo. Ele sente a tragédia deles. Ele sofre com o ódio e a violência deles. Ele carrega o sofrimento do mundo sobre o Seu coração que é santo. Deus Pai, Deus Filho e Deus Espírito compartilham do mesmo amor, dos mesmos anseios e da mesma compaixão.

O Espírito Santo deseja inundar o nosso coração com o santo e ávido amor ágape do Deus trino. Romanos 5.5 explica que Deus derrama o seu amor dentro do nosso coração pelo Espírito Santo. Que amor é esse? É o amor que fez que Jesus viesse à terra, fosse à cruz e morresse por nós (v. 8). O amor que o Espírito deseja derramar e com o qual inundar o nosso ser é o amor de Deus que vemos em Jesus, que doa de Si e demonstra interesse pelos outros (Rm 8.39).

O Espírito não quer que somente uma porção mínima desse amor de alguma forma nos contagie ou respingue sobre a nossa natureza. Ele almeja derramar cada vez mais desse amor sobre o nosso ser e, por meio de nós, ao mundo sofrido. Ele deseja que esse amor seja manifestado nas nossas palavras e ações, mas, de forma ainda mais constante e talvez mais poderosa do que em todo o restante, na nossa oração.

É possível amarmos mais pessoas por meio da oração do que de qualquer outra forma. Por meio da oração, nós podemos amar pessoas que nos evitam ou têm resistência a nós. Nós podemos amar qualquer pessoa no mundo pela nossa oração. Quanto mais fizermos o amor de Deus transbordar por meio da nossa oração e das nossas ações, mais o Espírito fluirá quando pedirmos. Deus dá do seu Espírito a quem pede (Lc 11.13).

O Espírito anela compartilhar conosco o seu fardo, a sua compaixão e a sua aflição de alma. Deus predeterminou que o poder para mudar as coisas, deter o mal, apaziguar a ira humana e curar a feridas do mundo fosse liberado por meio da oração do seu povo. Ele espera que eu e você sejamos sacerdotes para este mundo sofrido. Mas como podemos cumprir esse papel?

Isso tem de começar com o nosso coração. Precisamos sentir antes de poder curar. Devemos ver antes de podermos prevalecer. Um dos papéis principais do Espírito Santo em relação à necessidade do mundo é colocar o fardo de orar no nosso coração. Quanto do fardo do nosso mundo você compartilha ou carrega no coração? Você está falhando com o seu povo, a sua cidade, o seu país e o mundo, se você não for um sacerdote de Deus que carrega o fardo deles no coração.

Não fomos salvos simplesmente para ser felizes. Fomos salvos para abençoar. Que outra forma melhor do que a nossa oração para ser canal de bênção? De que outra maneira nós podemos abençoar tantas pessoas? Deus é um Deus que abençoa, mas muito dessa bênção só pode ser intermediada e manifesta por meio da nossa intercessão.

O Espírito Santo anseia ajudar os seus olhos a verem, o seu coração a sentir e as suas orações a carregarem um fardo de oração que prevalece pelas pessoas e pela sociedade. Como um cristão pode não se importar com o mundo em sofrimento e pensar que tem o coração de Cristo? Como um crente pode não chorar por um mundo quebrantado e pensar que está representando Jesus? Como eu e você conseguimos nos sentir livres do fardo de oração com tanta frequência e ainda sermos parceiros de Cristo em oração?

Abra o seu coração para a dor, o quebrantamento, a tragédia que tem a ver com você e com o restante do mundo. Abra o seu coração para que o Espírito coloque esse fardo sobre você. Aprenda a se alegrar com os que se alegram e a chorar com os que choram (Rm 12.15). Peça que o Espírito ensine a você o exercício de carregar um fardo por meio da oração. Você pode fazer a diferença em muitas vidas se permitir que o Espírito coloque sobre você um peso pela intercessão. Que alegria maior do que essa você poderia dar ao seu Deus trino do que compartilhar do fardo dEle pelo nosso mundo?

Costuma-se contar a história de um visitante que veio ver a igreja e o púlpito de Robert Murray McCheyne depois da sua morte. O secretário o levou até o gabinete pastoral e, apontando para a cadeira de McCheyne, disse: "Sente-se ali. Agora coloque os cotovelos sobre a mesa". O visitante obedeceu. "Agora coloque as mãos sobre o rosto". Mais uma vez, o visitante consentiu. "Agora, comece a chorar. Era assim que o sr. McCheyne costumava fazer".

Ele então levou o visitante até o púlpito de McCheyne, onde ele havia abençoado o povo com o seu ministério. "Coloque os seus cotovelos sobre o púlpito", disse o velho sacristão. O visitante concordou. "Agora coloque as mãos sobre o rosto." Mais uma vez, o visitante consentiu. "Agora, comece a chorar. Era assim que o sr. McCheyne costumava fazer." Ah, esse foi o segredo do seu ministério. Ele carregava no coração o fardo do seu povo, do seu país e da causa de Deus. Permita que o Espírito o incomode.

O Espírito dá poder para orar. Você sente que tem muito pouco poder na oração? É claro que sim. Nenhum de nós tem o poder da oração em nós mesmos. O Espírito Santo tem como papel dar poder. Ele quer expressar o seu poder por meio de nós ao prevalecermos pelos fardos no coração dEle.

O amor e o poder pertencem a Deus (Sl 62.11,12). E Ele nos comunica o seu amor e o seu poder ao compartilharmos e expressarmos o que está no coração dEle. Da mesma forma que Ele faz o nosso amor aumentar, amplia o nosso poder quando o usamos na intercessão. Ele soprará o Seu poder sobre a nossa alma como o sopro de Deus. Quanto mais prevalecermos, mais cheios seremos do amor e do poder que prevalecer. O Espírito deseja nos equipar para sermos intercessores poderosos. Ele se alegra em fazer de nós o que precisamos ser como seu canal de bênção por meio da oração.

Deus almeja que você prevaleça. Ele anseia usar a sua oração. Com grande alegria, ele capacita qualquer pessoa cheia do Espírito em oração se ele ou ela simplesmente orar. Quanto mais prevalecer, mais poder você receberá para prevalecer. Os céus se regozijam quando você ama como Deus ama e quando prevalece como Cristo prevalece. Faça-se disponível — responda ao Espírito e assuma os fardos dos outros. Peça que Deus coloque em seu coração os fardos de maior importância para Ele. Ele tem tarefas específicas para você na oração. Quando você prevalecer, Ele dará mais a você. Quanto mais você cumprir o seu papel, mais Ele aumentará. O Espírito está esperando para usar você cada vez mais.

O Espírito multiplica a fé. Há muito discurso sobre a fé que é um pouco mais do que uma "pseudo fé". R. A. Torrey insiste: "Tentar crer em algo que você quer crer não é fé [...] de modo algum a fé real vem pelo fato de você determinar que irá obter aquilo que deseja".[2]

Bounds escreveu:

> Que mundo esse de oração natural que existe, o qual é egoísta, egocêntrico e inspirado no próprio ego! O Espírito, quando ora por meio de nós, ou nos ajuda a cumprir o poderoso 'dever' de orar corretamente, reduz a nossa oração à vontade de Deus e então nós damos sentimento e expressão aos seus gemidos inexprimíveis. Assim, temos a mente de Cristo e oramos como Ele oraria.[3]

O Espírito Santo, ao habitar em nós, fortalece e multiplica a nossa fé para aquelas áreas em que nós estamos orando em concordância com a vontade de Deus. Ele multiplica a nossa fé dando uma nova revelação da grandeza e do poder de Deus, dando uma visão de como Deus deseja agir em nosso favor e imprimindo em nosso coração promessas específicas da sua Palavra. Quando prevalecemos em oração, ele acende uma alegre expectativa no nosso coração de que a resposta de Deus está a caminho.

---

[2] Torrey, R. A. *Como orar*, p. 38.
[3] Bounds, E. M. *The Reality of Prayer*, p. 138.

O Espírito confirma a nossa fé por meio da Palavra e da segurança no nosso coração de que Ele está orando por meio de nós. O Espírito não nos leva a orar por objetivos inúteis. Ele coloca esse fardo sobre nós, porque Deus deseja trabalhar. A assistência dEle na nossa oração reforça a nossa confiança na sua promessa. Da mesma forma que Abraão foi fortalecido na sua fé, glorificou a Deus e ficou totalmente convencido (Rm 4.20,21), o Espírito guia, encoraja e confirma a nossa fé até que nós também glorifiquemos a Deus e nos regozijemos na vitória da fé, mesmo antes de a contemplarmos com os nossos olhos.

Em 1750, Jean-Nicolas Grou orou:

> Ó meu Salvador, dirijo-me a Ti com mais insistência do que nunca: Ensina-me a orar; implanta em mim todas as disposições necessárias à oração do Espírito Santo [...]. Qual a utilidade da minha oração se o Espírito Santo não orar comigo? Vem, Santo Espírito, vem habitar e trabalhar comigo! Toma posse do meu entendimento e da minha vontade; governa as minhas ações não apenas no momento da oração, mas a cada instante.[4]

---

[4] RAVENHILL, Leonard. *Revival Praying*, p. 62.

18
A dinâmica da unidade na oração

Existe um poder incomum na oração em conjunto. É plano de Deus que o Seu povo se junte em oração, não somente para comunhão com outros crentes, sustento e crescimento espiritual, mas também para realizar os seus propósitos divinos e alcançar os seus objetivos definidos.

Existe força na união, um princípio que é verdadeiro em tudo na vida: na família, na nação e no meio do povo de Deus. O preceito de Eclesiastes 4.12 se aplica à vida espiritual e à batalha de oração: *Se alguém quiser prevalecer contra um, os dois lhe resistirão; o cordão de três dobras não se rebenta com facilidade.*

Jesus usou essa verdade como base. Ele está presente com qualquer um dos seus filhos onde quer que estejam — sempre presente e com toda a certeza durante a oração. Mas Jesus está especialmente presente quando dois ou três se reúnem em seu nome. Jesus afirmou esse fato como conclusão da sua promessa para o poder da oração, de forma específica pela oração em conjunto, pela concordância na oração (Mt 18.18-20).

O Novo Testamento ensina a importância da igreja de Cristo e da comunidade cristã. Quando nascemos do Espírito, nós nascemos em uma família. Deus tinha como propósito para esse relacionamento mútuo o nosso bem espiritual. Precisamos uns dos outros. Carecemos uns dos outros em especial na oração que prevalece e na batalha de oração. É comum precisarmos lutar batalhas espirituais humanamente sozinhos. Deus tem poder adequado e graça oportuna para nos fazer vitoriosos mesmo quando nos sentimos muito sozinhos.

Muitas vezes, no entanto, nós precisamos da oração dos nossos irmãos e irmãs em Cristo. A exortação *orai uns pelos outros* (Tg 5.16) é importante não apenas para sermos curados, mas também para tudo na vida. Note que a garantia de que *muito pode, por sua eficácia, a súplica do justo* é colocada em conjunto com a oração mútua.

As maiores demonstrações de poder costumam ser dadas na oração pelos outros e na oração pelo reino de Cristo. Deus de fato responde às orações pelas nossas necessidades pessoais, mas o papel principal da oração, fora a comunhão, é a intercessão. Jesus tem como prioridade não simplesmente ter comunhão com o Seu Pai, mas interceder por nós e pelo mundo.

De um ponto de vista, toda oração de intercessão dentro da vontade de Deus é oração em conjunto. A oração conjunta é tão importante que toda a intercessão no Espírito é intercessão do Filho, do Espírito Santo e você — um tipo de trindade intercessora buscando a glória do Pai. Mas muito mais do que essa oração conjunta básica, Deus se agrada de honrar de forma especial a intercessão em conjunto de dois ou mais dos seus filhos. A concordância na oração é a mais poderosa de todas.

Em torno de 400 d.C., Crisóstomo escreveu: "O que não conseguimos obter pela oração solitária, podemos conseguir pela coletiva [...] porque onde a nossa força individual falha, aí a união e a consonância são eficazes". Thomas Payne escreveu: "Embora seja verdade que um homem que sabe orar e fazer intercessão no Espírito tenha muito mais poder do que uma multidão de pessoas sem convicção, é todavia um fato glorioso que as orações de uma multidão de pessoas consagradas, quando com um só coração e uma só alma, tornam-se irresistíveis".[1]

DEUS ABENÇOA QUANDO NOS UNIMOS EM ORAÇÃO

Talvez você precise distinguir entre estar unido em oração e estar em oração conjunta. Quando um chamado para orar é lançado, as pessoas podem se juntar em oração pela mesma necessidade ou pedido onde quer que estejam. Todos esses cujo coração clama a Deus estão assim unidos em oração.

Graças a Deus, porque podemos nos unir a outros em oração seja qual for a circunstância. Eis alguns exemplos de como isso acontece:

Fazer do Dia do Senhor um tempo de oração. Ainda que as circunstâncias nos impeçam de participar do culto público, nós podemos e devemos nos juntar ao povo de Deus pela oração no Dia do Senhor. O dia dEle deveria sempre, quanto mais humanamente possível, ser um dia em que separamos um tempo extra para orar. Pessoas que foram presas pela causa de Cristo, apesar de muito solitárias, relataram ser especialmente abençoadas por orarem no Dia do Senhor, sabendo que milhões de filhos de Deus estavam orando ao redor do mundo.

João recebeu as visões registradas no livro de Apocalipse em um momento de oração. Pastor da igreja de Éfeso, João foi banido para a pequena ilha chamada Patmos, provavelmente para trabalhar nas minas no trabalho escravo. Ele foi separado da sua amada congregação, mas, no Dia do Senhor, ele sabia que eles se reuniriam para orar em Éfeso e ele, apesar de ter sido banido da presença deles, juntou-se a eles em oração, quando, de repente, o Senhor se revelou a ele de uma maneira incrível e dramática (Ap 1.9,10).

---

[1]PAYNE, Thomas. *The Greatest Force on Earth*, p. 115-116, 167.

A DINÂMICA DA UNIDADE NA ORAÇÃO

Tornar a nossa lista de oração ou de pedidos de oração disponível ao maior número de cristãos possível. Assim, todos podem se juntar em oração diariamente, ou orar em momentos estabelecidos pelas necessidades listadas. Durante a Segunda Guerra Mundial, os cristãos de toda a África do Sul paravam onde quer que estivessem, nas ruas ou no comércio, para um momento de oração silenciosa ao meio-dia.

Usar as correntes de oração. A congregação pode organizar uma ou mais correntes de oração entre os seus membros. Cada pessoa na corrente pode informar a próxima da lista. Assim, em pouco tempo, a igreja pode estar toda unida em oração pelo mesmo pedido urgente. A maior parte das correntes de oração é feita por telefone.

Orar 24 horas por dia. As pessoas podem prometer orar meia hora ou uma hora e receber horários específicos para orar a fim de que a oração por alguma necessidade urgente continue durante a noite toda ou até 24 horas por dia. Existem relatos de que o Pentecostes morávio que Deus realizou em uma reunião de oração, em Herrnhut, no ano 1727, resultou em uma oração ininterrupta dia e noite por cem anos e foi o segredo para a bênção tremenda de Deus sobre os morávios enquanto eles espalharam a mensagem de Cristo ao redor do mundo.

Tornar-se parceiro de oração. É uma bênção formidável ser parceiro de oração de uma ou várias pessoas. Cada parceiro de oração pode concordar em sustentar o outro de forma específica em oração. Por muitos anos, R. Stanley Tam e o seu parceiro de oração se sentavam no carro dele em um parque da cidade e passavam uma hora em oração juntos, no mesmo horário, toda semana. Alguns se reúnem em oração de forma periódica por telefone. Muitas organizações missionárias recrutam pessoas para passar algum tempo por dia orando pelos seus missionários e fornecem pedidos de oração para todos esses intercessores.

Alguns maridos e esposas têm uma parceria de oração muito eficiente. Casais aposentados têm tido condição de dar uma hora ou mais do seu dia em parceria de oração conjunta usando as suas listas de oração.

Devemos lembrar que Jesus é sempre nosso parceiro de oração. Nós nunca estamos sozinhos. Fui muito abençoado em compreender essa verdade durante um tempo de ministério em um vilarejo na Índia. Eu estava supervisionando os nossos alunos em evangelismo nas aldeias, e todos nós ficamos morando em um povoado por várias semanas em uma casa de sapé alugada.

Eu caí de cama com malária, mas não tinha nenhum medicamento comigo, e não havia nenhum tipo de comércio no vilarejo onde estávamos. Eu esperava no dia seguinte estar melhor do que no anterior, mas, em vez disso, piorava. Um dia, os alunos tinham saído para fazer evangelismo, e eu fiquei sozinho na casa. Lá para o meio-dia, a minha febre subiu tanto que comecei a ficar preocupado.

Como desejei alguém que orasse comigo e me ungisse para que eu recebesse a cura, conforme Tiago 5.14,15! Eu não tinha azeite, mas percebi que tinha uma garrafa de óleo de coco na janela, que um dos alunos havia usado no cabelo. Fui pegá-la e orei: "Senhor Jesus, somos só nós dois aqui. Não tenho mais ninguém para se juntar a mim em oração. Eu dou a unção sobre mim em teu nome. Tu Te unes a mim em oração pela minha cura". No mesmo instante, fui curado de malária e, durante os muitos anos seguintes na Índia, nunca tive uma recaída. Jesus, o meu parceiro de oração, havia prevalecido por mim.

George Whitefield, que foi usado de forma muito poderosa no evangelismo nas Ilhas Britânicas, sempre levava com ele um homem levemente aleijado que era um guerreiro de oração. Frank Laubach alega: "As suas orações, ainda mais do que as pregações de Whitefield, foram a causa dos incríveis resultados".[2] Charles Finney, no seu tão abençoado evangelismo que trouxe centenas de milhares a Cristo, costumava ter com ele dois

---

[2] LAUBACH, Frank C. *Prayer*. Westwood: Revell, 1946, p. 30.

A DINÂMICA DA UNIDADE NA ORAÇÃO

pastores, Clary e Nash. Eles alugavam um quarto e se entregavam à oração persistente dia após dia. Às vezes, esses parceiros de oração começavam a orar em público antes que as reuniões de Finney começassem.

Conta-se que, depois de Finney ter partido para Bolten, na Inglaterra, para ministrar, mas antes de ele começar de fato, esses dois homens chegaram até a porta de uma mulher perguntando se poderiam alugar alguma acomodação para eles. Ela tinha um porão bem escuro e úmido que alugou para eles por cerca de 25 centavos de dólar por semana. Lá, esses dois homens, Nash e Clary, intercederam em persistente oração, batalhando contra as forças das trevas com as suas lutas de oração, lágrimas e fé invencível. Deus agiu com grande poder.[3]

A sra. Goforth, na China, tinha uma senhora chinesa convertida que costumava acompanhá-la. As duas trabalhavam, oravam e choravam juntas, e foram usadas de forma muito poderosa por Deus. Com frequência, a família Goforth também atribuía a bênção de Deus sobre o seu ministério aos seus parceiros de oração que intercediam com tamanha fidelidade por eles em casa.[4]

Eleger um dia ou uma semana específicos para orar. Houve vezes em que foi feito um chamado especial por todo o país para que um dia ou uma semana fossem investidos o máximo possível em oração por alguma necessidade urgente.

Estar preparado para a atuação de Deus de avivamento por um chamado para orar. Algumas vezes, grupos de uma igreja local, de uma cidade ou de um país lançam convocações para oração a Deus para preparar os corações e visitar o grupo ou país com arrependimento, despertamento espiritual e a bênção do avivamento. De vez em quando, essas convocações precederam reuniões especiais para aprofundamento da vida espiritual.

---

[3]RAVENHILL, Leonard. *Revival Praying*, p. 124-125.
[4]GOFORTH, Rosalind. *Goforth of China*. Grand Rapids: Zondervan, 1937, p. 159-160, 230-231.

Em outras ocasiões, foram chamamentos generalizados para oração por uma visitação poderosa do Espírito de Deus no tempo dele. Todos os que responderam ao chamado deram então prioridade a tal oração diariamente. Eles oravam sempre que possível e também se congregavam em reuniões para oração fervorosa.

Tudo o que foi citado anteriormente ilustra as muitas maneiras pelas quais os filhos de Deus podem se unir em oração, mesmo quando não têm condição de participar de um culto de oração em conjunto.

19

Deus honra a oração conjunta

Já discutimos sobre juntar-se pelo mesmo pedido. Agora vamos considerar a oração conjunta. A oração em conjunto pode ocorrer nos cultos ordinários da igreja em períodos em que todos se juntam em intercessão. É uma lástima que normalmente muito pouco tempo seja dado à oração conjunta durante os cultos de adoração. Nenhuma outra parte do culto tem um potencial abençoador tão grande quanto o momento em que a congregação dedica tempo para prevalecer na intercessão conjunta por determinadas necessidades.

É uma tremenda responsabilidade levar o povo de Deus até o trono de Deus e à presença dele na oração feita em público. Deus pode ungir essa pessoa que lidera a oração de tal forma que todos os presentes sejam trazidos à consciência da presença de Deus até o ponto de se esquecerem de quem está orando e as pessoas se unirem e concordarem na oração como se fossem um só coração e uma só alma.

Reuniões especiais de oração conjunta podem ser convocadas. Têm-se realizado reuniões de oração desde os primeiros dias da igreja. Os dez dias entre a ascensão de Cristo e o Pentecostes foram amplamente dedicados à oração conjunta. Os crentes então se reuniam todos os dias para orar (At 2.42). Quando Pedro e João foram trazidos diante do Sinédrio, e ameaçados, por causa da cura do mendigo aleijado, eles voltaram para o grupo de cristãos, que se aplicaram à tamanha oração persistente em conjunto que o lugar onde eles estavam reunidos tremeu fisicamente e mais uma vez os crentes *todos ficaram cheios do Espírito Santo* (4.31). Daí em diante, os momentos de oração se tornaram uma característica da igreja primitiva. Cristo planejou construir e aumentar a sua igreja por meio das reuniões de oração.

Tradicionalmente, muitas igrejas têm reuniões de oração no meio da semana. Na maioria das vezes, quase todo o tempo é dedicado a cantar, testemunhar e ao estudo ou exposição bíblica, em comparação ao pouco tempo que é de fato gasto com a intercessão. Muitas igrejas têm uma variedade de atividades alternativas durante a semana. Diversos bons temas têm sido ensinados e talvez somente um desses grupos seja designado como grupo de oração. Mesmo ali, pode existir o perigo de gastar tanto tempo falando sobre as necessidades listadas que, de forma trágica, pouco tempo seja gasto de fato intercedendo.

A oração em conjunto pode continuar por um período de tempo muito maior em momentos especialmente designados para isso. Cultos especiais de oração são solicitados com o propósito expresso de prevalecer em oração. Normalmente, graças a Deus, esses cultos são dedicados quase na sua totalidade à oração. Várias pessoas lideram o grupo em oração, uma após a outra, ou um grupo maior pode se dividir em pequenos grupos a fim de que mais pessoas estejam orando de forma ativa durante todo o tempo separado para a oração.

BÊNÇÃOS DA ORAÇÃO CONJUNTA

Respostas extraordinárias de oração têm resultado de encontros para oração em conjunto. Em adição às respostas específicas recebidas, sempre há grandes benefícios espirituais, enquanto todos os que estão orando aprendem a prevalecer de modo mais eficiente.

O espírito de oração é aprofundado. Quando um crente ora no Espírito, o fogo santo de Deus e a paixão pela oração trabalham com maior profundidade nas outras pessoas que estão se unindo em oração. Ao ouvirmos a oração dos outros, podemos nos tornar mais profundamente convencidos de que estamos orando dentro da vontade de Deus. Finney afirmou: "Nada é mais aconselhável para promover um espírito de oração que se unir em oração coletiva a alguém que tenha o espírito de oração".[1]

As duas formas mais eficientes de aprender a prevalecer em oração são gastar muito tempo prevalecendo em oração sozinho e orar com alguém que prevaleça com efeito na oração.

O amor pelos irmãos e a união são intensificados. Quanto mais oramos juntos, mais sentimos o que move o coração, os fardos, a alegria no Senhor e a experiência espiritual uns dos outros. Citando mais uma vez Finney, "Nada tende mais a fortalecer o coração dos cristãos que a oração em conjunto. Em nenhuma outra situação, fica tão bem demonstrado o amor que os cristãos sentem uns pelos outros que quando eles testemunham, em oração, o transbordamento de cada coração".[2]

Fora o pecado pessoal, nada é mais certeiro para atrapalhar a oração que prevalece do que a desunião. A falta de união em um lar impede as orações dos membros da família (1Pe 3.7). A desarmonia em uma igreja obstrui as orações da igreja. Existem muitas ordens espirituais para manter a união na igreja (Rm 12.16,18; 14.19; 15.5-7; 1Co 1.10; 7.15; 2Co 2.11; Hb 11.14).

Inúmeras igrejas experimentaram o avivamento quando Deus trouxe os seus membros à unidade. Há muitos anos, na região central da Índia, um missionário estava orando para que Deus enviasse avivamento ao trabalho com o qual ele estava envolvido. Enquanto ele orava fervorosamente dia após dia, o Espírito Santo

---

[1] FINNEY, Charles G. *Princípios da oração*. Disponível em: <https://pt.scribd.com/doc/313827816/Principios-Da-Oracao-de-Charles-Finney>, p. 25.
[2] Ibidem.

trouxe à sua mente outro missionário da sua própria organização com quem ele havia tido um grave desentendimento. Toda vez que ele se colocava de joelhos para orar, o rosto do outro missionário aparecia na sua frente. Finalmente, ele pegou o trem e foi à cidade onde o outro missionário vivia. Ele foi a pé da estação de trem até a casa do missionário e bateu na porta. O outro missionário veio até a porta e ficou surpreso ao vê-lo.

Caindo de joelhos na porta da casa, o primeiro missionário começou a pedir perdão ao outro. "Entre", apelou o segundo missionário. "Sou eu quem precisa lhe pedir perdão". Eles oraram juntos, choraram juntos e se reconciliaram plenamente. Então cada um orou para que Deus enviasse avivamento ao trabalho do outro. Ao se separarem, os dois começaram a orar todos os dias para que Deus enviasse avivamento ao seu próprio trabalho e ao trabalho do outro. Dentro de um ano, ambas as igrejas tiveram uma experiência poderosa de avivamento.

Deus não se deixa zombar. É impossível prevalecermos na oração enquanto estivermos contaminados pela desunião. Devemos buscar nos humilhar, assumir a culpa e restaurar a união tanto quanto estiver ao nosso alcance (Mt 5.23,24; Rm 12.18).

A fé é fortalecida. Quanto mais ouvirmos outras pessoas se juntando em oração pelas mesmas necessidades, mais forte a nossa fé tende a ficar. Somos encorajados pela forma pela qual Deus dá fé a essas pessoas. Tornamo-nos mais perseverantes e mais constantes em oração pela necessidade quando encontramos outros perseverando pelo mesmo interesse. Um coração aquece o outro. Uma oração acende a outra. A fé de um fortalece a do outro. A coragem e a expectativa se levantam, e temos condição de plantar o pé nas promessas de Deus com nova firmeza e determinação. Os outros dizem "amém" para a nossa oração, nós fazemos o mesmo com a deles e, passo a passo, todos crescem em confiança, agarram-se ao trono de Deus e têm condição de concordar em oração (Mt 18.19).

O poder espiritual é multiplicado. Ao orarmos juntos, a oração de cada um ajuda a aprofundar a sede por uma resposta de Deus e ajuda a ventilar a chama do espírito de oração. O amor e a união são intensificados, purificados e mais abençoados. A fé na resposta de Deus é fortalecida. Todos os que se unem em oração começam a sentir o poder de Deus descendo sobre eles e ungindo as suas orações de uma maneira vigorosa.

Enquanto as outras pessoas buscam Deus, nós somos auxiliados a buscá-lo com mais eficiência. Ao percebermos quanto os outros estão quebrantados por causa da necessidade, a nossa compaixão é mobilizada e o nosso desejo de ver Deus atender à necessidade se aprofunda. Ao constatarmos como outros irmãos estão prevalecendo, somos tão abençoados que também prevalecemos com maior eficácia. É muito frequente o renovo, a bênção e o poder de Deus virem de um novo modo, coletivamente, sobre um grupo, experiência essa que os crentes tiveram no Pentecostes e em Atos 4.

Existe uma dinâmica espiritual sugerida na Bíblia que, quando duas ou três pessoas prevalecem juntas em fé, orando no Espírito, o poder da sua oração não é somente somado, parece que é multiplicado. Moisés mencionou um homem do povo de Israel que, com o auxílio de Deus, perseguiu mil dos seus inimigos, e dois, dez mil (Dt 32.30). Outra vez, ele prometeu que cinco caçariam cem, e cem iriam atrás de dez mil (Lv 26.8).

O grito em fé conjunta dos trezentos homens de Gideão, apesar de estarem armados com nada além de tochas acesas, derrotou totalmente os vastos exércitos de Midiã. Pelo mesmo princípio, ou seja, a fé, o ato de cantar e louvar em conjunto confundiu satanás e as forças combinadas de Amom, Moabe e monte Seir de tal maneira que eles foram totalmente aniquilados sem que nenhuma batalha física fosse travada por Israel (2Cr 20).

O respaldo da oração conjunta era o que Paulo tanto desejava. Nas suas cartas, ele apela que os crentes se unam a ele em oração pela sua vida e pelo seu ministério. Na carta aos Romanos: *Rogo-vos, pois, irmãos, por nosso Senhor Jesus Cristo e também pelo amor do Espírito, que luteis juntamente comigo nas orações a Deus a meu favor* (Rm 15.30). Ele expressou a sua segurança na epístola aos Coríntios: *O qual nos livrou e livrará de tão grande morte; em quem temos esperado que ainda continuará a livrar-nos, ajudando-nos também vós, com as vossas orações a nosso favor, para que, por muitos, sejam dadas graças a nosso respeito, pelo benefício que nos foi concedido por meio de muitos* (2Co 1.10,11).

Quando escreveu aos filipenses, Paulo declarou: *Porque estou certo de que isto mesmo, pela vossa súplica e pela provisão do Espírito de Jesus Cristo, me redundará em libertação* (Fp 1.19). Aos colossenses: *Perseverai na oração [...]. Suplicai, ao mesmo tempo, também por nós, para que Deus nos abra porta à palavra* (Cl 4.2,3). E em sua mensagem aos tessalonicenses: *Finalmente, irmãos, orai por nós, para que a palavra do Senhor se propague e seja glorificada, como também está acontecendo entre vós* (2Ts 3.1).

EXEMPLOS DA HISTÓRIA CRISTÃ

William Carey e um pequeno grupo de oração em Kettering, na Inglaterra, oraram todos os meses por cerca de oito anos até a chegada de um poderoso avivamento. William Wilberforce foi usado por Deus para trazer despertamento moral e espiritual à Inglaterra. Ele teve o respaldo de um grupo na sua igreja que, unido, fez o pacto de orar três horas por dia.[3]

John Livingstone e um grupo da sua igreja em Shotts, na Escócia, passaram a noite inteira de sábado em oração e, no dia seguinte, quinhentas pessoas foram salvas como resultado do seu sermão.[4]

Jonathan Edwards tinha uma parcela dos membros da sua igreja em Enfield, Massachusetts, que foi profundamente incomodada e pediu a Deus para que não os deixasse esmorecer enquanto ele enviava avivamento a outros locais. Eles ficaram

---

[3]BRYANT, David. *With Concerts of Prayer*. Ventura: Regal, 1945, p. 104-105.
[4]SHAW, S. B. *Touching Incidents and Remarkable Answers to Prayer*. Chicago: S. B. Shaw, n.d., p. 153.

tão sobrecarregados que se encontraram em uma noite de sábado e passaram toda a madrugada orando.[5] Naquela mesma noite, Jonathan Edwards se sentiu tão oprimido que passou a noite inteira em oração. No dia seguinte, o seu sermão "Pecadores nas mãos de um Deus irado" foi ungido de forma grandiosa pelo Espírito Santo. Deus afligiu alguns com tanta intensidade que eles se agarraram aos pilares do templo, sentindo como se os seus pés estivessem escorregando para o inferno. Edwards então fez uma convocação para que os cristãos se juntassem em reuniões de oração conjunta por toda a Nova Inglaterra até que Deus os visitasse com o avivamento. Deus mandou o avivamento.

George Whitefield, usado por Deus de forma poderosa no início do século 18, pediu que o povo se juntasse em reuniões conjuntas de persistente oração. Spurgeon dirigia uma reunião de oração toda segunda-feira à noite, a qual normalmente tinha ao menos de 1.000 a 1.200 participantes.[6] Diversas vezes, Charles Finney gastou um dia ou mais em jejum e oração. Ele foi usado por Deus com poder em 1856 na cidade de Boston e, nos anos 1857 e 1858, em cidades da Nova Inglaterra. Reuniões de oração conjunta ao meio-dia, normalmente sem pregação, começaram em Boston e se espalharam por todo o país em quase todas as cidades mais importantes e em muitas cidades menores. Mais de um milhão de almas foram salvas por Cristo e se juntaram às igrejas locais em um período de dois anos.

Durante as campanhas de D. L. Moody em Oxford e Cambridge, ele foi combatido com tamanha violência descontrolada por parte dos alunos da universidade que era impossível ouvir o evangelho por meio de Sankey cantando ou de Moody pregando. Moody reuniu trezentas mulheres piedosas de Cambridge no Alexander Hall para um tempo de oração que prevalece e nada

---

[5]Ibidem.
[6]BRYANT, David. *With Concerts of Prayer*, p. 17; UM CRISTÃO ANÔNIMO. *A oração que funciona*, p. 13.

mais. Uma após outra, suplicavam com lágrimas pelo "filho de alguém". Naquela noite, a maré mudou, quando um silêncio vindo de Deus reinou no culto. Alunos aos montes se humilharam diante de Deus, confessaram os seus pecados e encontraram a salvação. Moody mencionava essa como a maior vitória da sua vida.[7]

Há muitos anos, parecia que o comunismo tomaria o México. A educação tinha como base o ateísmo. Noite após noite, as estações de rádio espalhavam blasfêmias por todo o país. A tensão afligia os corações. Então um grupo de líderes cristãos se encontrou para buscar uma resposta de Deus. Eles decidiram se reunir todas as manhãs às 6h30 para orar e aguentarem firmemente até que chegasse o livramento. Esse grupo de guerreiros de oração orou todas as manhãs, por meses.

Eles se encontravam em um forte conflito com as forças das trevas. Eles lutaram não contra carne e sangue, mas contra principados e poderes. Eles representavam muitas denominações, mas todos estavam unidos na busca a Deus. Eles oraram por seis meses com forte clamor e lágrimas. Então, certa manhã, enquanto oravam, um pastor entrou na sala com um jornal. As manchetes diziam que o presidente do país havia dispensado os comunistas do seu gabinete — a nação estava dando meia-volta. Deus havia mudado o curso de uma nação por causa da oração em conjunto.[8]

Existem relatos de que o movimento missionário de cristãos indianos chamado Friends Missionary Prayer Band [Grupo de Oração de Missionários Amigos] tenha quinhentos grupos de oração semanais, os quais, em sua maioria, jejuam e oram durante a noite toda, uma vez por semana, para Deus agir na Índia. Mais de doze mil cristãos leigos estão envolvidos nesse movimento de oração.[9]

David Bryant relata que o pastor coreano Yonggi Cho passa uma hora e meia em oração reservada toda manhã e que das 10 horas

---

[7]Pierson, Arthur P. *The Miracles of Missions*. New York: Funk & Wagnalls, 1901, p. 21-22.
[8]Huegel, F. J. *Succesful Praying*. Minneapolis: Bethany, 1959, p. 85-86.
[9]Bryant, David. *With Concerts of Prayer*, p. 16.

da noite até as 6 horas da manhã de sábado ao menos quinze mil das suas ovelhas se encontram para orar em conjunto. O restante da sua membresia se reúne em 24 mil células de oração por toda a Seul.[10]

J. Edwin Orr, historiador do avivamento ao redor do mundo, declarou: "Nenhum grande despertamento espiritual começou em qualquer lugar do mundo sem a oração conjunta — cristãos orando com persistência por avivamento".[11]

---

[10]Ibidem, p. 48.
[11]SANDERS, J. Oswald. *Prayer Power Unlimited*, p. 120.

20

A oração de concordância

Jesus atribuiu um valor extraordinário à concordância na oração. Mateus cita as palavras de Jesus sobre a concordância na oração no contexto da forma pela qual deveríamos reagir quando algum irmão pecar contra nós e de alguma ação disciplinar da igreja que possa estar envolvida. Nesse contexto, Jesus declara três princípios gerais, muito amplos na sua aplicação e impacto. Eles são todos interligados nesse ensinamento com relação à oração (Mt 18.18-20).

- O povo de Deus recebeu o poder de ligar e desligar (v. 18).
- O povo de Deus tem poder especial pela concordância na oração (v. 19).
- O povo de Deus tem a segurança da presença de Cristo quando se reúne para orar (v. 20).

Esses princípios são leis do reino e leis da oração que transcendem de longe a ocupação com um irmão desencaminhado. Elas se aplicam a tudo na oração no que diz respeito a todos os interesses do reino de Cristo.

É provável que a oração conjunta seja a expressão mais poderosa da unidade cristã e que concordar em oração seja o meio mais específico e poderoso de oração conjunta. Essa é a atividade suprema em uma oração coletiva. Ela não substitui a oração pessoal, mas se baseia nela. A oração conjunta não necessariamente leva a isso, mas é sempre possível.

Existe poder acumulativo na oração conjunta, como a Bíblia e a experiência de muitos cristãos comprovam. A oração alcança o seu clímax quando se transforma em oração de acordo, em oração de concordância. Essa forma de oração pode tanto ser escolhida e usada de forma direta sob a direção do Espírito quanto ser alcançada por meio de um processo de oração que prevalece, por parte de um grupo maior ou menor do povo de Deus.

Jesus colocou grande ênfase sobre esse ensinamento, ao dizer: "Amém" (ou *Digo-lhes a verdade, NVI*). *Tudo o que ligardes na terra terá sido ligado nos céus* (Mt 18.18). *Em verdade também* [indicando mais um amém] *vos digo que* [enfatizando a importância do que Ele está prestes a dizer], *se dois dentre vós, sobre a terra, concordarem a respeito de qualquer coisa que, porventura, pedirem...* (v. 19).

Jesus está enfatizando muitas verdades maravilhosas em um curto espaço de três versículos:

1. *Essa verdade é crucial.* Ele diz com efeito: "Amém, amém" — que foi traduzido por *Em verdade vos digo* ou *Digo-lhes a verdade*.
2. *É para a vida prática e para as atividades do reino de Deus. Na terra* se repete duas vezes. É para mim e para você na vida para a glória de Deus e com relação ao crescimento do seu reino.
3. *É para os crentes como parte do seu corpo, a igreja.* É tão simples que está disponível onde quer que o povo de Deus esteja. Isso se aplica mesmo que somente dois crentes estejam envolvidos nessa ação.
4. *É realizada por meio da oração.* Seja ligar, seja desligar, ou qualquer outro tipo de assunto da prática cristã, esse é um método garantido para obter os resultados que Deus deseja na oração.
5. *É para qualquer questão prática dos assuntos do reino.* Jesus usou a palavra *pragma*, da qual obtemos a nossa palavra "pragmático".

A expressão *pantos pragmatos* poderia ser traduzida por "toda questão prática".

6. *É realizada em especial pela unidade em oração.* Qualquer quantidade de pessoas, desde duas até dez mil, pode estar envolvida. Ela faz uso do efeito acumulativo da oração conjunta.
7. *Exige unidade, harmonia e concordância total em oração.* O verbo grego usado é *symphōneō* (que quer dizer literalmente "soar junto"), do qual temos a palavra "sinfonia". Quando os muitos e diversos instrumentos de uma grande orquestra soam todos como um, em perfeita harmonia, nós chamamos de sinfonia. Nós precisamos orar até que haja total sinfonia de concordância entre os que oram.
8. *O próprio Jesus está presente.* Ele não está presente apenas pela sua onipresença; Ele está junto de uma forma muito pessoal como cabeça da igreja. Ele não promete vir e se juntar aos crentes, pois já está ali esperando por eles (note que Ele diz: *Ali estou*, no v. 20). Ele está presente de forma específica, significativa e proposital de uma maneira ainda mais maravilhosa no meio do seu povo sempre que este se reúne para concordar em oração.
9. *Essa é uma oração especial de bela harmonia, total concordância e doce sinfonia.* Ela se torna possível e tem eficiência garantida pela presença do próprio Cristo. Ele é o grandioso e eterno intercessor para qualquer momento. Ele vive para interceder (Hb 7.25). Ele fica entusiasmado por nos juntarmos para orar e deseja que concordemos por completo em oração. Ele instantaneamente, a cada momento, adere à nossa concordância, à nossa sinfonia de oração. Como tal oração poderia deixar de ser eficaz? Sempre que 2 estão reunidos, na verdade são 3. Quando 3 se unem, na verdade são 4. Quando 25 pessoas se reúnem, há 26. O próprio Jesus está sempre presente, aderindo à oração conjunta e também em especial na concordância da oração.

O PODER NA ORAÇÃO DE CONCORDÂNCIA

Se todo o que pede, recebe, todo o que busca, encontra e a todo o que bate, a porta se abre (Mt 7.7), então quanto mais se pode esperar de dois, cinco ou dez pedindo, buscando e batendo unidos? Spurgeon pregou:

> Se um Jacó pode prevalecer sobre um anjo em luta, o que dois podem fazer? Que grande vitória obteriam duas pessoas que se juntassem na mesma luta! 'Um de vocês irá atrás de mil homens, e dois colocarão dez mil para correr!' Na intercessão conjunta, existe poder acumulativo; dois não apenas duplicam a força; eles a multiplicam dez vezes mais". Ele então acrescentou: "Deus concede um parceiro de oração a cada um de nós.[1]

Se Jesus está presente com todo crente, acrescentando o seu "amém" a cada oração em conformidade com a vontade de Deus (Ap 3.14), quanto mais Jesus está completamente presente acrescentando o seu "amém" quando os seus filhos se unem em oração.

Para Jesus, a oração de concordância é a mais significativa de todas as orações. A oração de dois ou três em real sinfonia ultrapassa de longe a oração normal sobre o mesmo pedido feito por mil pessoas que não tenham nenhuma união verdadeira de clamor do coração, nenhuma determinação para ver a vontade de Deus realizada e nenhuma intercessão que prevaleça de fato.

Jesus mencionou dois se reunindo *em meu nome* (Mt 18.20). No grego, é literalmente "dentro do meu nome". Essa formulação implica penetrar tudo o que inclui o nome de Jesus. Além de crermos em Cristo, nós também oramos juntos em consagração a Cristo, compartilhando do seu amor, percebendo o que move o seu coração e as prioridades da sua vontade.

O nome de Jesus, quando estamos certos de estar orando em concordância com a santa vontade de Deus, nos dá segurança e confiança na oração, além de intrepidez especial na batalha espiritual. O nome de Jesus deveria nos ajudar a nos aproximarmos em unidade necessária na oração de concordância e deveria ser

---

[1] SPURGEON, Charles Haddon. *The Treasury of the Bible*, vol. 3. Grand Rapids: Zondervan, 1968, p. 268.

o nosso míssil espiritual para bombardear os obstáculos e bloqueios de satanás. Há poder e autoridade no nome de Jesus.

O Espírito Santo anseia trabalhar em poder, mas, fora o pecado deliberado, nada o deixa mais triste do que a falta de união, e nada dá a liberdade de que ele precisa para trabalhar em nós e por meio de nós como a união. Quanto maior a nossa união, mais completamente a sua presença se manifestará e mais do seu poder tomaremos posse. Quando o Espírito vê os filhos de Deus associados na união extraordinária da oração de concordância, com os corações batendo como se fossem um, com anseios, lágrimas, esperanças e fé combinados em santa unidade, Ele se coloca dentro da nossa oração. Ele é poder, todo o poder. Ele impõe a autoridade de Jesus. Ele se gloria em trazer vitórias em nome de Jesus.

COMO CONCORDAR EM ORAÇÃO

Quando dois ou mais cristãos estão dispostos a concordar em oração por alguma necessidade, que passos eles podem tomar para transformar a sua unidade na oração em verdadeira concordância de coração e alma, o tipo de concordância que cumpre as condições que Jesus deu em Mateus 18.19? Por favor, não se limite a ser legalista tomando cada um destes passos ou seguindo esta sequência exata de forma consciente. Pelo contrário, estes são aspectos que o Espírito usará e nos quais você poderá buscar o auxílio do Espírito enquanto procura concordar na oração que prevalece.

Concordar em analisar a necessidade. Busquem enxergar a necessidade pela qual estão orando, as razões e a urgência para essa necessidade, em união. Quanto mais vocês entenderem e sentirem a necessidade em união, mais o seu espírito clamará a Deus como se vocês fossem um na intercessão. Procurem a perspectiva de Deus sobre por que isso é importante para Ele. Busquem ser completamente imparciais, ver as coisas como Deus vê.

Concordar na sede profunda pela resposta de Deus. Talvez Deus já tenha dado a cada um de vocês uma sede real por vê-lo agir respondendo a essa oração. Mas, quando vocês a reconhecem

A ORAÇÃO DE CONCORDÂNCIA

diante do trono de Deus, cada um ajuda a aprofundar a sede do outro ao concordarem juntos e dizerem "amém" uns aos outros. Deus pode considerar adequado aprofundar a sua sede a ponto de serem levados às lágrimas enquanto vocês oram. Não hesitem em orar chorando, se o Espírito der a vocês essa profundidade de avidez. As lágrimas podem ser preciosas aos olhos de Deus (Sl 56.8). Jesus orou com tanta sofreguidão que foi levado a *forte clamor e lágrimas* (Hb 5.7).

Concordar em dar total liberdade para Deus atuar. Concordem entre si que os caminhos de Deus são mais altos do que os nossos, que Deus pode ter uma resposta muito melhor do que vocês sequer imaginaram (Is 55.8,9). Admitam que o tempo de Deus seja o melhor, o perfeito. Aceitem que Deus não precisa mostrar de antemão a vocês como Ele planeja responder às suas orações.

Chegar a um acordo na vontade de Deus para essa questão. Perceber o que Deus deseja fazer com relação a alguma necessidade é muito útil na eficácia da oração. Vocês podem concordar no sentido mais profundo, de forma muito mais completa e poderosa quando cada um tiver segurança da vontade de Deus para o assunto em questão. Como já assinalei em outro momento, algumas coisas são sempre da vontade de Deus. Outros pedidos de oração são para assuntos sobre os quais não saberemos qual a vontade de Deus até que Ele nos revele.

Sempre será da vontade de Deus a salvação dos perdidos, a bênção sobre o Seu povo, o reavivamento da igreja e o crescimento do Seu reino. Pode ser ou não da vontade de Deus dar emprego a uma pessoa no momento exato em que você sugere. A pessoa pela qual vocês estão orando pode estar fora da vontade de Deus em alguma questão e talvez Deus esteja ensinando alguma lição específica que leve tempo para ser aprendida. É possível que Deus precise ensinar fé para essa pessoa. Quem sabe Deus tenha uma oportunidade melhor um pouco mais à frente e uma série de outras possibilidades pode estar envolvida. O sucesso em algum assunto específico, como cura, eleição de uma pessoa em particular ou disputas que precisam ser resolvidas na igreja, abrange muitas possibilidades de que Deus tenha um plano do qual vocês não estão cientes.

Contudo, ao orar em união, é possível chegar a uma consciência cada vez mais clara da vontade de Deus ou de que passos devem ser tomados. Enquanto vocês oram juntos, o Espírito pode começar a revelar a vocês qual a vontade de Deus nessa questão, renovando uma paz profunda ou uma alegre expectativa em vocês. É possível chegar a um ponto de certeza, de concordância espiritual verdadeira.

Concordar em reivindicar uma promessa adequada. Unam-se tomando posse de alguma promessa particular para necessidades específicas. É necessário mais do que consentimento mental de que a promessa seja de fato a Palavra de Deus. No Pentecostes, Pedro disse: *para vós outros é a promessa* (At 2.39). Busquem chegar à convicção profunda e coletiva de que a promessa seja de fato adequada para vocês e que seja a Palavra clara de Deus para essa situação sobre a qual estão orando. O consentimento mental não é suficiente. Orem até obterem concordância de coração.

É necessário que vocês sejam unidos não apenas no fato de que a promessa esteja disponível a vocês, mas que agora permanecem firmes sobre ela. Vocês se apropriam dela. Regozijem-se juntos, porque Deus tem o mundo inteiro em suas mãos, porque Ele já conhecia a necessidade antes que vocês a percebessem e porque ele tem trabalhado ainda antes de vocês terem começado a orar.

Concordar na santa firmeza de ver a resposta de Deus realizada. Esse pedido de oração é importante o bastante para vocês e para a causa de Deus a ponto de que, uma vez que se unirem em oração, vocês não desistirão até obterem o testemunho da resposta de Deus? Às vezes, Deus dá confiança de que a resposta foi concedida antes de a vermos tornar-se uma realidade diante dos nossos olhos. Concordem que vocês vão se juntar em oração pela resposta até a receberem, até receberem uma resposta ainda melhor, ou até que a "oração tenha se feito ouvir" para liberar a garantia de que a resposta de Deus está a caminho.

Concordar em alguns passos de obediência. É frequente que, enquanto vocês oram, Deus os oriente a dar certos passos. Isso pode envolver mais pessoas na oração, separar momentos específicos para orar ou aumentar os momentos de oração pelo pedido. Talvez Deus mostre algo que esteja impedindo a sua oração. Pode ser que Ele mostre coisas que vocês precisem fazer, ou o que a pessoa ou grupo pelo qual vocês estão orando deve realizar. Cada ato de obediência ao qual Deus nos dirige aumentará a nossa fé. É normal termos de preparar o caminho do Senhor pela obediência.

Concordar em dar a Deus toda a glória. Pode não ser essencial que os outros saibam que vocês estão orando. Algumas vezes, é importante que a pessoa por quem vocês estejam orando tenha esse conhecimento, mas normalmente é melhor não dizer nada. A resposta é de Deus. Não toquem na glória que pertence somente a Deus. Fiquem em segundo plano. Não busquem glória para a sua igreja, organização ou família, nem tenham alguma motivação egoísta. É extremamente fácil que o nosso ego entre de forma sutil na oração e que nós nem sequer tenhamos consciência disso. Muita oração por sucesso tem maior interesse pelo próprio ego do que por Deus. Consintam juntos que Deus deve receber toda a glória.

21
Respostas poderosas por meio da concordância na oração

Há exemplos bíblicos emocionantes de concordância na oração. Quando Moisés enfrentou problemas por causa da desobediência e da incredulidade de Israel, várias vezes ele e Arão concordaram em oração. Vemos isso pela primeira vez quando Amaleque atacou Israel em Refidim. Moisés, Arão e Hur subiram até o topo de uma colina, e Arão e Hur seguraram as mãos de Moisés para o alto em oração. Essa ação simbolizava a sua concordância na oração (Êx 17.8-16). Depois disso, Moisés relatou: *Uma mão foi erguida perante o trono do* S*enhor* (v. 16, NVT). Foi essencialmente a mão de Moisés, mas junto com a de Moisés estavam as mãos de Arão e de Hur.

Em Cades-Barneia, quando Israel quis voltar para o Egito, *Moisés e Arão caíram sobre o seu rosto* (Nm 14.5). Quando Deus estava prestes a destruir toda a comunidade de Israel que tinha se aliado a Corá em rebelião, Moisés e Arão mais uma vez se prostraram sobre o seu rosto diante do Senhor (16.22). No dia seguinte (v. 45), e quando Israel reclamou de sede (20.6), vemos os dois novamente abatidos concordando diante de Deus.

Durante o ministério de Jesus na terra, não temos nenhuma prova de que os seus discípulos tenham concordado com Ele em oração alguma vez. Não há dúvida de que Ele ansiasse com frequência por tal oração, especialmente no Getsêmani (Mt 26.38-45). O mais provável é que uma boa parte dos dez dias no cenáculo tenha sido dedicada à oração conjunta. Mas, com a continuidade do seu tempo de oração, é bem possível que eles tenham vindo ao lugar onde estiveram unidos em oração de concordância pelo prometido Espírito Santo. Pode ser que o Espírito tenha adiado a sua chegada até que os 120 estivessem em total concordância na oração (At 1.14; 2.1). Com toda a certeza, em Atos 4.24-31 o grupo que estava no cenáculo, agora cheio do Espírito, orava em concordância.

Pedro e João fizeram uma oração de concordância em Samaria (At 8.5-17), e muitos integrantes da igreja também, quando Pedro estava preso (12.5,12). Parece que o movimento missionário da igreja primitiva com Paulo e Barnabé foi lançado por meio desse tipo de reunião de oração (13.2,3). Embora fisicamente ausente da igreja de Corinto, Paulo pode ter feito a oração de concordância com eles (1Co 5.4).

Fica óbvio que o Pentecostes metodista em Londres foi um tempo de oração de concordância. O diário de Wesley do dia 1º de janeiro de 1739 registra como ele, o seu irmão Charles, George Whitefield e mais de sessenta pessoas estavam orando.

> Eram cerca de 3 horas da manhã. Enquanto continuávamos em urgente oração, o poder de Deus veio de forma intensa sobre nós, de sorte que muitos clamaram por gozo excepcional e muitos caíram ao chão. Logo que nos recuperamos um pouco daquele temor e assombro na presença da Sua majestade, rompemos a uma voz: "Louvamos-te, ó Deus, reconhecemos que Tu és o Senhor".[1]

AVIVAMENTO NA ÍNDIA

Pandita Ramabai, que morreu em 1922, nasceu em um lar hindu muito religioso. Quando tinha cerca de 12 anos, ela era capaz de

---

[1] WESLEY, John. *O diário de John Wesley*, 1º de janeiro de 1739.

recitar mais de dezoito mil versos das escrituras do hinduísmo. De forma maravilhosa, ela se converteu a Jesus Cristo e fundou um internato em 1899, que se expandiu para mais tarde se tornar um lar para mulheres. O seu assentamento em Kedgaon, próximo a Pune, na Índia, cresceu a ponto de se transformar em uma comunidade de mais de 1.300 pessoas. Em 1901, Deus os abençoou de forma grandiosa fazendo que 1.200 se convertessem e fossem batizados em um período de dois meses.

Em 1904, quando Deus enviou um avivamento extraordinário para o País de Gales, um missionário galês na Índia escreveu para casa implorando que as pessoas orassem para Deus enviar avivamento à Índia. Um grande grupo de mineiros de carvão começou a se encontrar todos os dias na entrada da mina por meia hora antes de o sol nascer, concordando em oração pelo avivamento na Índia. Depois de algumas semanas de oração, eles receberam a mensagem: "O avivamento chegou à Índia".

Nesse meio-tempo, notícias do avivamento em Gales chegaram a Ramabai, e ela começou reuniões de oração diárias pelo avivamento na Índia. Em junho de 1905, havia 550 encontros, duas vezes por dia, para concordarem em oração pelo avivamento. Um dia, uma das moças ficou cheia do Espírito Santo, e foi tão transformada que logo outras jovens de todo aquele lugar estavam de joelhos chorando e confessando os seus pecados.

Na noite seguinte, durante a oração vespertina, o Espírito Santo veio em poder sobre as moças com o espírito de arrependimento e um espírito de intercessão. Meninas, adolescentes e jovens estavam chorando e confessando. Duas meninas pequenas oraram por avivamento durante horas. Um dia, algumas moças perguntaram a um dos membros da equipe o que significava Lucas 12.49, em que Jesus disse: *Eu vim para lançar fogo sobre a terra*. Elas decidiram orar por esse fogo. Enquanto concordavam em oração, o avivamento se aprofundou, "a obra continuou e um espírito de oração e súplica por avivamento na Índia foi derramado como um dilúvio [...]. Ondas de oração correram por todas as reuniões como um trovão contínuo; eram centenas de pessoas orando juntas em voz alta". Setecentas meninas e mulheres se entregaram à oração.[2]

Cerca de sessenta pessoas saíam todos os dias em turnos para ajudar no evangelismo. Um grupo de três moças foi até uma cidade onde havia um missionário e pediram permissão a ele para ficar e orar pelo trabalho dele. Elas pediram uma sala ou um estábulo, qualquer lugar onde pudessem orar. Ele as autorizou.

Naquela noite, um pastor indiano veio à casa dele, começou a chorar e disse que Deus o havia convencido do pecado e que ele sentiu que tinha que vir e confessar as suas transgressões. Depois de receber segurança do perdão de Deus, outro homem cristão chegou com uma profunda convicção do pecado. Então aconteceu que uma sucessão de pessoas, uma após outra, veio movida por uma intensa convicção do seu pecado. Não foi anunciado nenhum tipo de reunião, mas tinha sido obra do Espírito Santo em resposta à oração de concordância dessas crianças e moças. "Foi um notável dia de bênçãos. Vários crentes afastados foram restaurados à comunhão e à fé; outros foram santificados, e incrédulos foram conduzidos ao aprisco de Deus."[3]

Um grupo das meninas de Ramabai foi para Rawalpindi, no noroeste da Índia, que agora faz parte do Paquistão. Elas começaram imediatamente a ter encontros de oração conjunta. Uma das reuniões de oração durou seis horas. Uma missionária olhou pela janela por volta da meia-noite e ficou surpresa por ver uma luz brilhando em uma das barracas das moças, o que era contra as regras. Ela foi repreender a moça e encontrou uma menina de 15 anos de idade ajoelhada no cantinho com uma vela em uma das mãos e uma lista de quinhentos nomes de meninas na outra mão. Ela estava intercedendo em favor de cada uma delas, por horas consecutivas, diante do Senhor. Mais uma vez, Deus derramou a sua bênção.

---

[2]DYER, Helen S. *Pandita Ramabai*. London: Pickering & Inglis, n.d., p. 102.
[3]UM CRISTÃO ANÔNIMO. *A oração que funciona*, p. 33.

O Espírito Santo, por meio da concordância na oração por parte dos mineiros em Gales, coordenado com a oração conjunta das meninas de Ramabai, enviou avivamento a diversos lugares e trouxe centenas de almas a Cristo. Nesse meio-tempo, o fogo do avivamento se espalhou por centenas de quilômetros de distância em outras partes da Índia, nas colinas Khasi, no nordeste da Índia, onde missionários galeses estavam trabalhando e orando.

OUTROS EXEMPLOS

No início do século 20, havia um membro do congresso na Nova Inglaterra que havia sido criado em uma família que seguia a Deus, mas depois abandonou a fé e fazia palestras contra Deus e a Bíblia.

A esposa dele era uma crente nominal, mas foi levada a render a sua vida por completo a Cristo. Então Deus deu a ela um forte desejo pela salvação do seu marido. Ela e mais outros crentes fizeram um acordo de interceder todos os dias pelo seu marido até que ele se convertesse a Cristo. Uma noite, enquanto orava pela salvação do marido, ajoelhada ao lado da cama, Deus perguntou a ela: "Você está disposta a arcar com os resultados da conversão do seu marido?" A pergunta veio três vezes. Ela disse que estava pronta para pagar o preço se o marido simplesmente viesse a Cristo.

Naquela mesma noite, o marido estava no Congresso. Isso aconteceu durante uma eleição presidencial, de modo que discursos exaltados e acalorados estavam sendo feitos na assembleia. De repente, ele sentiu que o Deus a quem estava tentando negar estava sobre ele, olhando para ele e descontente com ele. Ele pensou: "Isso é ridículo; acho que tenho trabalhado demais. Vou tomar uma boa refeição e dar uma longa caminhada, me mexer e ver se isso leva esta sensação embora". Ele fez isso, mas, quando reassumiu o seu assento no Congresso, sentiu que Deus estava sobre ele, olhando descontente para ele. Esta sensação continuou por alguns dias, e dia após dia ele saía para caminhar tentando tirar isso da cabeça.

Ele voltou a se encontrar com o seu eleitorado, porque tinha ambição de ser o próximo governador deste estado e parecia estar na fila pela posição como candidato do partido dominante. Ele mal entrou em casa, quando a sua esposa anunciou que ela e um grupo de senhoras haviam feito um pacto de oração para que ele se convertesse. De forma casual, ele perguntou-lhe: "Quando isso começou, essa sua oração?" Ela disse a ele a data, e ele sabia que esse era o dia exato em que começou a sentir que Deus o estava humilhando. Ele ficou tremendamente abalado. Naquela noite, ele foi a uma pequena Igreja Metodista onde reuniões especiais estavam acontecendo. Ele voltou na segunda noite e se converteu. Deus o chamou para ser pregador; então ele abriu mão da política e entrou para o ministério.[4]

Há muitos anos, uma Igreja Anglicana na Grã-Bretanha tinha uma reunião de oração todo domingo de manhã, antes do culto de comunhão das 8 horas. Em um domingo, enquanto as pessoas se levantavam dos seus joelhos, um homem pediu ao pastor: "Pastor, gostaria que orassem por meu filho. Ele já tem 21 anos e há muito tempo não vem à igreja". O pastor propôs que eles parassem naquele mesmo instante para orar por cinco minutos. Eles se uniram em oração com fervor. Não disseram nada ao rapaz, mas naquela noite ele veio à igreja, sentiu-se profundamente culpado com a mensagem, ficou no fundo quebrantado e recebeu Cristo como seu Salvador.

Na manhã seguinte, um dos irmãos que servia na igreja disse ao pastor: "Aquela conversão de ontem à noite constitui um desafio à oração — um desafio de Deus. Vamos aceitá-lo?" "O que quer dizer com isto?", indagou o pastor. "Bem", respondeu o outro. "Vamos procurar o pior homem desta paróquia e orar por ele". Por unanimidade, concluíram que certo homem era a pior pessoa que conheciam. Então entraram num acordo de orar pela conversão dele. Ao final daquela semana, quando realizavam uma

---

[4]BOUNDS, E. M. *O propósito na oração*, p. 49-52.

reunião de oração no sábado, no salão da missão, e enquanto o nome daquele homem era pronunciado por eles, a porta se abriu e aquele indivíduo entrou cambaleando, muito embriagado. Ele nunca havia entrado naquele prédio. E, sem tirar o chapéu da cabeça, sentou-se em um dos bancos e escondeu o rosto entre as mãos. Antes do fim da reunião, Deus havia feito o homem ficar sóbrio e o salvou. Mais tarde, ele se tornou um obreiro cristão.[5]

Existe alguém que você anseia ver se convertendo a Cristo, que esteja rejeitando Deus? O seu anseio é forte o suficiente para orar a um alto custo espiritual, se necessário, para ver a resposta de Deus? Você tem uma ou mais pessoas unidas em espírito com você, que compartilhem do mesmo fardo, de tal forma que vocês possam juntos concordar em oração? Certifique-se de que não haja nada na sua vida ou nenhuma questão de desobediência que esteja bloqueando as suas orações. Tenha certeza de que a sua motivação seja a glória de Deus, e não ser reconhecido por ter feito a oração que foi respondida. Então faça prova da promessa de Deus. Ela está esperando ser reivindicada por você.

---

[5] UM CRISTÃO ANÔNIMO. *A oração que funciona*, p. 107.

22

A dinâmica da perseverança

Disse-lhes Jesus uma parábola sobre o dever de orar sempre e nunca esmorecer (Lc 18.1). Ele contou a parábola do juiz injusto que não estava interessado em fazer justiça, mas ficou tão cansado das vindas de uma viúva para importuná-lo pedindo por justiça que finalmente disse: *Julgarei a sua causa, para não suceder que, por fim, venha a molestar-me* (v. 5). Jesus não estava ensinando que Deus é como aquele juiz. Longe disso. Ele queria instruir que nós devemos ser como a viúva que não desistiu até obter a sua resposta. Jesus estava ensinando sobre o compromisso e a fé perseverantes.

A dinâmica da perseverança é essencial em quase toda oração que prevalece. Na autobiografia de George Mueller, lemos a sua fórmula para a oração que prevalece. "Não basta começar a orar nem orar certo; assim como não é o bastante continuar a orar por algum tempo; mas devemos continuar em oração com paciência e convicção até obtermos a resposta."[1]

Quando temos certeza de que conhecemos a vontade de Deus com relação a algum assunto que Ele colocou no nosso coração, não podemos desistir até saber que prevalecemos e até

[1] MCINTYRE, D. M. *The Hidden Life of Prayer*, p. 87.

Deus ter tirado o fardo de orar de sobre nós. Bengel escreveu: "O cristão não deveria parar de orar até que o Pai celestial lhe dê licença, liberando-o".[2]

As emoções são úteis na oração. Oramos melhor quando temos sentimentos profundos, mas as nossas emoções não devem guiar a nossa oração. O desânimo na oração costuma ser uma condição emocional. Ela não indica a vontade de Deus. Uma vez que você discerniu os objetivos espirituais de Deus na sua situação e na vida dos outros quanto a você, persevere até receber as respostas de Deus.

DÊ TEMPO PARA DEUS RESPONDER

Muitas orações são concedidas por Deus, mas abandonadas por quem está orando, porque ele parou de orar antes da chegada da resposta. Orações não apresentadas não ajudam ninguém. Sem a dinâmica da persistência, muitas orações permanecem não respondidas.

Daniel orou e jejuou até que no vigésimo primeiro dia o anjo Gabriel finalmente entregou a resposta para ele. Ele disse: *Desde o primeiro dia em que aplicaste o coração [...] e a humilhar-te perante o teu Deus, foram ouvidas as tuas palavras; e, por causa das tuas palavras, é que eu vim* (Dn 10.12). Mas o anjo revelou que um governante demoníaco *me resistiu por vinte e um dias* até que Miguel, outro arcanjo, veio em seu auxílio (v. 13). Então a oração, atendida três semanas antes, foi entregue. E se Daniel tivesse parado de orar no vigésimo dia? Ele teria perdido a resposta que Deus desejava dar-lhe.

Existem razões importantes por que você precisa dar tempo a Deus:

Às vezes, a resistência demoníaca atrasa a resposta de Deus até que você e o céu prevaleçam.

---

[2]Ibidem, p. 86.

Às vezes, leva tempo para separar partes de situações complexas para que se encaixem. Deus sabe o momento perfeito para dar os resultados máximos.

Às vezes, leva tempo para Deus coordenar circunstâncias para fazer pressão sobre uma pessoa até que ela tenha a disposição de fazer o que Deus quer que ele ou ela faça.

George Mueller começou orando por cinco amigos não salvos. Depois de cinco anos, um veio a Cristo. Depois de mais dez anos de oração, mais dois se converteram. Certa vez, em Chicago, Mueller disse: "Orei por dois homens nominalmente, todos os dias, por 35 anos. Em terra ou no mar, doente ou bem de saúde, lembrei-me deles por nome diante de Deus [...]. Continuarei orando por eles todos os dias, por nome, até que sejam salvos ou morram". Depois de 35 anos de oração, o quarto amigo foi salvo. Mueller orou por quase 52 anos, e o quinto homem se converteu logo após a morte de Mueller.[3]

A mãe de John Newton era uma pessoa muito piedosa. Por causa da sua tuberculose, ela sabia que morreria em breve. Todos os dias, ela orava com John e por ele e ensinava-lhe as Escrituras. Ela morreu quando ele tinha 7 anos de idade. Tanto o pai quanto a madrasta dele não tinham interesse pelas coisas espirituais. Ele se tornou muito perverso, sempre blasfemando o nome de Deus. Ele escapou da morte por muito pouco diversas vezes.

Newton tentava ficar o mais longe possível de qualquer influência sagrada. Ele se envolveu no comércio de escravos, e foi contratado por um homem português casado com uma mulher africana. Enquanto o marido não estava em casa, a sua mulher maléfica acorrentou John, fez dele o seu escravo e não deu quase nada de comida ou vestimenta para ele. Depois de um ano e três meses, ele fugiu, mas se afundou cada vez mais com bebedeiras, festas e blasfêmias. Aos 28 anos, uma grave doença impediu que ele voltasse a navegar.

---

[3]BLANCHARD, Charles. *Getting Things from God*. Chicago: Moody, 1915, p. 128-129.

Mais tarde, ele se converteu a Cristo e estava em comunhão com Whitefield, Wesley e outros. Ele começou a estudar grego e hebraico e em seis anos se tornou um pregador do evangelho. Depois de algum tempo, ele se tornou o pastor mais famoso de Londres. Entre as pessoas que ele levou a Cristo, estavam Thomas Scott, o comentarista, e William Wilberforce, que levou a escravidão a ser erradicada do império britânico. O grande número de hinos que ele escreveu ainda abençoa a igreja de hoje, incluindo "Maravilhosa graça", o seu hino autobiográfico.

John Newton ganhou milhares de almas para Cristo. Quando ele morreu, o Parlamento fechou, o comércio de Londres parou e muitos milhares seguiram o seu corpo até o cemitério. As orações da mãe dele prevaleceram, apesar dos esforços de satanás para destruir o seu filho e impedir que ele se tornasse um instrumento de Deus. Depois de 22 anos, durante os quais ele enfrentou a morte diversas vezes, as circunstâncias individualizadas da providência de Deus finalmente o trouxeram a Cristo, respondendo às orações perseverantes da sua mãe.

William Carey trabalhou e orou durante sete anos até batizar o seu primeiro convertido na Índia. Judson orou, prevaleceu e sofreu por sete anos na Birmânia [atual Myamar] até conquistar o seu primeiro discípulo. Morrison orou e trabalhou durante sete anos até trazer a primeira pessoa chinesa a Cristo. Moffatt orou, perseverou e prevaleceu por sete anos até que o Espírito Santo se movesse sobre o povo bechunana da África. Richards trabalhou e orou durante sete anos no Congo, até que o primeiro convertido aparecesse. As orações desses homens foram ouvidas durante todos esses anos. Mas eles tiveram que perseverar até que Deus respondesse.[4]

Às vezes, leva tempo para Deus podar de sua vida coisas que estão impedindo a sua oração. Estude João 15.2. De todas as plantas, videiras e árvores frutíferas, nenhuma requer tanta poda

---

[4]McIntyre, D. M. *The Hidden Life of Prayer*, p. 74-75.

quanto a videira, que deve ser podada todos os anos. Abraão, Moisés, Elias, Paulo — todos eles se tornaram muito frutíferos quando Deus podou a sua vida. É possível que haja atitudes, atividades, amizades, hábitos, bens, ídolos espirituais ou outras coisas impedindo a sua oração. Talvez esteja levando tempo para Deus levar você ao ponto em que Ele seja o primeiro na sua vida e a oração esteja em primeiro lugar na sua maneira de viver. Quando chegar ao ponto de frutificar, você ficará maravilhado com as suas respostas de oração.

Às vezes, é necessário o efeito acumulativo de um grande conjunto de orações. Quando uma represa é erguida em um vale, a sua construção leva muitos meses. Então a água começa a acumular dentro da barragem, o que pode demorar meses, até um ano ou mais. Mas, quando o nível da água alcança a altura correta, as comportas são abertas, e a água começa a fazer os geradores funcionarem com uma força extraordinária.

Talvez algumas vezes aconteça algo semelhante no reino espiritual. Quanto mais pessoas se unem em oração ou a pessoa que está prevalecendo continua a orar, parece que uma grande quantidade de oração se acumula até que de repente as barreiras sejam transpostas e a vontade de Deus seja realizada. Os textos de Apocalipse 5.8 e 8.3-5 nos garantem que as orações feitas dentro da vontade de Deus nunca se perdem, mas são guardadas até Deus responder a elas. J. Oswald Sanders declara: "Existe um efeito acumulativo na oração. A concentração de muitas orações sobre uma vida ou uma situação pode transformar a derrota em vitória". Outra vez: "Tanto as Escrituras quanto a experiência se unem para indicar que existe poder cumulativo na oração conjunta".[5]

Frank Laubach disse: "A oração é o poder mais forte na terra. O suficiente para nós, se orássemos o suficiente, poderíamos salvar o mundo — se nós orássemos o bastante!"[6] Deus não prometeu

---

[5]SANDERS, J. Oswald. *Prayer Power Unlimited*, p. 129-130.
[6]BRYANT, David. *With Concerts of Prayer*, p. 132.

que o mundo inteiro seria salvo pela oração, mas com toda a certeza existem muitas situações que poderiam ser totalmente transformadas pelo acúmulo de orações por parte dos intercessores perseverantes do Senhor.

Uma jovem senhora crente era uma professora de escola dominical muito amável, fiel e sincera. Ao dar as suas aulas por algum tempo, cada um dos seus alunos entregou o seu coração a Jesus. Pediram que ela passasse aquela classe para outra pessoa e ela pegasse outra turma. Mais uma vez, uma a uma as crianças daquela classe entregaram a vida a Jesus. Depois de algum tempo, ela foi persuadida a abrir mão daquela turma e pegar uma terceira classe de crianças. Outra vez os resultados se repetiram, e todas as crianças se converteram.

Todos os dias, ela era muito fiel em escrever no seu diário, e, depois da sua morte, os amigos descobriram três inscrições nesse diário. Primeiro: "Decidida a orar nominalmente uma vez por dia em favor de cada aluno da minha sala". Outra inscrição acrescentava as palavras: "e agonizar em oração". Algum tempo depois, no diário estavam estes dizeres: "Decidida a orar nominalmente uma vez por dia em favor de cada aluno da minha sala, agonizar em oração e ficar na expectativa da bênção".[7]

Fraser, que viu na China as vitórias da oração perseverante que prevaleceram, escreveu: "Quanto maior a preparação, mais profunda a obra [...] eu não creio que alguma obra profunda de Deus crie raízes sem uma longa preparação em qualquer lugar".[8]

Sempre existe um mistério no tempo de Deus para responder. Isso é um mistério para nós, porque não conseguimos ver como Deus vê. Se tivéssemos uma visão tão completa quanto a de Deus, compreenderíamos o que Deus quer dizer com *a seu tempo*. *E não nos cansemos de fazer o bem, porque a seu tempo ceifaremos, se não desfalecermos* (Gl 6.9).

---

[7]KULP, George B. *Nuggets of Gold*. Cincinnati: God's Revivalist, 1908, p. 57-58.
[8]FRASER, Mrs. O. J. *Fraser and Prayer*, p. 47.

Mônica, mãe de Agostinho, orava com fervor todos os dias enquanto prevalecia pelo seu rebelde filho pecador. Para ela, parecia que Agostinho era como um homem adormecido em um barco que está se aproximando de uma catarata e que a qualquer momento pode ser lançado para a morte. Ele estava desperdiçando o seu corpo e a sua mente, mostrando que não tinha nenhum interesse pelas coisas espirituais. Mas ela o seguia com as suas orações aonde quer que ele fosse. Conta-se que "ela não dormia mais". Depois de vinte anos prevalecendo em intercessão, de forma maravilhosa, Deus salvou Agostinho e fez dele um dos grandes líderes da igreja primitiva.

O pai de John G. Paton, o famoso missionário nas Hébridas, foi poderoso na oração que prevalece enquanto, noite após noite na sua casa escocesa, intercedia em voz alta pelos não salvos do seu vilarejo e do mundo. A mulher pecadora mais imoral do povoado disse várias vezes que a única coisa que a impediu de cometer suicídio e ir para o inferno foi que, algumas vezes nas noites de inverno, ela se aproximava da janela da casa de Paton com muito cuidado, onde conseguia ouvir o sr. Paton interceder em oração. Ela o ouvia pedir a Deus que convertesse "o pecador dos erros dos seus caminhos perversos e o polisse como uma joia para a coroa do Redentor". Ela se deu conta de que era um fardo no coração do sr. Paton e acreditava que Deus não o desapontaria. Essa ideia, ela disse, foi o que a tirou do inferno e finalmente a levou ao arrependimento e ao perdão dos seus pecados.[9]

Às vezes, a resposta é adiada, porque satanás está muito arraigado. Jesus ensinou que alguns casos de possessão demoníaca exigiam mais oração e jejum do que outros, comentando uma vez: *Esta casta não pode sair senão por meio de oração e [jejum]* (Mc 9.29; alguns manuscritos antigos acrescentam *e jejum*). Se *esta casta* se refere a um tipo especial de demônio, a um demônio de nível de

---

[9]McClure, James G. J. *Intercessory Prayer*, p. 119-120.

autoridade superior, ou se diz respeito a algum tipo de situação especial, é um chamado à oração adicional.

Algumas pessoas são possuídas por mais de um demônio (Mt 12.43-45). Lucas, o médico, descreve um homem com uma hoste — uma legião — de demônios (Lc 8.30). Uma legião do exército romano era composta de três a seis mil soldados. É óbvio que isso simboliza um número muito grande.

Há vezes em que pessoas sensíveis espiritualmente têm consciência de trevas espirituais mais intensas e maior resistência em certas áreas geográficas. Satanás parece mais arraigado de forma particular em lugares onde existe muita adoração a ele em suas formas variadas, prática de ocultismo ou idolatria. Com frequência, exige-se oração prolongada ou oração que prevalece acumulada até que haja avanço espiritual em tais lugares.

De forma semelhante, os missionários pioneiros em diversos países tiveram de orar e trabalhar com sacrifício por alguns anos até que o primeiro convertido viesse a Cristo. Satanás não quer que Cristo coloque os seus pés em nenhum lugar que ele insistentemente reivindique para si.

23
Por quanto tempo devemos perseverar?

Persevere na oração que prevalece na mesma medida que Cristo. Você é escolhido para ser parceiro de Cristo em oração. Ele o faz assentar nos lugares celestiais ao lado dEle, no seu trono. Você deve se juntar ao exemplo dEle de graça intercessora, unindo as suas orações às dEle. Ela ainda ama, ainda anseia, ainda intercede. Não ouse desistir enquanto Ele estiver orando. Não o decepcione parando de orar enquanto Ele ainda estiver intercedendo. Pelo que as Escrituras revelam, a oração é a ocupação principal de Jesus hoje. "Se quisermos então ter comunhão com Cristo em sua obra presente, devemos passar muito tempo em oração; devemos entregar-nos à oração sincera, constante, persistente, insone, vencedora."[1]

Persevere em prevalecer na medida em que o Espírito Santo der desejo para tanto. Charles Finney ensinou que, sempre que você tiver um desejo de fazer o bem a outrem, "Existe uma forte suposição de que o Espírito Santo esteja despertando esses desejos e incitando você a orar por esse objeto".[2] Um santo interesse,

---

[1] Torrey, R. A. *Como orar*, p. 9.
[2] Finney, Charles G. *Lectures on Revival of Religion*, <http://www.google.it.ao/books?id=SN_FzG8PnIUC&pg=PA49&focus=viewport&dq=editions:ISBN0803974612&lr=&output=html_text>, p. 51.

desejo ou apetite no coração pelo bem de outra pessoa, em especial pela salvação dela e um desejo semelhante de ver Deus agir em alguma situação específica, é sempre uma evidência de que o Espírito Santo está transmitindo a você o que move o coração de Deus. Você pode estar certo de que é da vontade de Deus Pai atender a essa oração em concordância com a intercessão do Deus Filho e com o desejo infinito do Deus Espírito. Não se canse. Continue orando.

Persevere em prevalecer na medida em que satanás continuar resistindo e atrapalhando. Se você estiver orando por algo de pouca importância para satanás, ele desistirá com mais facilidade e se concentrará no que for mais importante para ele. Mas quanto mais estratégica uma resposta de oração for para o reino de Deus, mais satanás brigará para impedir que você receba a resposta da sua oração.

satanás teme a oração mais do que qualquer outra coisa que nós possamos fazer. Em potencial, a oração que prevalece é a maior ameaça contínua para satanás que já existiu desde o Calvário. Nada o deixará mais feliz do que nos fazer cessar ou negligenciar um pedido de oração estratégico. Aguente firme. Se satanás está lutando, a sua perseverança na oração vale todo esse custo.

Paulo exortou: *Perseverai na oração, vigiando com ações de graças* (Cl 4.2). Martinho Lutero disse: "Orar com diligência é mais do que metade da tarefa".[3] Mas metade de uma resposta não é uma resposta. Precisamos orar até recebê-la.

PERSEVERAR ATÉ

Não desista bem no momento em que a resposta está se aproximando, bem no instante em que os anjos quase entregaram a resposta pela qual você tem orado. Em vez disso, é aí que a sua oração

---

[3]BAUGHEN, Michael. *The Prayer Principle*. London and Oxford: Mowbray, 1981, p. 90.

deveria ser mais forte. Qual a grande diferença entre Lutero, Knox, Wesley, Finney, Edwards, Brainerd, John Hyde e uma multidão de outros que prevaleceram em oração e tantos outros que oram de forma casual hoje em dia? Essas pessoas se recusaram a desistir até a chegada da resposta de Deus. "Gostemos disso ou não, pedir é a norma do reino", diz Spurgeon.[4]

Por quanto tempo os discípulos deveriam se demorar em Jerusalém? *Até que do alto sejais revestidos de poder* (Lc 24.49). Por quanto tempo Moisés manteve as mãos erguidas a Deus em oração? Até que Amaleque fosse totalmente derrotado (Êx 17.13). Por quanto tempo Josué estendeu a sua lança em direção a Ai enquanto o exército atacava? Até que Jericó fosse totalmente destruída. Por quanto tempo Elias ficou de joelhos prevalecendo em oração depois de três anos de seca? Até que as nuvens se formassem no céu (1Rs 18.44). Por quanto tempo Jesus orou no Getsêmani? Até que satanás fosse derrotado. Por quanto tempo os discípulos continuaram orando no cenáculo? Até a descida do Espírito Santo sobre eles. Não importa qual seja o nosso pedido de oração, se Deus nos levou a orar por alguma necessidade que cremos ser da vontade dEle, por quanto tempo deveríamos orar? Até que a resposta chegue!

PREVALECER IMPLICA TEMPO

Prevalecer em oração até que Deus dê a resposta envolve investimento de tempo. Qualquer resposta de oração digna da oração que prevalece vale todo o tempo que pudermos investir nisso. Isso pode abranger tempo usado em oração em repetidas ocasiões, assim como uma prioridade no nosso coração, a fim de que voltemos a essa petição especial sempre que tivermos tempo livre.

A oração perseverante leva tempo. Alexander Whyte disse: "A oração digna de ser chamada oração, a oração que Deus chamará

[4]BOUNDS, E. M. *The Purpose in Prayer*, p. 62.

de oração verdadeira e tratará como oração verdadeira, leva muito mais tempo no relógio do que um homem em mil pensamentos".[5]

Bounds acrescenta:

> A oração percebida como força poderosa é o produto mediato ou imediato de muito tempo gasto com Deus. As orações breves devem seu escopo e eficiência às orações longas que as precederam. A oração curta e eficaz não pode ser feita por aquele que não insistiu com Deus até obter resposta em uma luta ferrenha e de longa duração.[6]

Samuel Chadwick enfatizou: "Orar como Deus gostaria que orássemos é a maior realização da terra. Esse tipo de vida tem um custo. Ela leva tempo".[7]

Quando Jesus disse *Dai* [...] *a Deus o que é de Deus* (Mt 22.21), Ele com certeza incluiu a maior porção do nosso tempo como algo devido a Deus. O Dia do Senhor pertence ao Senhor e é um excelente dia para ser gasto em oração que prevalece em favor da igreja, da comunidade, dos entes queridos, dos amigos não salvos e da obra de Deus no campo missionário. Quanto tempo em média você fica a sós com Jesus no dia dEle?

É muito frequente permitirmos que o bom nos roube o melhor. O nosso dia é tão cheio de atividades na igreja que não temos tempo para cobrir essas atividades com oração da forma devida. É provável que, se tivéssemos metade dos compromissos que temos, mas nos preparássemos para cada um deles com horas de oração pelo nosso povo, pudéssemos ver resultados muito superiores. Permitimos até que a televisão, o jornal e conversas sociais casuais, quase insignificantes, nos roubem o tempo do Dia do Senhor. Falhamos em fazer desse dia um dia de oração. É provável que fosse muito mais proveitoso espiritualmente

---

[5]SANDERS, J. Oswald. *Prayer Power Unlimited*, p. 108.
[6]BOUNDS, E. M. *Poder pela oração*, p. 33.
[7]SANDERS, J. Oswald. *Prayer Power Unlimited*, p. 108.

para nós — e para aqueles por quem oramos, na eternidade —, se assistíssemos a um ou dois programas de televisão evangélicos a menos no domingo ou em qualquer outro dia e gastássemos esse tempo em intercessão.

Permita que eu o exorte a separar o período de algumas horas no Dia do Senhor para prevalecer pelas suas prioridades de oração. Talvez Deus o dirija com frequência a jejuar por uma ou duas refeições para acrescentar mais tempo e intensidade à sua persistência. Se formos realmente sérios quanto a prevalecer em oração, descobriremos alguma forma de encontrar tempo. Mas uma pessoa sem disposição para sacrificar algumas coisas boas, a fim de ter tempo para prevalecer com Deus, não deve esperar grandes respostas dEle.

E. M. Bounds ensina: "Deus não confere suas dádivas aos transeuntes esporádicos. Muito tempo unicamente na presença de Deus é o segredo para conhecê-Lo e influenciá-Lo".[8]

Jacó orou a noite inteira quando prevaleceu em oração. Elias orou sete vezes seguidas antes de prevalecer por chuva vinda de um céu sem nuvens. Daniel, um atarefado ministro de Estado na capital do império persa, teve que organizar o seu tempo a fim de ir para casa e orar três vezes ao dia. Davi, apesar de rei, orava de manhã, de tarde e de noite.

Não sabemos quanto tempo esses homens santos prevaleceram em oração. Não temos conhecimento de quanto Jesus orava quando se levantava cedo de manhã para ficar a sós com o Pai. Parece que Ele deve ter passado três horas no Getsêmani, na noite da sua prisão. Mas sugere-se que Ele tivesse ido ali noite após noite para um tempo semelhante de oração (Lc 22.39). Ele orava pelo nosso mundo, porque amava o nosso mundo. Ele ainda ora hoje, porque ainda nos ama e ao nosso mundo.

É impossível de fato amarmos muito os nossos amigos perdidos se não estivermos dispostos a pagar o preço de prevalecer

---

[8] BOUNDS, E. M. *Poder pela oração*, p. 33.

por eles em oração. O "Cristão anônimo", que abençoou muitas pessoas com os seus escritos durante as primeiras décadas do século 20, escreveu:

> O mais estranho [...] que ainda possamos nos erguer dos joelhos, depois de compreender nossa grande necessidade, os problemas de nossos lares e de nossos queridos, as dificuldades e problemas do pastor e da igreja, as carências, de todos os tipos, de nossa comunidade e país, dos pagãos, do mundo maometano![9]

PLANEJE O SEU TEMPO DE ORAÇÃO

Nunca teremos tempo suficiente para a oração que prevalece, a menos que de forma intencional façamos planos para isso. O nosso dia será cheio à medida que permitirmos. O tempo que dedicamos à oração pelo planejamento intencional é a medida do valor que damos à oração. É a grandeza do nosso amor pelas pessoas por quem oramos. É a dimensão — talvez a dimensão mais verdadeira — do nosso amor por Jesus. Não nos custa nada cantar sobre o amor por Jesus e depois não investir tempo com Ele em alegre comunhão e pesaroso fardo de intercessão.

É óbvio que não nos engajamos na oração que prevalece por um grande número de pedidos ao mesmo tempo. Normalmente, procuraremos prevalecer por um pedido que tenha maior prioridade, ou no máximo por duas ou três questões aflitivas. É possível termos muitos itens na nossa lista de oração e carregarmos um fardo contínuo por muitas coisas no nosso coração. Mas, para prevalecermos de verdade, precisamos focar duas ou três prioridades ao mesmo tempo, cooperando com elas para garantir a vitória. Não é necessário negligenciar os pedidos contínuos para prevalecer em especial por uma ou mais necessidades urgentes.

Assim como a oração deve ser uma grande prioridade na sua vida, na oração que prevalece você precisa buscar a direção do

---

[9] UM CRISTÃO ANÔNIMO. *A oração que funciona*, p. 24.

Espírito para quais são as suas prioridades durante o tempo de persistência. Normalmente, quando o Espírito o dirige a alguma prioridade, você mantém maior concentração sobre ela até saber que prevaleceu e ter a confiança dentro de você de que a oração foi concedida por Deus. Muitas pessoas se referem a essa experiência como "orar até o fim".

PERSEVERE ATÉ TER "ORADO ATÉ O FIM"

Durante os meus anos de faculdade, um dos meus colegas saiu para testemunhar em uma favela, em uma noite fria. Enquanto testemunhava a um bêbado do lado de fora de um bar, o mendigo disse: "Ah, tá! É muito fácil pra você ficar aí com o seu casaco quentinho e falar de Jesus. O que Jesus fez por mim?" No mesmo instante, o estudante tirou o seu sobretudo e o colocou sobre os ombros do bêbado trêmulo desagasalhado.

Quando voltou para a faculdade, ele orou por um casaco novo com foco até a chegada da resposta. Por vários dias, no entanto, ele ficou sem o sobretudo, mas estava sempre alegre. Então Deus deu a ele um casaco novo, e ele louvou o Senhor por isso diante de todos nós. Mas acrescentou: "Eu já estava usando este casaco (pela fé) muitos dias antes que ele chegasse".

Pais têm orado até se fazerem ouvir pela salvação de um filho que se desviou e se regozijam com a resposta de Deus à oração por algum tempo antes que o seu filho ou a sua filha de fato renda a sua vida ao Senhor. Eles conseguiram se alegrar na confiança da oração respondida antes mesmo de terem alguma evidência visível dela. Na verdade, algumas vezes o filho parecia mais rebelde e distante logo antes da chegada da resposta visível à oração.

Charles Blanchard, que foi presidente da Faculdade de Wheaton por 43 anos, compartilha este testemunho que ouviu pessoalmente e depois conferiu.

> Amigos, há cerca de dois anos e meio ou três, eu estava no hospital de Filadélfia. Eu era engenheiro na companhia ferroviária

Pennsylvania Lines e, embora tivesse uma esposa que orava, fui um homem pecador toda a minha vida. Dessa vez, eu estava muito doente. Fiquei muito debilitado. Cheguei a pesar menos de 45 quilos.

Finalmente, o médico que estava me atendendo disse à minha esposa que eu estava morto, mas ela disse: "Não, ele não está morto. Ele não pode estar morto. Eu orei por ele por 27 anos, e Deus me prometeu que ele se converteria. Você acha que Deus o deixaria morrer depois de eu orar por 27 anos e Deus ter feito essa promessa para depois ele não ser salvo?" "Bem", replicou o médico, "eu não sei nada disso, mas sei que ele está morto". Então fecharam a cortina em volta da maca, o que no hospital faz separação entre mortos e vivos.

Para satisfazer minha esposa, trouxeram outros médicos, um após outro, até que havia sete terapeutas ao redor da maca, e cada um deles se aproximou e fez o exame confirmando o depoimento de todos os que vieram antes. Os sete especialistas disseram que eu estava morto. Nesse meio tempo, a minha esposa estava ajoelhada ao lado da minha maca, insistindo que eu não estava morto — que, se eu estivesse morto, Deus me traria de volta, pois Ele lhe havia prometido que eu deveria ser salvo, e isso ainda não havia acontecido. Com o tempo, os joelhos dela começaram a doer, estando de joelhos no chão duro do hospital. Ela pediu um travesseiro à enfermeira, e a enfermeira trouxe um para ela, sobre o qual ela se ajoelhou.

Uma hora, duas horas, três horas se passaram. A cortina ao redor da maca ainda estava fechada. Eu estava deitado ali imóvel, aparentemente morto. Quatro, cinco, seis, sete, treze horas se passaram, e durante todo esse tempo a minha esposa estava ajoelhada ao lado da maca. Quando as pessoas protestavam e desejavam que ela fosse embora, ela dizia: "Não, ele ainda não foi salvo. Deus o trará de volta se ele estiver morto. Ele não está morto. Ele não pode morrer antes de se converter".

Ao fim de treze horas, abri os meus olhos, e ela disse: "O que você quer fazer, meu querido?" Então respondi: "Eu quero ir para casa". Ela disse: "Você vai para casa". Mas quando ela propôs isso, horrorizados, os médicos levantaram as mãos. Eles disseram: "Como? Isso vai matá-lo. Isso é um suicídio". Ela respondeu: "Vocês tiveram a sua chance. Vocês disseram que ele já estava morto. Eu vou levá-lo para casa".

Agora tenho 111 quilos. Eu ainda piloto um trem veloz na Pennsylvania Lines. Viajei até Minneapolis em um breve período de férias, contando às pessoas o que Jesus pode fazer e estou muito feliz por contar a vocês o que Jesus pode fazer.[10]

---

[10]BLANCHARD, Charles. *Getting Things from God*. Chicago: Bible Institute Colportage Association, p. 94-95.

24
A vontade de Deus e a oração que prevalece

Um segredo da oração que prevalece é a confiança íntima e pessoal de que estamos orando dentro da vontade de Deus. O Espírito Santo é o nosso Conselheiro enviado pelo Pai e dado pelo Filho. A palavra grega *paraklētos,* usada diversas vezes por Jesus para o Espírito Santo (Jo 14.15,26; 16.7) tem um grande significado. Ela é traduzida de várias formas: Consolador, Auxiliador ou Conselheiro.

Ele é o nosso Conselheiro para tudo na vida. Ele é o nosso Auxiliador e Conselheiro em especial na oração (Rm 8.26,27). O Espírito sempre ora em concordância com a vontade de Deus. Ele jamais nos guiará e habilitará a orar contrariamente à vontade do Pai.

Isso nos dá segurança e força extraordinárias para prevalecer em oração quando conhecemos a vontade de Deus no assunto pelo qual estamos orando. Deus se alegra quando unimos a nossa vontade à dEle em oração que prevalece. Na verdade, é por isso que oramos na oração do Pai-nosso, quando dizemos: *Faça-se a Tua vontade, assim na terra como no céu.*

Quais os passos para obter a confiança de que você está orando em harmonia com a vontade de Deus?

Renda-se totalmente à vontade de Deus pelo restante da sua vida. Essa posição exige um ato definitivo de absoluta rendição de todo o seu ser — a sua personalidade, as suas ambições, os seus desejos, os seus bens, o seu presente e o seu futuro. Faça o compromisso tão completo e permanente que de agora em diante você precise apenas reafirmar a sua rendição total já feita.

Deus pode fazer com você tudo o que quiser? Ele pode mudar os seus planos, objetivos ou ambições? Ele pode vetar os seus planos sem dar nenhuma explicação? Ele pode tirar você de uma situação para outra sem você protestar? Você rendeu a sua vontade a Deus de tal forma que Ele pode pedir de você qualquer coisa que Ele desejar? Se você puder responder a essas perguntas de forma positiva, então, nas palavras de Bengel, você é "propriedade do Senhor". Era assim que Bengel sempre se chamava.[1]

McConkey exorta:

> Para conhecer a vontade de Deus, devemos desejar a vontade de Deus. A vontade própria é o vale mais certo e mais denso que se coloca entre nós e o conhecimento da vontade de Deus [...]. Ficaremos assombrados [...] ao descobrir quanto da nossa vida de oração é um esforço para convencermos Deus de consentir e realizar a nossa própria vontade em vez de pedirmos em conformidade com a vontade dEle.[2]

Algumas pessoas não terão o melhor de Deus durante grande parte da sua vida, porque falharam em realizar e manter total submissão a Ele. Deus prefere o seu Plano A para nós. Mas, se insistirmos na nossa vontade, haverá cada vez mais espaço para Ele nos dar o Plano B ou o Plano C. Quanto mais insubmissos formos, menos conseguiremos prevalecer em oração.

Renda-se de forma ativa no dia a dia. Uma vez que você se rendeu por completo, não aceite de forma relutante e passiva as coisas que Deus concretizar. Seja ativo na busca por descobrir a vontade dEle e endossá-la em cada situação. Quando ora: *Faça-se a Tua vontade, assim na terra como no céu* (Mt 6.10), você está se comprometendo a procurar impor a vontade de Deus ativamente por meio da oração e da obediência. Você está indo atrás da vontade de Deus a fim

---

[1] McIntyre, D. M. *The Hidden Life of Prayer*, p. 80.
[2] McConkey, James. *Prayer*, p. 82.

de poder unir a sua vontade à dEle. Depois de nos submetermos totalmente, não nos tornamos criaturas tímidas e indiferentes. Tornamo-nos militantemente envolvidos em fazer a vontade de Deus se concretizar na terra. Agarre-se com entusiasmo à vontade de Deus para a sua vida. Renda-se com alegria à vontade de Deus em você e se entregue com prazer à vontade de Deus por meio de você. A vontade de Deus não é realizada de forma automática por uma pessoa submissa a Ele. Fazer e confirmar a vontade de Deus em tudo precisa se tornar a paixão da sua alma.

Fique atento à vontade revelada de Deus para a sua vida de oração. Quando vive na esfera da vontade de Deus, você pode esperar que o Espírito Santo descortine a você passo a passo os atos de obediência que Ele deseja de você e as orações que Ele deseja fazer por meio de você. Harry Jessop afirma: "A vontade de Deus é uma esfera com bordas distintas dentro das quais as almas conscientemente habitam".[3] Deus deseja que compreendamos qual é essa vontade (Ef 5.17). *Para que experimenteis qual seja a boa, agradável e perfeita vontade de Deus* (Rm 12.2).

Samuel Chadwick escreveu:

> O seguidor mais humilde de Jesus pode conhecer a Divina Vontade em primeira mão. É privilégio de todo homem estar completamente seguro na vontade de Deus [...]. Venha direto a Deus. Não incomode outras pessoas. Exponha todas as questões desnudas diante dEle, e Ele deixará claro para você qual é a vontade dEle. Quando Deus fala, o seu pronunciamento é compreendido com facilidade.[4]

Faça das prioridades de Deus as suas prioridades na oração. Dia após dia, Deus tem uma escolha superior para cada situação e para cada vida. Quando Deus revela a você as orações que Ele quer que faça, você tem de confiar que o Espírito vai guiá-lo para saber quais as prioridades urgentes e especiais em momentos de necessidade.

---

[3]JESSOP, Harry E. *The Ministry of Prevaling Prayer*, p. 81.
[4]CHADWICK, Samuel. *The Path of Prayer*, p. 73.

Você não sabe quem mais precisa da sua oração ou por qual necessidade Deus mais precisa que você ore em dado momento.

Viva em comunhão inquebrável com o Senhor. Cultive ouvidos atentos. Sempre que Ele trouxer de forma vívida uma pessoa, situação ou necessidade à sua atenção, tenha isso como prioridade na oração pelo tempo que Deus mantiver a inquietação no seu coração. Se de alguma forma for possível, encontre momentos livres ou um lugar silencioso onde você possa orar por essa prioridade. Você não precisa conhecer os detalhes — simplesmente obedeça à orientação do Espírito para orar na hora em que Ele incutir a necessidade de forma nítida na sua mente.

S. D. Gordon escreveu:

> O Espírito [...] é o Mestre da Orar-ção. Ele conhece perfeitamente a vontade de Deus. Ele sabe sobre o que melhor orar sob todas as circunstâncias. E Ele está dentro de mim e de você. Ele está presente como Espírito de oração. Ele nos impele a orar. Ele nos chama para nos retirarmos para um cômodo silencioso e ficarmos de joelhos [...]. Deus, que ouve dos céus [...] reconhece os seus próprios propósitos e planos sendo repetidos nesse homem na terra pelo Seu próprio Espírito.[5]

Deseje de forma deliberada a vontade de Deus por meio da oração. Agora que já conhece a vontade de Deus na questão pela qual está orando, você deve dedicar todo o seu ser com determinação, incluindo a sua vontade, à insistência na oração. Ouse orar como um soldado em relação à situação: *Faça-se a Tua vontade!*

Não se submeta com mansidão aos adiamentos de satanás ou à suas obras malignas e à sua oposição à vontade de Deus. Com ousadia, lance mão do poder de Deus pela oração e resista a satanás (Tg 4.7). Coloque os seus pés sobre as promessas de Deus e permaneça sobre elas. Tome a sua posição junto a Deus. Avance com Deus contra satanás. Tome a ofensiva da oração com Cristo.

---

[5]GORDON, S. D. *Quiet Talks on Prayer*. New York: Revell, 1904, p. 186.

"Ele aguarda pelo nosso ministério de desejar em conformidade com a vontade dEle para liberá-lo para trabalhar essa vontade. Embora saibamos que tudo na oração depende de Deus, Ele quer nos fazer compreender que tudo também depende de nós."[6]

O pastor Johann Blumhardt, usado com poder na oração pelos doentes e na expulsão de demônios há mais de dois séculos na Alemanha, sabia que o seu poder nesse ministério dependia da oração em conformidade com a vontade de Deus. Nos seus primeiros anos, ele costumava passar muitas horas em oração até saber se era da vontade de Deus curar uma pessoa específica por quem a oração havia sido solicitada. Mas ele testemunhou que "depois de cerca de dois anos, ele veio a tornar-se tão familiarizado com a voz interna de Deus que normalmente era raro elevar o seu coração a Deus em comunhão antes que a intenção de Deus na questão lhe fosse claramente revelada".[7]

Nunca insista no seu próprio caminho ou no de alguma outra pessoa. Uma mãe insistia que Deus curasse o seu bebê. Parecia que Deus dizia a ela: "Você tem certeza que viver é o melhor para o seu filho?" Ela replicava: "Eu quero que ele viva, seja ou não seja o melhor!" O menino sobreviveu, mas a mãe viveu para ver o seu filho ser enforcado como um criminoso.[8]

O dr. Goodel foi requisitado por telegrama por um bispo anglicano para orar pela cura do seu filho que estava morrendo. Depois de alguns dias, chegou mais uma notificação solicitando mais oração fervorosa. O dr. Goodel orou com grande fervor, mas não teve notícias de nenhum resultado. Depois de alguns anos, ele se encontrou com o bispo e perguntou como estava o filho. "Temo ter errado em insistir. Teria sido melhor se o Senhor tivesse levado o meu filho naquele momento. Ele agora está adulto e, ah, que tristeza a minha vê-lo andando no pecado e na iniquidade."[9]

---

[6]MATHEWS, R. Arthur. *Born for Battle*, p. 164.
[7]MCCONKEY, James. *Prayer*, p. 84.
[8]BLANCHARD, Charles. *Getting Things from God*, p. 71.
[9]HUEGEL, F. J. *Succesful Praying*, p. 37-38.

# 25

A dinâmica do louvor

Deus predestinou que a nossa vida cristã trouxesse louvor e glória para Ele (Ef 1.5,6). Somos para o seu louvor agora e na eternidade (v. 14). Portanto, os nossos lábios e o nosso estilo de vida devem sempre louvar a Deus. Deus se regozija em nosso louvor. É nosso dever começar a adoração a Ele com o louvor (Sl 100.4; Is 60.18). É nossa obrigação louvá-Lo com a nossa voz (Sl 34.1), com canções (147.1) e com música (150.3). É nosso encargo nos revestirmos de louvor (Is 61.3), e a nossa própria vida tem de ser um louvor a Deus (1Pe 2.9).

O que o louvor tem a ver com a oração que prevalece? O louvor tanto prepara para a oração que prevalece quanto em si é um meio sagrado de prevalecer durante a nossa oração.

O louvor faz o nosso coração se concentrar em Deus. O louvor eleva o nosso coração a Deus em adoração, veneração e amor. O fato mais importante da oração que prevalece é que ela é feita a Deus. Para orar de forma digna, precisamos ter consciência extrema de Deus. O problema, ou a necessidade, pelo qual estamos orando pode parecer avassalador, mas precisamos enxergar Deus infinitamente maior do que o nosso problema, capaz de atender a todas as nossas necessidades. O louvor faz todo o nosso ser se concentrar em Deus.

Hallesby escreve: "Quando agradeço, meus pensamentos ainda se movem até certo ponto em redor de mim mesmo. Mas, quando louvo, minha alma se eleva em abnegada adoração, vendo e adorando apenas a majestade e o poder de Deus, sua graça e redenção".[1]

O louvor purifica o nosso coração de preocupações, temores e pensamentos focados no que é terreno. Precisamos entrar na presença de Deus e fechar a porta atrás de nós para o mundo exterior. Para prevalecer com eficiência, devemos nos esquecer de todas as outras tarefas, atividades, envolvimentos e preocupações. O louvor fecha a cortina para todas as coisas exteriores. O louvor tranca a porta para as ideias intrusas, os nossos pensamentos e as sugestões demoníacas. Ele nos encerra com Deus e os seus anjos.

O louvor gera e desenvolve a fé. Quanto mais louvamos Deus, mais ficamos conscientes de Deus e absorvidos na sua grandeza, sabedoria, fidelidade e amor. O louvor nos faz recordar tudo o que Deus é capaz de fazer e as coisas grandiosas que Ele já fez. A fé vem pela Palavra de Deus e pelo louvor. A fé cresce à medida que louvamos a Deus.

O louvor nos dá o espírito de vitória e superação. O louvor nos acende com zelo sagrado. Ele nos eleva acima das batalhas até a perspectiva do trono de Deus. O louvor corta as forças do inimigo em dimensão. *Se Deus é por nós, quem será contra nós?* (Rm 8.31). O que o homem pode fazer quando Deus está conosco? (Sl 118.6; Hb 13.6). As hostes angelicais de Deus conosco são maiores do que os nossos inimigos (2Rs 6.16).

August H. Francke, ministro luterano no início do século 18 e fundador dos orfanatos de Halle, na Alemanha, conta de uma vez em que ele precisava de uma grande soma de dinheiro. O seu tesoureiro veio procurá-lo para pegar o dinheiro. Francke disse a ele que voltasse após o almoço, orando nesse intervalo de tempo com fervor. Depois do almoço, o tesoureiro veio mais uma vez

---

[1]HALLESBY, Ole. *Oração*, p. 132.

perguntar sobre o dinheiro, e Francke pediu que ele voltasse à noite. Nesse ínterim, um amigo do dr. Francke veio vê-lo. Os dois senhores oraram juntos. Quando Francke começou a orar, Deus o levou a recordar de Sua bondade para com a humanidade, voltando até a criação. Francke louvou o Senhor sem cessar pela Sua bondade e fidelidade ao longo dos séculos, mas se sentiu reprimido para mencionar a sua urgente petição. Quando o amigo partiu, Francke o acompanhou até a porta. Ali estava o tesoureiro aguardando o dinheiro e, ao seu lado, um homem que então entregou uma grande soma de dinheiro, que atendeu por completo à necessidade.[2]

O louvor invoca a presença, o poder e as forças de Deus. Deus manifesta a Sua presença em meio ao seu louvor. Deus é entronizado no meio das Suas criaturas que o louvam. Parece que o louvor a Deus O convoca de uma maneira especial a ser ativo entre o Seu povo, suscitando a manifestação e o emprego do Seu forte poder. Nada nos une mais aos anjos de Deus do que nos juntarmos em louvor a Deus, e talvez o nosso culto em militante louvor os una ao nosso esforço e à resposta da nossa oração. Os anjos ministram a nós sem cessar (Hb 1.14), mas com certeza nunca tanto quanto prevalecemos em oração, até como ministraram a Jesus no Getsêmani.

Huegel conta de um pastor que almejava um novo despertamento na sua igreja. Ele convocou uma semana de reuniões de louvor e nada mais. A princípio, as pessoas não entenderam e ficavam pedindo e implorando coisas a Deus. Mas o pastor continuou explicando que Ele não queria nada além de louvor. Na quarta-feira, a reunião começou a mudar. Na quinta-feira, viu-se muito louvor e, na sexta, ainda mais se tornou evidente. Lá pelo domingo, "um novo dia havia amanhecido. Domingo foi um dia como a igreja nunca antes havia testemunhado. Foi um genuíno avivamento. A glória de Deus encheu o templo. Os crentes

---

[2]McIntyre, D. M. *The Hidden Life of Prayer*, p. 91-92.

retornaram ao seu primeiro amor. Corações foram quebrantados [...] foi maravilhoso. Isso fora obra do louvor".[3]

O louvor confunde, aterroriza, detém e impede satanás. O louvor repele os poderes das trevas, dispersa os inimigos demoníacos e frustra as estratégias do diabo. O louvor arranca a iniciativa das mãos de satanás. Esse é um meio extraordinário de resistir a satanás e fazê-lo fugir. Um crente cheio do Espírito, ungido e habilitado pode assaltar as fortalezas do mal por meio do louvor. Ezequias, Isaías e o povo de Israel não foram os únicos da sua época a terem afugentado o inimigo pelo louvor.

Durante os meus dias como missionário na Índia, os alunos e a equipe de uma escola para meninas de outra organização estavam orando e jejuando para que uma estudante fosse liberta de uma possessão demoníaca. Fui chamado para ajudar, mas me senti tão incapaz. Ao orar, fui compelido a ir até a menina semiconsciente que se debatia, sendo contida por vários adultos que tentavam controlar os seus socos e empurrões.

Falei no seu ouvido: *Jai Masih Ki* (Vitória para Cristo), a forma idiomática de dizer "Louvado seja o Senhor" na sua língua. Quando pronunciei essa frase no seu ouvido, ela começou a reagir, como se pudesse ouvir o que eu estava dizendo. Então, com muita dificuldade para controlar a boca que estava cerrada, quando finalmente à força conseguiu abri-la, ela berrou: *Jai Masih Ki*. No mesmo instante, ela foi liberta. É provável que o louvor e o jejum tenham ajudado a preparar o caminho, mas o louvor foi a arma do Espírito para libertá-la.

Huegel, um missionário experiente que serviu no México, disse que normalmente, quando a oração não traz a resposta, a adição do louvor leva à vitória. Ele declara: "Há poder no louvor, o qual a oração não pode ter. É claro que a distinção entre os dois é algo não natural [...]. A expressão mais elevada de fé é não orar no seu sentido comum da petição, mas orar na sua expressão mais sublime de louvor".[4]

---

[3]HUEGEL, F. J. *Succesful Praying*, p. 49-50.
[4]Ibidem, p. 45-48.

26

Níveis de intensidade na oração que prevalece

As Escrituras sugerem diversos níveis de intensidade na oração que prevalece. O Espírito Santo pode nos levar a usar qualquer um desses níveis a fim de nos ajudar a prevalecer. Há orações que prevalecem de forma muito breve. Graças a Deus, com frequência prevalecemos em poucos momentos de intercessão. Essas ocasiões não são necessariamente previsíveis. Em muitas emergências, quando estamos vivendo a vida de um intercessor, seremos capazes de fazer a oração de fé em algum momento de necessidade ou no curto espaço de tempo disponível.

Graças a Deus, também, porque quando existem necessidades que exijem a oração conjunta de parceiros de oração, de uma igreja local ou até de grupos maiores, o Espírito Santo pode nos guiar a dar os passos necessários. De forma semelhante, quando alguma necessidade não é atendida pela petição simples, o Espírito pode nos orientar passo a passo para fazermos uso de formas muito intensas de oração.

NÍVEL UM: PEDIR

Pedir é a forma de oração mais simples e mais básica. Um recém--convertido, uma criança pequena, uma pessoa gravemente doente — qualquer um — pode pedir. A intercessão e a oração que prevalecem começam com o ato de pedir. Deus sempre ouve quando pedimos. O próprio Jesus mandou que pedíssemos e nos garantiu que a nossa petição seria respondida. *Tudo quanto pedirdes em oração, crendo, recebereis* (Mt 21.22). *O Pai celestial dará o Espírito Santo àqueles que lho pedirem* (Lc 11.13). *E tudo quanto pedirdes em meu nome, isso farei [...]. Se me pedirdes alguma coisa em meu nome, eu o farei* (Jo 14.13,14). *Se permanecerdes em mim, e as minhas palavras permanecerem em vós, pedireis o que quiserdes, e vos será feito* (15.7).

Essa segurança não é uma surpresa, porque Jesus nos assegura que Deus, o nosso Pai, sabe do que precisamos mesmo antes que o peçamos a Ele (Mt 6.8). Muito além do que qualquer pai humano possa fazer pelos seus filhos, o nosso Pai celestial pode dar e dará bons presentes a nós se pedirmos (7.9-11).

O ato de pedir é o nível no qual todo intercessor inicia. Nós pedimos quando buscamos e quando batemos na porta. Nós rogamos quando concordamos em oração (Mt 18.19). Nós clamamos quando intensificamos a nossa intercessão com o jejum. Nós imploramos quando carregamos um fardo de oração, quando lutamos em oração e quando nos engajamos na batalha de oração. Sempre é o momento certo para pedirmos a Deus, pois Ele ama ser solicitado.

Abraão pediu um filho, um herdeiro, a Deus (Gn 15.2). Moisés rogou que Deus curasse Miriã da sua lepra (Nm 12.13). Neemias fez orações curtas de pedido sucessivamente e recebeu as respostas de Deus (Ne 1.4; 4.9). Elias, no monte Carmelo, havia apenas começado a clamar a Deus quando Deus enviou fogo do céu (1Rs 18.36-38). Pedro e João imploraram que os samaritanos convertidos fossem cheios do Espírito Santo, e Deus respondeu (At 8.15-17).

É possível que Deus nos leve a pedir coisas que não imaginávamos. Amy Carmichael foi uma missionária na Índia a quem Deus usou de forma grandiosa na oração e na fé. Algumas vezes, Deus a compelia a pedir coisas pelas quais ela não via necessidade imediata. Mas, quando ela rogava, Deus fornecia, e elas provaram ser de grande valor no seu ministério. Deus sabe as coisas de que precisamos mesmo antes que as peçamos a Ele (Mt 6.8).

Louvado seja Deus, porque com frequência podemos prevalecer na oração meramente pedindo. Sempre podemos reivindicar as promessas concedidas por aqueles que pedem. Pedir é o alicerce de todo triunfo na oração.

NÍVEL DOIS: BUSCAR

Buscar é uma forma mais intensificada de oração do que pedir. Buscar implica maior fervor, perseverança contínua e, com frequência, sede e desejo mais profundos. Muitas orações estão dentro da vontade de Deus, mas não são concedidas de forma instantânea quando pedimos. Talvez a repetição do pedido nos leve a fazer que essa necessidade se torne uma prioridade especial. Ficamos tão convencidos de que a resposta é importante para o reino de Deus que estamos dispostos a nos entregar de forma mais completa e com mais determinação à oração que prevalece. Uma vez convencidos de que é da vontade de Deus, o nosso pedido agora se intensifica para a busca.

Buscar é a oração que está disposta a se apegar à intercessão até a resposta chegar. Ela procura encontrar qualquer razão possível por que a resposta à oração está sendo impedida. Existe algum obstáculo na minha vida que impeça a minha resposta? Será que eu realmente compreendi a vontade de Deus neste assunto? A minha fé está correta? Existe algum passo de obediência que eu possa dar para acelerar a resposta? A busca normalmente abrange a sondagem do coração.

Buscar pode envolver anseio intenso do coração, desejos que ardem na alma como uma chama, um coração que clama ao Senhor em lágrimas. Deus disse por meio de Jeremias: *Buscar-me-eis e me achareis quando me buscardes de todo o vosso coração* (Jr 29.13). Moisés deu a mesma garantia a Israel: *De lá, buscarás ao SENHOR, teu Deus, e o acharás, quando o buscares de todo o teu coração e de toda a tua alma* (Dt 4.29). O salmista acrescentou: *Bem-aventurados os que [...] o buscam de todo o coração* (Sl 119.2).

Um intercessor sério terá alegria em intensificar o seu ato de pedir para um ato de busca quando isso for necessário. Ele sabe que, como subproduto da sua busca pela resposta de Deus enquanto espera em Deus, a sua própria força será renovada e o seu caminhar se tornará mais próximo de Deus. O seu coração concorda com Davi, que disse: *Ao meu coração me ocorre: Buscai a minha presença; buscarei, pois, Senhor, a tua presença* (Sl 27.8). O seu coração faz o que Davi diz no versículo 14: *Espera pelo Senhor, tem bom ânimo, e fortifique-se o teu coração; espera, pois, pelo Senhor*. Davi compreendia que algumas vezes a oração prolongada é uma exigência; então disse: *Descansa no Senhor e espera nele* (Sl 37.7).

A busca de Davi em oração é mencionada repetidas vezes no livro de Salmos. Você consegue sentir a angústia do coração de Davi quando ele diz: *Ó Deus, tu és o meu Deus forte; eu te busco ansiosamente; a minha alma tem sede de ti; meu corpo te almeja [...]. Porque tu me tens sido auxílio [...]. A minha alma apega-se a ti* (Sl 63.1,7,8)? O escritor anônimo do Salmo 123 ora: *A ti, que habitas nos céus, elevo os meus olhos! Como os olhos dos servos estão fitos nas mãos dos seus senhores, e os olhos da serva, na mão de sua senhora, assim os nossos olhos estão fitos no Senhor, nosso Deus, até que se compadeça de nós* (v. 1,2).

Você consegue perceber o intercessor súplice do Salmo 130 como esse servo fiel que prevalece e espera pela resposta de Deus para o seu povo? *Aguardo o Senhor, a minha alma o aguarda; eu espero na sua palavra. A minha alma anseia pelo Senhor mais do que os guardas pelo romper da manhã. Mais do que os guardas pelo romper da manhã* (v. 5,6).

Moisés fez uma oração de busca ao perseverar até Deus prometer mais uma vez acompanhar Israel (Êx 33.12-23). Ezequias e Isaías prevaleceram na intercessão pela busca por libertação para a nação (2Cr 32.20,21). Neemias foi diligente e prevaleceu na oração por Jerusalém até que Deus o enviasse e usasse para reconstruir a cidade (Ne 1.4-11). Então, assim que chegou a Jerusalém, ele levou toda a nação em intercessão empenhada até que Deus enviasse um avivamento nacional (cap. 9).

Daniel também prevaleceu na oração diligente ao procurar uma resposta de Deus a fim de que os exilados pudessem voltar à sua terra natal. Israel foi restaurado como nação de Deus por meio da oração diligente de Daniel e Neemias que prevaleceu (Dn 9.1-23; 10.2-14).

A igreja primitiva usou a oração persistente de busca pelo derramamento do Espírito no Pentecostes. Qualquer intercessor que aprende a prevalecer com Deus usa a oração diligente fervorosa muitas e muitas vezes. Deus tem alegria em ouvir e responder a tal oração ainda hoje.

R. A. Torrey acreditava que poucas pessoas se convertiam a Cristo sem que alguém orasse e buscasse a sua salvação. Ele dá como exemplo a sua própria conversão no meio da noite. Ele não se converteu na igreja, na escola dominical ou em uma conversa pessoal com outra pessoa. Ele foi para a cama sem a menor ideia de Deus ou da salvação. Ele acordou no meio da noite, Deus falou ao seu coração e ele entregou a sua vida a Jesus em talvez cinco minutos. Ele escreve: "Alguns minutos antes, eu estava tão próximo da perdição quanto se é possível chegar. Tinha um pé na beira do precipício e estava tentando colocar ali o outro [...] pensava que nenhum ser humano tivesse algo a ver com isso, mas tinha esquecido as orações da minha mãe, e mais tarde fiquei sabendo que um dos meus colegas de faculdade tinha me escolhido como objeto de oração até que fosse salvo". Torrey acrescenta: "Oh! O poder da oração para descer mais e mais até onde a esperança parece vã, elevando homens e mulheres, cada vez mais, para a comunhão e semelhança de Deus!"[1]

O general Charles Gordon, um brilhante líder militar britânico de 1855 a 1885, sempre tinha uma lista de pessoas no seu

---

[1]TORREY, R. A. *Como orar*, p. 17.

coração por quem ele orava. Além de manter essas pessoas na sua lista até serem salvas, ele orava por elas com fervor e então buscava levá-las a Cristo com amor, sabedoria e sinceridade. Ele ficou famoso pela sua vida de oração e ganhou multidões para Cristo.

Há muitos anos, um leigo zeloso de Springfield, no estado de Illinois, nos Estados Unidos, organizou um grupo de pessoas para orar. Uma noite, ele sugeriu que escrevessem os nomes de todas as pessoas de Springfield que gostariam de ver salvas. Então recomendou que orassem pela salvação de cada um na sua lista três vezes por dia. Em adição a isso, eles deveriam fazer todo o possível para ganhar aqueles na lista para o Senhor.

Uma mulher inválida quase incapaz que estava acamada havia dezessete anos ouviu falar desse desafio. Ela havia orado de forma genérica pela salvação de pessoas por anos. Quando a sua família a informou desse grupo de oração, ela decidiu fazer o mesmo. Ela fez uma lista de 57 pessoas não salvas em Springfield que ela conhecia e começou a orar pela salvação de cada uma, três vezes ao dia. Ela também convenceu os seus amigos cristãos a orar por esses nomes e fazer o seu melhor para levá-los a se arrepender e crer. Com espírito humilde, mas fé inquestionável, ela intercedia todos os dias. Com o tempo, todos os 57 receberam Cristo como Salvador. Ela buscou e encontrou.[2]

NÍVEL TRÊS: BATER NA PORTA

As palavras de Jesus a nós são: *Pedi, e dar-se-vos-á; buscai e achareis; batei, e abrir-se-vos-á. Pois todo o que pede recebe; o que busca encontra; e, a quem bate, abrir-se-lhe-á* (Mt 7.7,8). Jesus deu sequência a esse desafio com uma das suas promessas de *quanto mais* (v. 11).

Há vezes em que a busca se torna tão urgente, a nossa alma se desespera de tal forma que de fato começamos a bater na porta

---

[2]McClure, James G. J. *Intercessory Prayer*, p. 124-125.

do céu. Quando a necessidade clama pela resposta de Deus, mas a resposta ainda não está próxima, e quando a nossa alma também está rogando ao Senhor em santo desespero, não é irreverência bater na porta do céu.

O próprio Jesus foi além do ato de pedir e buscar no Getsêmani. Ele suplicou com forte choro e lágrimas, como sem dúvida costumava fazer (Hb 5.7). Ele bateu até ser ouvido. Ele nos ensinou a bater na parábola do amigo que chega à meia-noite (Lc 11.5-8). Quando chegou o viajante inesperado, o dono da casa tinha uma necessidade urgente e foi à casa de outro amigo, à meia-noite, para implorar, a princípio sem sucesso, por pão para o seu hóspede imprevisto. Não era para ele mesmo — era para um homem em necessidade.

Jesus demonstrou que, quando o seu relacionamento com um amigo não é suficiente para obter o suprimento da sua necessidade com um pedido comum, a sua insistência em bater finalmente obterá resposta. Jesus não está dizendo que Deus é como aquele homem que estava dormindo e não queria ser incomodado. Não, Deus sempre nos acolhe. Ele estava ensinando que algumas respostas de oração exigem uma santa ousadia. Nós devemos ser como o homem que persistiu até conseguir o pão.

Entenda a imagem como Alexander Whyte visualiza as noites de oração de Jesus.

> Ele continuou a noite toda. Você consegue vê-lo? Consegue ouvi-lo? Consegue imaginar o que ele está pedindo? Ele se levanta. Ele se ajoelha. Ele cai com o rosto em terra. Ele bate na porta nas densas trevas. A noite toda ele ora e se recusa a desfalecer, até que o sol nasce e ele desce até os discípulos como um homem forte para correr a corrida [...]. Não, nós não temos um sumo sacerdote que não possa se comover com os sentimentos das nossas enfermidades.[3]

---

[3] WHYTE, Alexander. *Lord, Teach Us to Pray*, p. 170-171.

A. B. Simpson escreveu:

> Isso é mais do que buscar [...] não é tanto a oração que bate aos portões do céu e arranca uma resposta de um Deus indisposto, como a oração em que, tendo recebido a resposta e a promessa, a leva adiante contra os portões do inimigo e os abate, como as muralhas de Jericó caíram diante da marcha e dos gritos das multidões convictas de Israel [...]. É a fé que coloca as mãos no Deus onipotente e as usa em comunhão com o nosso onipotente cabeça até vermos o seu nome triunfar contra tudo o que se opõe à sua vontade e tudo o que é sinuoso ser endireitado, os portões de bronze serem abertos e os grilhões de ferro serem completamente quebrados.[4]

Você consegue ver Moisés no monte Sinai? Deus está tão irado com a idolatria de Israel que está pronto para eliminá-lo. Moisés pede, busca, apela e bate; ele se coloca na brecha como um mediador: *Perdoa-lhe o pecado; ou, se não, risca-me, peço-te, do livro que escreveste* (Êx 32.32). Você consegue imaginar Moisés no mesmo instante se lançando com o rosto em terra diante de Deus muitas e muitas vezes, por anos sucessivos, enquanto prevalecia até Israel ser poupado da ira de Deus, conquanto Israel tenha insultado repetidas vezes a Deus diante da sua face?

Você consegue visualizar Eliseu no Jordão? Elias tinha acabado de ser trasladado ao céu por meio de um redemoinho. Eliseu ficou com a capa de Elias. Ele foi até o Jordão e clamou enquanto golpeava a água com ela: *Onde está o S*ENHOR*, Deus de Elias?* (2Rs 2.14). As traduções tanto de Berkeley quanto de Knox indicam que "conforme ele feriu mais uma vez as águas, elas se abriram". Eliseu estava batendo na porta. Ele golpeou o Jordão uma vez, mas nada aconteceu. Ele clamou, perguntando onde Deus estava, e nada aconteceu. Então ele feriu o Jordão pela segunda vez, e as águas se abriram diante dele. Creio que, se necessário, ele teria golpeado

---

[4]SIMPSON, A. B. *The Life of Prayer*. New York: Christian Alliance Publishing, 1925, p. 44-49.

ainda mais vezes. Ele prevaleceu, porque bateu.

Observe a igreja prevalecendo pela libertação de Pedro. A palavra grega usada em Atos 12.5 para descrever a oração deles é *ektenōs* (esticado, estirado). Eles deveriam estar assaltando os portões do céu, batendo.

Thomas Payne conta a história de uma mãe piedosa que prevaleceu na oração genérica por anos em favor de seu marido não salvo e seus nove filhos. Finalmente, ela foi levada a se concentrar nos seus filhos, um de cada vez, com oração intensificada e fervorosa. Uma a uma, Deus começou a responder às suas súplices orações. Primeiro, a sua filha mais velha se converteu e depois os dois filhos mais velhos. Com o tempo, todos os seus filhos foram ganhos para Cristo. Mas, apesar da sua intensa intercessão e das suas lágrimas, o seu marido permanecia indiferente.

Ela resolveu fazer um último esforço com todas as suas forças. Ela passou uma noite inteira em intensa oração de fervor suplicante além de qualquer coisa que jamais conheceu. O seu coração estava quase em pedaços. De manhã, ela disse ao marido: "Deus me deu todos os meus nove filhos, mas você ainda não tem Deus nem esperança. Tenho, no entanto, mais um pedido a fazer e depois devo deixar isso com Deus. Você deseja neste momento buscar a salvação da sua alma?"

Ela havia pedido, buscado e batido a noite inteira em agonia de alma. O marido ficou sem palavras, quase paralisado. De repente, ele começou a chorar: "Sim, eu quero". Ele foi salvo naquela manhã, e sua vida transformada foi tão notável que toda a vizinhança ficou grandemente impressionada.[5]

Assim foi a oração de Martinho Lutero pelo seu grande amigo e companheiro de reforma, Filipe Melâncton. Lutero ouviu dizer que Melâncton estava morrendo e imediatamente foi vê-lo. Todos os sinais comuns à morte estavam presentes — o suor frio e pegajoso; os olhos fixos; o estado de coma parcial. Ele não conseguia

---

[5]PAYNE, Thomas. *The Greatest Force on Earth*, p. 97-98.

comer, beber ou aparentemente despertar. Lutero ficou de tal forma comovido que se afastou da cama, caiu de joelhos com o rosto voltado para a janela e agonizou em oração por uma hora, orando com fervor e santa ousadia, batendo na porta do céu.

Leia as palavras de Lutero:

> Dessa vez, implorei ao Altíssimo com grande vigor [...] eu o ataquei com as suas próprias armas, citando todas as promessas das Escrituras das quais eu poderia lembrar, e disse que ele deveria atender à minha oração se eu fosse doravante colocar a minha fé nas suas promessas! Eu disse: 'Tenha bom ânimo, Filipe. Você não morrerá [...]. Não dê lugar ao sofrimento e não se torne o seu próprio assassino, mas confia no Senhor que pode destruir e trazer à vida, que pode derrubar e voltar a curar!'

Então Lutero se levantou e foi até a cama em silêncio. Ele tomou Melâncton pela mão. O homem doente se levantou, reconheceu Lutero e disse: "Ah, caro Lutero, por que você não me deixa partir em paz?" "Não, não, Filipe, nós não podemos dispensá-lo do campo de trabalho ainda!" Lutero então solicitou à enfermeira que fosse buscar algum alimento. Quando foi trazido, Melâncton disse que não tinha nenhum apetite e pediu mais uma vez que permitissem que ele fosse para casa e descansasse.

Outra vez Lutero replicou: "Filipe, eu ainda não posso dispensá-lo". Com a insistência de Lutero pela terceira vez, Melâncton cedeu, provou um pouco de comida, começou a melhorar, foi restaurado à plena saúde e por muitos anos continuou a obra, batalhando contra as forças das trevas pela reforma que Deus enviou por toda a Europa. A reforma chegou à Europa por causa de homens que sabiam como prevalecer em oração, mesmo quando isso exigia bater na porta do céu.

27

Jesus disse que jejuaríamos

NÍVEL QUATRO: JEJUM

Jesus, falando de mim e de você, disse: *Nesses dias hão de jejuar* (Mt 9.15). Ele estava se referindo aos seus seguidores durante o período entre a sua ascensão e a sua volta. Deus espera que todos os seus filhos jejuem. Por quê? Esse é um nível ainda maior de intensidade de oração, o nível quatro. Pedir, buscar, bater, jejuar. John Wesley pregou muitos sermões sobre o jejum e a oração. Ele disse: "O homem que nunca jejua não está mais a caminho do céu do que o homem que nunca ora".[1]

Quando prevalecendo na oração pelas necessidades muito urgentes ou resistentes, o jejum é usado com frequência pelo Espírito Santo para dar força extra para trazer à tona a derrota de satanás e a vitória de Cristo. Já que Jesus espera que jejuemos, Ele estabeleceu o exemplo para nós, da mesma forma que fez com a oração. Os seus quarenta dias de oração antes de ser batizado foram dias de oração e jejum.

---

[1] WESLEY, John. "Causes of Inefficacy of Christianity", *Sermons on Several Occasions*. Editado por Thomas Jackson, 2 vols. New York: T. Mason and G. Lane, 1840, 2:440.

A igreja primitiva, seguindo o exemplo de Jesus, pôs grande ênfase sobre o jejum. Sabemos que pelo menos quatrocentos anos depois de Cristo, fiéis cristãos de toda parte jejuavam duas vezes por semana. Epifânio, escritor de talvez a primeira enciclopédia cristã sobre a Bíblia, perguntou de forma retórica: "Quem não sabe que o jejum do quarto e do sexto dias da semana [quarta-feira e sexta-feira] são observados pelos cristãos ao redor do mundo?"

Já que o jejum fazia parte da devoção cristã normal, é natural que ele seja o próximo passo na intercessão depois de pedir, buscar e bater.

Os grandes líderes da reforma, na sua batalha espiritual para restaurar a pureza da igreja, naturalmente fizeram grande uso dos meios bíblicos do jejum. Martinho Lutero não mantinha a disciplina espiritual do jejum apenas uma vez por semana, mas, em adição a isso, jejuava com tanta frequência com as suas três horas diárias de oração que ele costumava ser criticado por jejuar demais. Mas ele abençoou a igreja evangélica como um todo e impactou o mundo para Deus por suas orações, seu jejum e sua santa ousadia.

João Calvino foi chamado de jejuador inveterado — e viveu para ver o poder de Deus assenhorear-se de Genebra. Os morávios jejuavam, assim como os hussitas, os valdenses, os huguenotes e os "covenanters" escoceses. Se não fosse pela oração que prevalece que incluía o jejum, não teríamos tido nenhuma reforma e nenhum grande avivamento ao longo dos séculos.

John Knox impactou a Grã-Bretanha inteira e moveu o mundo em direção a Deus ao lutar dia e noite em oração e jejum com regularidade. O heroico arcebispo Cranmer e de igual forma os bispos Ridley e Latimer ficaram conhecidos pelo jejum cotidiano, assim como pela pregação ousada da verdade. Jonathan Edwards era um jejuador assíduo. Charles G. Finney, provavelmente o maior e mais ungido ganhador de almas desde o apóstolo Paulo, jejuava toda semana. Sempre que ele sentia que a obra de Deus estava desacelerando ou com menos poder de Deus no seu ministério, passava mais dois ou três dias em jejum e oração, e testificou que o poder era sempre renovado.

Desde o tempo de Moisés até os dias de hoje, grandes guerreiros de oração intensificaram e fortaleceram a sua oração persistente com o jejum de forma assídua. Nenhum ostenta a vida de oração do outro, e todos hesitam em revelar os detalhes da sua caminhada pessoal com Deus. O registro que há no céu revelará como muitas e muitas vezes as grandes vitórias da igreja foram conquistadas pela oração que prevalece, intensificada pelo jejum.

O reverendo Seth C. Rees, pai do dr. Paul Rees, foi usado de modo grandioso nas primeiras décadas do século 20. Ele nunca realizava uma campanha evangelística sem separar um ou dois dias para oração e jejum. O pastor C. Hsi, santo erudito chinês proeminente, sempre jejuava. Era frequente que, quando alguma questão difícil surgisse, ele se dedicasse a um dia de jejum e oração. Até quando ele estava em viagem, travava uma batalha espiritual poderosa com os poderes das trevas, confrontando satanás quase em um conflito mão a mão. Em tais ocasiões, ele se dedicava a "dias de jejum e oração".[2]

O jejum como abnegação

O jejum é uma forma de abnegação ordenada por Deus. A própria natureza da intercessão pede por esse tanto ou mais abnegação do que qualquer outra forma de atividade espiritual. O trabalho mais importante da oração e do jejum costuma ser em segredo. Pensamos em jejum como abstenção essencialmente de comida. No entanto, o jejum pode incluir abstenção de atividades normais como sono, lazer e outros prazeres especiais. Dentro do possível, seria bom abranger a abstinência de relações sociais durante o jejum. É possível que seja necessário jejuar enquanto ainda se encarrega de responsabilidades familiares ou do trabalho

[2]SANDERS, J. Oswald. *Prayer Power Unlimited*, p. 133-134.

cotidiano, ou pode ser que você consiga ficar totalmente sozinho para o período de jejum (1Co 7.5).

Andrew Bonar definiu o jejum como a abstenção de qualquer coisa que impeça a oração. Apesar de ser um ávido leitor, algumas vezes ele tinha de fazer jejum do seu amor excessivo pela leitura e encontrar tempo para ter comunhão com Deus. Philip Brooks descreveu o jejum como privação de qualquer coisa inocente em si mesma a fim de crescer mais espiritualmente e servir a Deus com mais eficiência. Talvez para a nossa geração, o jejum deveria ser de rádio, TV e mídias sociais, a fim de nos dedicarmos de forma mais completa e intensa à oração.

O propósito do jejum é (1) sujeitar o físico ao espiritual e dar prioridade aos objetivos espirituais; (2) desembaraçar a pessoa por algum tempo do seu ambiente, das coisas materiais, das responsabilidades diárias e preocupações; e (3) dedicar toda atenção espiritual a Deus e à oração. Não estamos sugerindo que as obrigações diárias e as necessidades da vida sejam profanas e contrárias ao espiritual; pelo contrário, nós submetemos coisas lícitas, até proveitosas, às prioridades espirituais de maior importância.

Andrew Murray ensinou: "A oração é a mão com a qual agarramos o Invisível; o jejum é a outra, com a qual soltamos e rejeitamos o visível". O jejum somado à oração faz a nossa comunhão mais preciosa para o Senhor e a nossa intercessão mais poderosa no ministério ao Senhor (At 13.2), assim como Ele intercede regiamente do trono do céu (Rm 8.34). Qual, então, é o papel do jejum?

O jejum integra uma vida de profunda devoção e intercessão. A profetisa Ana é um belo exemplo desse estilo de vida (Lc 2.37). O jejum é essencial para uma vida de disciplina espiritual, e tal disciplina realça e capacita de forma grandiosa a oração que prevalece.

Quando desejamos fortalecer e disciplinar os nossos hábitos de oração e acrescentar uma nova dimensão à nossa vitória na oração, temos de acrescentar o jejum. Quando buscamos nos humilhar diante do Senhor em total submissão à sua vontade e total dependência do seu forte poder, precisamos acrescentar o jejum. Quando somos confrontados por alguma necessidade avassaladora, alguma impossibilidade humana e a nossa alma anseia ver Deus intervir pelo poder sobrenatural, devemos adicionar o jejum.

Em tais situações, é bem possível que descubramos uma atração tão poderosa para jejuar a ponto de estarmos certos de que falharemos com o Senhor se não separarmos tempo para a oração com jejum. A Bíblia é clara nesse ponto: Deus chama o seu povo ao jejum (Is 22.12,13). É trágico como tantas pessoas não estão andando próximo o suficiente do Senhor para sentirem o seu chamado sagrado e ouvir a sua doce voz. Muitos crentes ficarão chocados ao chegar ao céu e verem quantas bênçãos perderam e com que frequência colocaram a perder tudo o que Deus pretendia fazer por meio deles, só porque não acrescentaram o jejum à sua oração.

No entanto, é mais provável ouvir a voz de Deus nos chamando para jejuar se já tivermos o jejum como parte rotineira da disciplina espiritual da nossa vida. Jesus falou a nosso respeito: *Nesses dias hão de jejuar* (Mt 9.15). Eu e você não temos mais o direito de omitir o jejum porque não sentimos nenhum incentivo emocional específico de que temos o direito de deixar a oração de lado, a leitura da Bíblia ou a reunião com os filhos de Deus por falta de algum estímulo emocional particular. O jejum é uma parte tão bíblica e normal da caminhada espiritual com Deus em obediência quanto essas outras coisas.

Por que não jejuamos mais? Pela mesma razão que hesitamos em negar a nós mesmos e tomar a nossa cruz de outras formas! Jesus ainda disse de forma muito enfática: *Se alguém quer vir após mim, a si mesmo se negue, tome a sua cruz e siga-me* (Mt 16.24). Você é um discípulo incompleto, a menos que o faça. Mas a abnegação raramente é pregada e ainda mais esporadicamente praticada. Que forma mais bíblica e mais semelhante a Cristo de negar a si mesmo do que jejuando e orando?

Como tomar a sua cruz? Tomar uma cruz não é ter alguém colocando a cruz sobre você. Doença, perseguição e o antagonismo de outras pessoas não são a sua cruz verdadeira? Tomar a cruz é uma escolha deliberada. Precisamos propositadamente nos humilhar, nos inclinar e tomar a cruz por Jesus. O jejum é um dos meios mais bíblicos para fazer isso.

Você pode de fato negar alguns gastos em detrimento de si mesmo e doar o dinheiro para missões ou algum outro aspecto da obra de Deus. Tal ação poderia ser tomar a sua cruz. Você poderia se identificar com alguma causa impopular em favor de Cristo e então tomar a sua cruz. Mas nenhuma forma é mais aprovada por Deus e está sempre disponível do que o acréscimo do jejum à oração. Em que forma de abnegação você tem encontrado maior bênção? Ou você não pratica a abnegação?

Pode haver momentos em que seja fisicamente impossível jejuar mais de uma ou duas refeições, em vez de um dia inteiro ou mais. Talvez as suas responsabilidades exijam que você coma, sozinho ou acompanhado. Mas ainda é possível jejuar. Faça como Daniel. Ele jejuou parcialmente por três semanas, e Deus honrou incrivelmente o seu jejum. Como primeiro-ministro, ele precisava exercer algumas funções. Ele tinha de preservar as suas forças e não podia hibernar por três semanas. Então Daniel jejuou da escolha de alimentos (isto é, ele comeu apenas o estritamente essencial) e do uso de loções (Dn 10.3).

Deus não é um escravagista. Ele compreende a sua saúde e a sua situação. Ele quer que você se mantenha bem e eficiente. Peça direção ao Espírito, e ele mostrará a você como e quando jejuar. Mas, quanto for possível, passe os horários de refeição de jejum em oração. Separe um período de horas para orar, especialmente se você estiver em uma batalha de oração.

satanás não quer que você jejue. Ele não queria que Jesus jejuasse. Ele se esforçará para tentá-lo a se esquecer do seu compromisso de jejuar, da mesma forma que ele tenta impedi-lo de orar. Satanás procura fazê-lo hesitar em jejuar, adiar o jejum. Por que a surpresa? Ele tem um medo horrível da possibilidade de a sua oração ser reforçada pelo jejum. É possível até que ele se empenhe em batalhar contra você por algum tempo ainda mais se você jejuar. Ele pode se desesperar. Quando jejua e ora, você coloca a obra do maligno em grande perigo.

Atenção à motivação

Lembre-se, o motivo do seu jejum é de suma importância. Vamos recordar o que o jejum não é:

1. *Não é um meio de conquistar bênçãos de Deus e resposta à nossa oração.* Nós nunca seremos dignos do auxílio e da bênção do Senhor. Nós imploramos pelo amor e pela misericórdia dEle. Nós não merecemos nenhum aspecto da graça do Pai.
2. *Não é um meio de contornar a obediência.* A oração e o jejum não mudam a nossa necessidade de sermos obedientes a Deus e à Sua vontade revelada com clareza. Deus não ouvirá a nossa oração, mesmo que acrescentemos o jejum, se estivermos fora da vontade dEle em algum aspecto. Dê os passos de obediência e depois comece a jejuar e orar.
3. *Não é um meio automático para obter um milagre.* Jejuar não é alguma forma espiritualizada de mágica. Ele não funciona por si só. O jejum pode trazer um benefício físico para além da nossa condição espiritual, mas jejuar não é um segredo de poder disponível a apenas algumas pessoas. O jejum só tem poder se for somado à busca humilde da face do Senhor. Quanto mais próximos estivermos andando de Deus, maiores poderão ser os valores espirituais decorrentes do nosso jejum.

É possível que não tenhamos condição de deixar todas as outras atividades enquanto jejuamos por doze horas ou por um dia. Mas se a nossa alma estiver clamando ao Senhor o tempo todo enquanto cuidamos do nosso trabalho, se a cada momento estendermos as mãos para Ele ao cumprir com as nossas responsabilidades, então, qualquer que seja o jejum que pudermos fazer, será uma adição de poder extraordinário à nossa busca por uma resposta de Deus.

4. *Não acumula poder em nosso crédito a fim de ser demonstrado à nossa mercê.* Nós não usamos o Espírito Santo — Ele nos usa. No momento em que desfilamos o nosso poder, ele acaba. Na ocasião em que ostentamos o nosso jejum, ele não nos faz bem, uma advertência muito clara de Jesus. Se você quiser recompensa de Deus pela sua oração, pelo seu jejum e pelas suas boas obras, mantenha-os escondidos o máximo possível.

Jesus tomou como certo que você faria todos os três, por isso Ele não diz: "Ore", mas *quando orardes*. Ele não diz: "Jejue", mas *quando jejuardes* (Mt 6.2,5,16). Jesus disse para, dentro do possível, você fazer o seu jejum conhecido somente por Deus, e Ele o recompensará (v. 18).

28

O jejum fortalece a oração

O jejum tem relação tão estreita com a oração que ele acrescenta as suas bênçãos de várias formas. Grande parte da nossa oração será sem jejum, assim como a maior parte da nossa oração não envolve a luta em oração ou a batalha de oração. Mas o jejum sempre tem esta capacidade dupla:

Em primeiro lugar, ele pode abençoar e aprofundar a sua oração cotidiana. Esse é um bendito componente de uma vida devocional profunda, de uma caminhada perto de Deus. O meu pai apelava com frequência quando exortava a congregação a jejuar: "Tentem! Tentem!"

Em segundo lugar, ele pode intensificar o seu poder de prevalecer em oração. Para aquelas ocasiões em que satanás está arraigado há muito tempo e precisa ser forçado a recuar e ser expulso, o jejum somado à oração que prevalece pode ser um imperativo. Para aquelas batalhas em que satanás resiste, apesar de muita intercessão militante, acrescente o jejum à sua oração. Se possível, acrescente jejum e oração coletivos.

Vamos ver em detalhes algumas das maravilhosas maneiras em que o jejum é uma adição à oração.

1. *O jejum aprofunda a humildade*. Esdras se humilhou com o jejum (Ed 8.21). Davi se humilhou, jejuando: *minhas orações não*

eram respondidas (Sl 35.13, *NVT*). A busca sincera por Deus sempre envolve a humilhação pessoal diante dEle. *Humilhai-vos, portanto, sob a poderosa mão de Deus, para que ele, em tempo oportuno, vos exalte* (1Pe 5.6; v. tb. 2Cr 7.14; Tg 4.10; 1Pe 5.5). A menor porção de orgulho e ambição pessoal pode bloquear a oração que prevalece. O jejum é um meio bíblico para aprofundar a humildade.

2. *O jejum pode aprofundar a sede de ver Deus agir.* O apetite espiritual e o jejum têm poder recíproco. Um aprofunda e fortalece o outro. Um torna o outro mais eficiente. Quando o nosso apetite espiritual se torna muito profundo, é possível até perder o apetite por comida. Todas as formas mais intensas de oração que prevalece — fardo de oração, luta de oração e batalha de oração — podem ser aprofundadas, elucidadas e fortalecidas de maneira grandiosa pelo jejum.

O jejum é natural quando estamos aflitos o bastante, lutando com poderosa persistência e guerreando em conflito homem a homem com satanás e seus poderes das trevas. O jejum se torna doce e abençoado quando o nosso apetite alcança Deus. O nosso apetite ganha poder extraordinário enquanto jejuamos e oramos — em especial se separarmos tempo de todas as outras coisas e nos entregarmos ao jejum e à oração. O jejum pode se tornar um gozo espiritual.

3. *O jejum intensifica a concentração na oração.* Jejuar fortalece as nossas prioridades na oração, dá foco à nossa persistência e nos capacita a ter mais concentração ininterrupta para a intercessão que prevalece. Satanás quer trazer centenas de distrações para interromper a nossa oração que prevalece. O jejum auxilia a nossa natureza espiritual a dominar os nossos pensamentos que vagueiam e nos ajuda a triunfar sobre o que vemos e sentimos.

O jejum ajuda a clarear e descarregar a nossa mente das atividades, problemas, responsabilidades e associações. Ele permite que o vento do Espírito sopre para longe o nosso nevoeiro mental e espiritual, libertando-nos e, por assim dizer, purificando-nos de grande parte do mundo externo. Assim, fica muito mais fácil estar de fato a sós com Deus, face a face em comunhão e intercessão.

O jejum pode levar à grande tranquilidade e paz de espírito. Por outro lado, ele pode abrir caminho para a luta dinâmica em oração e a batalha poderosa de oração. A noite de oração de Jacó foi um jejum de sono e da família enquanto ele lutava sozinho com Deus (Gn 32.22-30). Os quarenta dias de Jesus no deserto incluíram jejum de comida, trabalho normal, contatos sociais e, provavelmente, parte do tempo, de sono.

R. A. Torrey disse em relação à oração com jejum: "Existe um poder peculiar em tal oração. Toda grande crise no trabalho e na vida deve ser enfrentada dessa forma".[1] Andrew Murray declarou: "A oração necessita do jejum para seu completo e perfeito desenvolvimento".[2]

4. *O jejum solidifica a determinação.* Satanás sempre quer sugerir que desistamos e paremos de interceder. Ele vem com muitas formas de ataque — letargia, esgotamento na batalha e desânimo. Ele quer nos desviar de prevalecermos até a chegada da resposta. Jejuar ajuda a injetar ferro na nossa alma, alimenta a nossa natureza interna com nova intrepidez, foco da mente em uma coisa só e nos fornece determinação sagrada. O jejum auxilia e tonifica a nossa importunação e ajuda a expressá-la.

Andrew Murray escreve: "Somos criaturas de juízo: jejuar ajuda a expressar, a aprofundar e a confirmar a resolução de que estamos prontos a sacrificar qualquer coisa, a nos sacrificar, para obter o que buscamos para o reino de Deus".

5. *O jejum alimenta a fé.* Quando acrescentamos o jejum à nossa oração, sabemos que estamos seguindo o exemplo da oração que prevalece tanto no Novo quanto no Antigo Testamentos. A nossa confiança começa a se aprofundar. A nossa esperança começa a se elevar, pois sabemos que estamos fazendo o que agrada a Deus. A nossa disposição em negar o nosso ego e tomar essa cruz

---

[1] TORREY, R. A. *Como orar*, p. 22.
[2] MURRAY, Andrew. *With Christ in the School of Prayer*. Abbotsford: Aneko Press Chistian Classics, 1898, lição 31.

adicional de forma voluntária acende uma alegria dentro de nós. A nossa fé começa a lançar mão da promessa de Deus com mais simplicidade e firmeza.

6. *O jejum nos torna mais completamente abertos à ação do Espírito.* Jejuar é abrir mão de todos os nossos desejos naturais, recusarmo-nos a ser limitados pelo que é visível e tangível e faz que seja mais fácil lançar mão dos recursos celestiais. O jejum ajuda a transcender o natural e auxilia a manter o nosso corpo como nosso escravo (1Co 9.27) quando estamos negando a nossa natureza física. É possível que ele abra a nossa natureza de maneira mais completa para o toque do Espírito. Fica mais fácil ouvir a voz do Espírito, pois o jejum colabora para nos afastarmos do mundo ao nosso redor.

Nós manipulamos ou damos ordens ao Espírito, mas ficamos cada vez mais disponíveis para Ele enquanto jejuamos e oramos. Ele é capaz de nos falar coisas novas, de ter um novo acesso a nós. Nunca é demais agradecer a Deus pelo que Ele nos disse em tais momentos. Ele pode nos revestir de forma mais completa e nos preparar para sermos usados com mais liberdade. Parece simplesmente que ele nos abre mais uma vez para a presença e o poder do Espírito. Jesus retornou *no poder do Espírito* depois de ter vencido a sua batalha de quarenta dias em oração e jejum (Lc 4.14).

7. *O jejum desperta o fervor e o zelo.* Como o jejum alimenta a nossa fé, solidifica a nossa determinação e nos faz mais abertos para a ação interna do Espírito, ele nos estimula com fervor e entusiasmo crescentes. Pouco tempo após o jejum de quarenta dias de Jesus, nós o vemos ardendo em zelo pela vontade de Deus na casa de Deus (Jo 2.17). Jejuar acende todos os tipos de zelo e fervor sagrados — entregar-se totalmente a Deus e por Ele, orar até prevalecer, ver satanás derrotado e a vontade de Deus concretizada, e fazer todo o possível para a honra do nome de Cristo. Tal fervor e zelo sagrados dão grande poder à oração que prevalece. Eles atiçam a nossa alma para ver Cristo prevalecer em cada vida e em toda situação.

Em resumo, o jejum prepara o caminho do Senhor. Ele tonifica a oração para fazer as trevas de satanás recuar e serem repelidas, para remover as barreiras satânicas e para derrotar as forças de ataque demoníacas. A oração com jejum prepara o nosso coração para prevalecermos com mais poder, acreditarmos com mais convicção e prosseguirmos com perseverança até a vontade de Cristo triunfar de forma visível. Jejuar acrescenta poder extraordinariamente dinâmico e eficácia a todas as formas de oração que prevalece.

Isaías repreendeu Israel por presumir que o jejum sem a obediência tivesse algum valor por si só. Ele disse: *Jejuando assim como hoje, não se fará ouvir a vossa voz no alto* (Is 58.4). Ele não estava condenando o jejum propriamente dito, mas o jejum hipócrita. A implicação é clara: o jejum bíblico realmente ajuda a nossa voz a ser ouvida no céu e auxilia a nossa oração a prevalecer por Deus na terra.

O JEJUM CONJUNTO

Assim como existem situações que exigem oração conjunta, também há necessidades que podem ser atendidas somente com a adição do jejum conjunto à oração conjunta. A união na busca a Deus pelo jejum confere as mesmas dimensões múltiplas de eficácia que a união na busca a Deus somente pela oração, só que ainda mais.

Quando um grupo de inimigos vindo de várias nações se reuniu para atacar Israel, Josafá proclamou um jejum por todo o Judá. Pessoas vieram de todos os povoados e cidades para Jerusalém para orar e jejuar em conjunto. Enquanto estavam diante do Senhor, o Espírito Santo veio sobre um dos levitas, e ele profetizou que eles não precisariam lutar essa batalha. O povo caiu com o rosto em terra, adorou e louvou a Deus.

Na manhã seguinte, eles enviaram um coro para liderar o exército, cantando os louvores de Jeová. Quando começaram a cantar e a louvar, os exércitos das três nações começaram a atacar e destruir uns aos outros. Judá levou três dias para recolher os despojos. No quarto dia, eles fizeram uma reunião de louvor ao lado do campo de batalha, onde não tiveram que atirar nem uma flecha sequer. Eles então marcharam de volta para Jerusalém em triunfo, liderados pelo rei, tocando trombetas, flautas e harpas, cantando e louvando por todo o caminho até o templo — a guerra mais incrível da história (2Cr 20).

Quando Nínive se uniu em arrependimento, oração e jejum, Deus os poupou (Jn 3). Quando Ester convocou os judeus de Susã para três dias de oração e jejum em conjunto, a conspiração de Hamã foi frustrada e o povo judeu foi poupado.

O movimento missionário do Novo Testamento começou por meio de oração e jejum em conjunto na igreja de Antioquia (At 13.2). Paulo e Barnabé convocavam reuniões de jejum e oração em cada igreja que eles organizaram (At 14.23). Daí em diante, a seleção de anciãos nas igrejas sempre foi acompanhada de jejum. A história da igreja conta que sempre que alguém queria ser batizado, tanto aquele que batizaria quanto o batizando, bem como aqueles que pudessem, deveriam se unir em oração e jejum.[3]

A história da igreja dos séculos mais recentes fornece muitos relatos brilhantes de como Deus honrou a oração e o jejum em conjunto acabando com secas, protegendo nações e enviando avivamento ao povo de Deus. No século 20, a igreja coreana se tornou especialmente conhecida tanto pelo seu jejum pessoal quanto coletivo.

SUGESTÕES PRÁTICAS

Comece a incorporar o jejum na sua vida de oração. Se você nunca praticou o jejum bíblico, comece ao menos de vez em quando a separar algumas horas, metade de um dia ou mais para um retiro pessoal de oração e inclua o jejum.

[3]*Didaquê*, 7.4.

O JEJUM FORTALECE A ORAÇÃO

1. *Jejue por uma refeição de vez em quando e use o horário da refeição (e, se possível, tempo a mais) em oração.* Algumas vezes, Deus aflige o nosso coração de tal forma que perdemos o desejo normal por comida e sono. Em outras ocasiões, Ele quer que jejuemos pela fé, em lugar de pelo sentimento.
2. *Ore para fazer planos de ter o jejum como parte cotidiana da sua vida devocional* — uma vez por mês ou talvez um dia por mês. Ou quem sabe você queira ter como plano jejuar por uma ou duas refeições por semana. Lembre-se de ficar a sós com Deus durante o tempo em que passar de jejum a fim de que você obtenha todo o benefício espiritual.
3. *Passe a primeira parte do seu tempo celebrando na Palavra de Deus, cultuando, adorando e louvando o Senhor.* Depois se concentre em um ou talvez dois assuntos mais importantes para o seu tempo de oração e jejum.
4. *Seja flexível no seu jejum.* Evite a escravidão legalista e não faça nenhum voto com relação ao jejum. Em vez disso, coloque um objetivo para o jejum que você procure ser fiel em cumprir com a ajuda de Deus. Se as circunstâncias impossibilitarem o tempo que você havia planejado para jejuar, escolha outro momento depois desse assim que possível. Se for desaconselhável fazer um jejum total por motivo de saúde, então faça como Daniel e jejue de "alimentos nobres".
5. *Não tente fazer jejuns longos* (de vinte a quarenta dias), a menos que você tenha informação de como fazê-lo e como quebrar o jejum ao fim. As nossas igrejas da OMS na Coreia têm conhecimento de mais de 20.000 pessoas de lá que completaram um jejum de quarenta dias — normalmente em uma das suas "casas de oração" nas montanhas. Talvez a maior parte dos seus pastores tenha se engajado em tamanho jejum a favor das suas igrejas e do seu ministério. Mas eles estão bem informados sobre os cuidados com a saúde durante o seu jejum.

Certifique-se de ter alguém que saiba onde você está durante um jejum mais prolongado. Continue ingerindo líquidos, pois o corpo necessita de água. Os jejuns longos sem comida nem água na Bíblia foram milagres especiais. Se você tiver planos de fazer um jejum total especialmente longo e for uma pessoa mais velha ou doente, tenha segurança disso verificando o plano com o seu médico.

6. *Mantenha os ouvidos abertos para ouvir a direção do Senhor quando ele o chamar para um jejum especial por alguma necessidade específica.*
7. *Mantenha o jejum somente entre você e Deus.* Se alguém perguntar a você, pode se sentir livre para responder. Se Deus der uma vitória extraordinária no seu jejum a sós ou em conjunto com outros, é possível que sinta que Deus queira que você compartilhe o testemunho de como Ele honrou a oração em jejum. Mas certifique-se de dar a Deus toda a glória. Às vezes, pode ser que você se sinta levado a confidenciar a alegria que encontrou no jejum com algum amigo crente próximo.

Buscar a Deus de toda a alma pela oração com jejum dá a Deus condições de fazer coisas em resposta à oração que Ele não poderia realizar sem o nível de oração que é alcançado pelo jejum. Deus predeterminou que o jejum ajudasse a liberar o seu poder para atuar de forma mais decisiva e em algumas ocasiões de forma mais imediata. Temos, portanto, uma responsabilidade muito sagrada de jejuar.

J. G. Morrison escreveu:

> Devemos a Deus o ato de jejuar e fazê-lo de forma sincera, fiel e regular [...] o povo de Deus é responsável por todo o poder divino que Ele é capaz de liberar, porque jejuamos [...] pois dessa responsabilidade e das suas dinâmicas possibilidades devemos um dia dar contas pessoalmente a Jesus, nosso Senhor.[4]

---

[4]MORRISON, J. G. *The Stewardship of Fasting.* Kansas City: Beacon Hill, n.d., p. 31.

Acrescentemos as palavras de John Wesley: "Pode alguém negligenciar de propósito e ser inocente?" Wesley exigia que todos os metodistas jejuassem às quartas-feiras e sextas-feiras até cerca de 4 horas da tarde.

> *Convertei-vos a mim de todo o vosso coração; e isso com jejuns, com choro e com pranto. [...] Tocai a trombeta em Sião, promulgai um santo jejum, proclamai uma assembleia solene. Congregai o povo, santificai a congregação, ajuntai os anciãos, reuni os filhinhos [...]. Chorem os sacerdotes, ministros do SENHOR, entre o pórtico e o altar, e orem: Poupa o teu povo, ó SENHOR [...]. Por que hão de dizer entre os povos: Onde está o seu Deus? (Jl 2.12,15-17).*

Permita que eu o estimule a descobrir por você mesmo a alegria, a bênção especial e o poder singular que a oração recebe com a adição do jejum à sua petição. Jejue!

29

Carregando o fardo de oração

NÍVEL CINCO: FARDO DE ORAÇÃO

Já discorremos sobre pedir, buscar, bater e jejuar. Agora consideremos o quinto nível da oração que prevalece: interceder com um fardo de oração. Esse nível de intensidade é marcado pela urgência, pelo comprometimento com a prioridade da necessidade e santa determinação para orar até Deus responder. Não é apenas bater na porta do céu, mas prevalecer no Espírito.

Nós prevalecemos com o fardo de oração somente pela capacitação do Espírito Santo. Ele nos convoca para orar pela necessidade, guia-nos na nossa oração e nos enche com um desejo sagrado tão intenso que ele se torna não apenas uma preocupação profunda, mas uma paixão espiritual consumidora para prevalecer com Deus e sobre satanás.

O fardo de oração começa como uma impressão interior de que devemos orar por alguma necessidade conhecida ou desconhecida. É uma obra graciosa do Espírito Santo aplicando pressão espiritual sobre o nosso coração. É dessa forma que Deus nos chama para interceder em algum momento em que a nossa oração é necessária por Deus que predeterminou que Ele atuaria por meio da intercessão dos seus filhos. Isso é necessário e é de fato uma exigência de alguma situação que clama pela resposta de Deus. O fardo é o chamado pessoal do Espírito para intercedermos.

Variedades de fardo de oração

Existem pelo menos cinco variedades de fardo de oração. Todos eles envolvem o chamado do Espírito Santo para orarmos e a nossa resposta como sacerdotes de Deus (1Pe 2.5,9; Ap 1.6) intercedendo na terra enquanto o nosso Senhor intercede no trono do céu.

Fardo instantâneo e emergencial para orar. Esse é um forte chamado repentino do Espírito, uma súbita compulsão inesperada no coração. Você sente uma pressão interna para orar, uma sensação de que a sua oração é necessária. Pode ser muito específico. Talvez você sinta que alguém esteja em perigo ou em crise por causa de alguma decisão, ou talvez você seja lembrado de repente de alguém e se sinta constrangido a orar. Assim que você começa a orar, o fardo fica mais pesado e você sente o auxílio do Espírito na oração.

É possível começar com uma sensação repentina generalizada de perigo, urgência ou necessidade, um sentimento de que alguma coisa ou pessoa precisa de oração. É provável que o fardo aumente enquanto você ora e alguma pessoa ou situação possa ser trazida à sua mente.

Pode ser que você não saiba com clareza a razão para o seu fardo de oração de resgate até algum momento posterior. Talvez você nunca saiba. Isso não importa. O importante é começar a orar no mesmo instante. Disto você pode estar certo: Deus não faz joguinhos com você. Quando o Espírito Santo o compele a orar, talvez pela introdução da ideia na sua mente por parte do anjo de Deus, a sua oração é urgentemente necessária. Os fardos emergenciais para orar costumam ser por uma necessidade urgente e breve. Você ora imediatamente, ou falha com Deus e a situação.

Se a princípio não souber como orar, você sempre pode pedir: "Senhor, seja feita a Tua vontade. Seja qual for a necessidade, que a Tua vontade seja feita. Derrota satanás. Ajuda a quem estiver necessitado do teu auxílio. Age com poder. Age neste exato momento". Você pode apelar em nome de Jesus. Você pode pleitear o sangue de Jesus. Você pode reivindicar a vitória de Cristo no Calvário. Prevaleça sem cessar e, ao fazê-lo, talvez o Espírito clareie cada vez mais a sua mente quanto à razão pela qual você está orando. Continue firme até Deus tirar o fardo de oração e conceder paz a você.

J. O. Sanders, respeitado líder da Overseas Missionary Fellowship [Comunhão Missionária Estrangeira], estava viajando por uma região infestada de ladrões no centro da China. Mais tarde, ele recebeu uma carta da esposa perguntando se ele havia estado em perigo em uma data e horário específicos. Era meia-noite, quando ela estava na cama e recebeu um grande fardo para orar por ele. Ele depois descobriu que esse fardo de oração à meia-noite foi no momento exato em que ele estava passando por uma área abarrotada de bandidos.

Durante a Segunda Guerra Mundial, um capelão britânico estava em um navio cruzando o canal da Mancha. Ele foi acordado no meio da noite com um forte fardo para orar pelo bem de todos no navio. Ele havia recebido a garantia de que não existia perigo naquela área, mas no mesmo instante invocou a Deus que os poupasse. Ele prevaleceu até que a paz chegou ao seu coração. Logo após, o oficial do navio veio até ele e gaguejou: "Capelão, nós acabamos de nos desviar de uma mina flutuante por poucos metros. Ela foi avistava na hora certa!" Naquela mesma semana, dois navios que transportavam tropas singravam as mesmas águas e mais de 1.500 homens foram perdidos. Deus tinha dado a ele um fardo imediato na hora da necessidade.

Fardo para orar que se aprofunda de forma gradual. Algumas vezes, Deus atrai o seu interesse para uma pessoa ou situação que precise de oração. A princípio, você pode orar de forma esporádica, quando acontecer de pensar nisso, mas, com o passar do tempo, você pode achar que a necessidade tenha lugar constante na sua oração até se tornar um verdadeiro fardo de oração em seu coração. Esse pode se tornar um dos itens principais pelo qual você está orando. Você começa a perceber que Deus o está responsabilizando por orar de forma assídua e fervorosa pela pessoa ou necessidade até a resposta dEle chegar.

Nos primeiros estágios desse aprofundamento do fardo para orar, é possível que você se dê conta de que o Espírito esteja guiando a sua oração de forma específica. Mas, ao continuar em oração, você fica cada vez mais seguro de que esta seja uma verdadeira missão de oração dada por Deus. Então isso exige intercessão disciplinada da sua parte. Você pode remir o seu tempo livre orando por essa necessidade. Os seus sentimentos mais profundos se tornam intensamente ligados à necessidade. Todo crente deveria carregar tais fardos consideráveis para orar na sua lista pessoal de oração.

Enquanto ministrava em Perth, na Austrália, eu me senti levado a separar um dia para orar e jejuar. Fui sozinho à praia, sem saber por que Deus havia me levado a isso. Durante a oração, o peso aumentou de forma extraordinária. Mais uma vez, eu não sabia a razão. Naquela noite, uma mulher oprimida por demônios foi liberta. Na manhã seguinte, o marido dela, que estava possuído por demônios, por quem os diáconos estavam orando havia seis meses, foi salvo e muitas dezenas de outras pessoas receberam nova bênção espiritual. Um casal foi chamado para o campo missionário e partiu dentro de seis meses. Eu não precisei saber o motivo para o fardo — eu precisei apenas ser fiel.

Preocupação de orar que se aprofunda de forma gradual levando ao fardo imediato para orar. Pode ser que algumas vezes Deus coloque uma pessoa, situação ou necessidade especial no seu coração como uma preocupação que se aprofunda de forma gradual. Você pode ser lembrado disso repetidas vezes durante o seu tempo de oração. Talvez você se sinta levado a colocar isso na sua lista de oração. É possível que você volte a orar por essa pessoa várias vezes por um período de semanas ou meses. Depois você se dá conta de que a sua preocupação se transformou em uma responsabilidade espiritual e que o seu amor pela pessoa por quem você está orando se aprofunda cada vez mais.

Pode ser até que você sinta a preocupação de orar muito, intensificada por um período de horas ou dias. Deus está chamando você para uma responsabilidade especial na oração. Então talvez um dia você sinta o fardo de oração imediato como acabei de descrever.

Lembro-me de uma preocupação agravada para orar que carreguei por um período de meses por um ente querido. Depois chegou um período de duas semanas em que essa pessoa se encontrava no meu coração e eu usava os meus períodos livres para orar por ela muitas e muitas vezes. Mas houve uma tarde em que fui apanhado com muita força por um fardo de oração imediato. Prevaleci por diversas horas em profunda intercessão persistente, e depois Deus tirou o fardo. Mais tarde, descobri que naquele exato momento, a vários quilômetros de distância, Deus havia respondido à minha oração. Milhares de filhos de Deus têm tido experiências semelhantes a essa.

A sra. Les Wait, missionária em Taiwan pela agência Overseas Crusades [Cruzadas Estrangeiras], teve um fardo depressivo muito pesado sobre ela por dois dias. Ela não sabia por que, mas sentiu que algo estava prestes a acontecer com alguém que ela amava. No terceiro dia, o fardo ficou muito pesado. O sr. e a sra. Wait começaram a orar em especial para que Deus controlasse a situação e derrotasse satanás. Eles mais tarde receberam uma carta da filha deles, Debbie, na Califórnia. Ela relatou que exatamente no mesmo momento em que eles estavam prevalecendo em oração, o carro de Debbie bateu em uma barreira da estrada não iluminada, rodou e foi completamente destruído, mas as meninas saíram com apenas pequenos arranhões e hematomas.

A sra. Hulda Andrus, mãe de Jacob DeShazer, que foi morto a tiros no Japão durante a guerra, recebeu fardos para orar pelo filho repetidas vezes. Uma noite, ela foi acordada com um fardo gigantesco e clamou a Deus no mesmo instante. De repente, o fardo se foi, e ela voltou a dormir. Mais tarde, ela descobriu que foi no momento exato em que o avião dele foi atingido e ele estava caindo. Ela nem sabia que o filho estava naquela parte do mundo, mas depois foi informada pelo governo que ele havia sido capturado pelos japoneses.

É claro que ela continuou orando por ele e, ao meio-dia de certo dia, ela estava começando a dar graças pelo almoço quando de repente um fardo para orar assenhoreou-se dela. Ela caminhava de um lado para o outro, clamando ao Senhor que Ele protegesse o seu filho e o salvasse. Ao prevalecer, ela recebeu mais uma vez a segurança de que Deus tinha ouvido a sua oração.

Contudo, um pouco depois, um fardo pesado veio sobre ela, pela terceira vez. Dessa vez, estava muito claro que era pela salvação de Jacob. Ela estava disposta, se necessário, a receber a notícia da morte dele se ao menos a alma dele fosse salva. Mais uma vez, ela orou para garantir que Deus havia levado isso a cabo. Além de salvar o seu filho da prisão no Japão, Deus ainda o chamou para ser missionário. Dentro do que foi possível ser verificado, essa obra de Deus ocorreu no mesmo momento em que ela estava orando por ele. Depois da guerra, quando DeShazer foi liberto, ele recebeu treinamento para o trabalho missionário e voltou ao Japão como missionário, onde ganhou muitas almas para Cristo.

Fardo para orar em longo prazo. É possível que Deus dê um fardo para orar em longo prazo aos Seus filhos. Não há dúvida de que todos os crentes deveriam carregar fardos de oração para longo prazo que eles deveriam incluir nas suas orações diárias e em especial nos seus momentos prolongados de oração.

Esses fardos de oração que duram muito tempo podem ser necessidades como uma campanha evangelística, começando a orar com meses de antecedência, ou podem ser pela concessão de visto para algum missionário, pela cura de uma pessoa ou pela salvação de alguém.

Pelo que me recordo, a minha mãe tinha o fardo de orar pela China. Então, quando Deus me chamou para a China quando eu era criança, a minha mãe orava pela Índia e pela China todos os dias. Além de orar, ela dava presentes sacrificiais para sustentar o trabalho missionário da OMS International naqueles dois países. É impossível falar dos nossos momentos de oração em família sem me lembrar da minha mãe orando pelas duas nações por nome e clamando por algum tempo com profundo anseio e fervor. Na verdade, nos últimos vinte a trinta anos da sua vida, lembro-me de que, sempre que orávamos diariamente em família, ela chorava quando orava por esses dois países por causa do fardo pesado que ela estava carregando pela salvação deles. Ela era uma pessoa muito calada, não muito emotiva, mas tinha um amor tão profundo que orava com lágrimas de pesar dia após dia por essas pessoas. Penso como será grande a recompensa que Deus dará a esses intercessores que carregaram muitos fardos e prevaleceram!

Anna Nixon, missionária da missão *Evangelical Friends* [Amigos Evangélicos] na Índia, conta a emocionante história da visita à sra. Ethol George, que carregou um fardo de orar por missões, por setenta anos, especialmente pela Índia. O seu desejo era ser missionária na Índia, mas, quando a sua amiga Carrie Wood foi até a Índia, ela se tornou sua parceira de oração. Ela contava em lágrimas quanto se sentia frustrada por ela mesma não poder ir. Mas as duas senhoras concordaram que, sempre que Carrie Wood precisasse de oração, ela pediria ao Senhor que mandasse Ethol George orar.

Depois de alguns anos dessa parceria de oração, Carrie escreveu sobre a necessidade de treinar quatro rapazes para a obra de Deus. Ethol e o seu marido então escolheram um deles, Stuti Prakash, e começaram a sustentá-lo. Por anos, ela carregava todos os dias o fardo de orar por Stuti. No seu guarda-roupa, havia uma foto de Stuti Prakash por quem ela orava, e a foto autografada do próprio primo de Anna, o presidente Nixon, por quem ela também orava. Quando Anna e Carrie se ajoelharam para orar, a presença do Espírito Santo as cercou e encheu de tal forma que a srta. Nixon diz que nunca em toda a sua vida havia sentido tamanha dimensão da oração do Espírito Santo por meio de duas pessoas como elas experimentaram naquele dia.

Você pode assumir no seu coração um ministério de oração por uma ou mais pessoas, carregando uma preocupação de orar por elas em longo prazo, que Deus pode aprofundar de forma que se torne o verdadeiro fardo de oração. Você pode se tornar parceiro de oração dessa pessoa e entrar em cada fase do ministério dela com as suas preces movidas pelo peso de orar.

Outros fardos prolongados de oração possíveis são por coisas como o ministério de algum grupo evangelístico (p. ex., Billy Graham, Luis Palau ou outros); coleta de missões; o mundo muçulmano; o mundo hindu; os povos não alcançados; refugiados; irmãos presos por causa da sua fé; questões cruciais, como criminalidade, drogas, pornografia, crianças abusadas; ministério com etnias específicas; avivamento mundial; avivamento no seu próprio país ou na sua denominação; os líderes da sua nação. A lista de possíveis fardos de oração para longo prazo é praticamente infinita. Todo crente deveria estar constantemente carregando fardos para orar por diversos interesses de maior importância.

Fardos para orar em longo prazo que exigem movimentos de oração. Muitos dos itens na lista anterior são de tanta urgência que requerem movimentos inteiros de oração. Você pode fazer parte do movimento de oração pelo avivamento mundial, pelo mundo muçulmano, pela seara do mundo ou pelos povos não alcançados. Você pode receber boletins de oração de várias fontes em relação a esses movimentos de oração dos quais deseje participar. Faça todo o possível, além de carregar o fardo de orar de forma contínua, para listar a oração de tantas pessoas ou grupos quantos você puder. Que Deus nos faça todos mobilizadores de oração.

Descrição do fardo de oração

O fardo para orar é uma inquietação espiritual no coração de Deus que é transmitida pelo Espírito Santo a alguém cuja intercessão o Espírito Santo deseja usar. Jesus já está intercedendo por essa necessidade, e agora o Espírito precisa que você se junte à intercessão de Jesus. Esse é um nível especialmente sagrado de intensidade na oração e de responsabilidade quanto à oração. É sempre um encargo especial do Senhor entregue a você, um chamado específico do Espírito para intercessão fiel. É uma indicação da prioridade que o Espírito tem para você.

O fardo de oração é uma inquietação espiritual. Esse é um interesse altruísta pela vontade de Deus para uma pessoa ou situação. É um desejo pela misericórdia e o auxílio de Deus, e pelo que for decisivo e melhor. A inquietação faz peso sobre a pessoa que está orando, fazendo que ela ore o máximo possível pela necessidade, e compartilha com ela a mesma compaixão e o mesmo desejo que Deus tem.

O fardo de oração é dado por Deus. Ele não tem como fonte empatia, emoção ou predileção natural. Não é algo que se desenvolve com longas orações em voz alta. Não é resultado de manipulação psicológica nem de psicologia das multidões. Embora possa se propagar de uma pessoa para outra, acontece principalmente entre aqueles que são profundamente espirituais, comprometidos e envolvidos na intercessão. Um fardo emocional por essência será superficial e não renderá nenhum resultado espiritual duradouro. Esse é um fardo que nasce no coração de Deus, o que indica que é uma parte válida da intercessão de Cristo, e é transmitido a você por direção e toque do Espírito.

O fardo de oração é muito pessoal. Pode ser que outras pessoas compartilhem da sua visão, do seu fardo, da sua inquietação, ou não. Mas, se for algo que Deus colocar sobre você de forma específica, você é a pessoa responsável por interceder. É um compromisso entre você e o Senhor. Você precisa suportar o fardo pela necessidade em nome do Senhor — ou, para ser mais preciso, em parceria de intercessão com o Senhor.

Ele começa de forma discreta dentro do coração. O fardo para orar será carregado principalmente diante do Senhor em segredo.

Ninguém consegue entender por completo a profundidade da inquietação que o Senhor coloca em seu coração. O fardo talvez repouse sobre você com tanta intensidade que as outras pessoas perceberão que algo está pesando sobre você. Neemias carregou esse tipo de carga (Ne 2.2,3). Pode ser que os outros percebam pela profundidade da sua oração se você mencionar essa necessidade particular durante a sua oração em público. Não é errado se outros irmãos começarem a discernir, mas você não deve compartilhar largamente a sua inquietação, a menos que seja dirigido de forma especial pelo Espírito a fazê-lo (Mt 6.16-18). Esse é dever sagrado secreto que você recebeu de Deus.

O fardo de oração pode comovê-lo muito profundamente. Quando o Senhor coloca a carga sobre você com muito peso, ela pesa de forma literal sobre o seu coração. Quanto maior a sua identificação com a necessidade, maior a profundidade com que você a sentirá. Isso pode incluir um amor ágape dado por Deus cada vez mais profundo pelas pessoas envolvidas na necessidade. Também pode abranger um discernimento de pressentir o perigo ou inquietação santa, antes que a vontade de Deus fique de lado ou não seja cumprida.

Você vai perceber que quanto maior a profundidade com que o fardo mexe com você, maior o poder que envolverá todo o seu ser. Quando você estiver quase totalmente absorvido e tomado por algum fardo que continuar por uma questão de horas ou dias, é possível que perca a vontade de comer e dormir. Pode ser que você seja movido a lágrimas muito sinceras e expressivas (Sl 42.3), as quais podem ser um apelo muito poderoso a Deus (Sl 56.8). Deus se comove pela profundidade do desejo manifestado por lágrimas sinceras (2Rs 20.5; Sl 126.5).

O fardo de oração é responsabilidade sua. Um fardo dado pelo Espírito é um mandato especial de Deus. Pode ser que você seja a única pessoa a quem o Espírito encarregue desse fardo de oração. Ou talvez a sua oração fervorosa seja necessária para ser somada em conjunto com a intercessão que está sendo feita por muitos outros a quem Deus der o mesmo fardo pelo qual orar. Biografias de pessoas santas e a história do evangelho registram milhares de exemplos de como Deus agiu, salvou, abençoou, protegeu, curou, enviou avivamento ou deu outras respostas excepcionais à oração quando alguém foi fiel a tal fardo de oração, tal chamado e mandato do Senhor. É frequente que mais tarde as evidências provem que a oração era necessária no momento exato em que o Espírito chamou para essa intercessão usando o fardo de oração.

Se Deus age de forma tão poderosa na hora exata em que alguém é fiel a um fardo dado por Ele para orar, o que acontece se essa pessoa não orar? Será que na eternidade ficaremos chocados com as vitórias não conquistadas, as pessoas não salvas, as pessoas que não se renderam a Deus, as grandes ou possíveis respostas de oração que nunca foram recebidas, porque nós ou outra pessoa não fomos fiéis ao fardo de oração que Deus tentou nos dar?

30

Como carregar o fardo de oração

Dê atenção imediata ao fardo o mais rápido possível. Fardos de oração repentinos são um pedido de socorro que Deus faz solicitando a sua ajuda. Se possível, interrompa o que estiver fazendo e ore no mesmo instante pela necessidade que Deus colocar sobre você.

Concentre-se essencialmente nesse fardo. Se houver possibilidade, fique sozinho onde você não será interrompido na sua intercessão. Se o fardo para orar continuar durante o horário de refeição, acrescente o jejum à sua oração. Se você estiver orando por um período de horas, tenha papel e caneta com você para anotar algum passo ao qual Deus o orientar para ajudar na resposta à sua oração ou para recrutar a intercessão de outros irmãos.

Também tome nota de qualquer ideia que venha à sua mente que você não queira perder ou obrigações ligadas à sua vida cotidiana de que não queira se esquecer. Momentos prolongados de oração costumam desobstruir a mente para ter ideias muito criativas, mas você não quer se distrair do fardo de oração que Deus lhe está dando. Como a sua mente está livre de outras coisas, você pode se recordar de coisas importantes. Registre-as a fim de poder voltar de imediato à sua intercessão principal.

Aguente firme em oração até Deus suspender a carga. Se não for possível dedicar tempo suficiente à oração no momento, ore quanto puder e depois retome a sua oração com relação a isso logo que conseguir se liberar para ter um tempo de intercessão compenetrada. Se esse for um fardo de oração que Deus tem colocado de forma gradual sobre você por um período de tempo, aproveite cada oportunidade para orar mais por esse fardo — seja uma questão de minutos, seja, se possível, um período de horas.

Se a carga continuar por um espaço de dias ou mais tempo, haverá períodos intermediários de horas em que Deus permitirá que você descanse do seu fardo e cumpra com outras obrigações. Mas então mais uma vez nos momentos de oração, no tempo livre ou quando você separar um tempo específico para esse propósito, Ele restaurará o peso sobre você e permitirá que você dê passos de oração à frente ou acumule oração adicional na presença dEle até que Deus conceda a conquista e a oração seja respondida.

Em fardos de oração prolongados, é possível que Deus leve você a recrutar outras pessoas para orar. Nem todos os fardos para orar são de uma natureza que deva ser compartilhada. Confie que Deus o dirigirá nessa questão. No caso de fardos de oração de natureza mais genérica, como avivamento da igreja, cura de uma doença de conhecimento de todos, libertação de alguma pessoa contra o poder demoníaco, drogas ou necessidades arraigadas semelhantes a essas, pode ser do agrado de Deus que você mobilize as orações de intercessores espiritualmente perspicazes, que você sabe que podem permanecer com você de coração e alma nessa intercessão. Muitos crentes podem não ser espiritualmente preparados para intercessão diligente e batalhas de oração. Eles podem ser marcados mais pela falta de fé do que pela fé. Que Deus o dirija quanto à abrangência com que você deve compartilhar a necessidade.

COMO ESTAR DISPONÍVEL PARA O FARDO DE ORAR

Mantenha uma vida de oração disciplinada. Normalmente é àqueles que já são fiéis na intercessão que Deus dá o fardo de oração intercessora ou um peso repentino de pedido de ajuda urgente para orar. Em alguns casos, no entanto, Deus dá essas cargas a um crente convertido há pouco tempo por saber que essa pessoa com o seu novo amor e zelo obedecerá no mesmo instante, porque Deus deseja mostrar a esse cristão recente o que Ele, o Senhor, pode fazer pela oração, ou porque esse irmão tem um relacionamento com a pessoa que necessite de oração. Costuma ser mais fácil Deus nos alertar sobre fardos de oração por alguém que já conhecemos ou por quem já estejamos orando.

Uma mulher na Inglaterra sabia do meu cargo na *OMS International* e tinha me ouvido pregar; assim, é provável que tenha sido mais fácil Deus alertá-la quando tive necessidade. Quando a nossa filha mais nova sangrava à beira da morte, deitada em um quintal nos Estados Unidos, Deus falou com essa mulher. Ele a tirou da cama, a colocou de joelhos, e ela prevaleceu pela "família do Wesley Duewel". Ela não sabia qual era a necessidade exata.

Por alguma razão, Deus permitiu que eu dormisse de forma aprazível em Londres, onde eu estava dando palestras, porém a alertou para orar. Ela prevaleceu na hora exata da necessidade. A nossa filha foi encontrada e, por uma série de milagres, a sua vida foi restaurada (apesar de já ter parado de sangrar), e hoje ela serve como missionária na Indonésia. Aquela cara irmã foi uma intercessora fiel, pois estava disponível para o Senhor.

Viva no Espírito. Os fardos de oração são concedidos pelo Espírito Santo. Quanto maior o controle do Espírito sobre a sua vida, maior a direção do Espírito sobre você e a atuação dEle por você. Ele é o Espírito da intercessão, de modo que está ansioso para ajudar você a interceder. A menos que você seja cheio do Espírito, Ele não tem controle total sobre você e não tem condição de usá-lo por completo. Certifique-se de ter sido cheio do Espírito. Tenha certeza de estar vivendo na plenitude do Espírito e de estar orando no Espírito.

Mantenha os ouvidos atentos. É possível aprender a desenvolver uma vigilância espiritual e uma disponibilidade para Deus, estar especialmente aberto à direção dEle. Consulte o capítulo 17, "O segredo de ouvir", do meu livro *Let God Guide You Daily* [Deixe Deus guiá-lo diariamente]. Se você tem sede verdadeira de que Deus use você e, em especial, use a sua vida de oração, aprenderá quanto Ele está ansioso para guiá-lo em todos os aspectos diários da sua vida. Depois você descobrirá que Deus o guiará muitas e muitas vezes na sua oração. Estando assim atento a Deus, você ficará mais aberto para o Espírito lhe dar um fardo de oração.

Pratique obediência constante. Sempre que Deus der uma missão de orar, seja imediata e continuadamente fiel a isso. Não permita que nada na sua vida entristeça o terno Espírito Santo. Seja desejoso de andar em toda a luz que Deus conceder a você. Não deixe que nenhuma tensão se desenvolva entre você e alguma outra pessoa. Se isso ocorrer, faça tudo o que for possível para ser humilde ao tomar a iniciativa de tentar desfazer a tensão. Coloque a vontade de Deus, a Palavra de Deus e a oração como prioridades constantes na sua vida.

Exponha-se à visão e à necessidade. Leia textos e informativos periódicos que exponham você à visão de Deus para o mundo e às necessidades e sofrimento das pessoas. Frequente cultos em que você possa ser exposto a várias necessidades. Participe de atividades onde você possa ver as necessidades em primeira mão. Visite os doentes. Cultive a segurança de uma pessoa não salva que você busca levar ao Senhor. Escreva para algum detento da cadeia da sua cidade ou região; faça visitas e demonstre o seu amor cristão. Envolva-se pela oração, com apoio financeiro ou pessoal de qualquer outra maneira possível no ministério com encarcerados, no ministério nas áreas pobres da cidade ou em algum outro trabalho missionário.

Use listas de oração. Tenha uma lista de oração da igreja, lembrando-se do seu pastor ou pastores, do líder de jovens, dos líderes leigos, dos novos membros e dos possíveis novos membros.

Peça que Deus o guie sobre que nações colocar na sua lista de oração diária e ore por uma ou mais que precisem do evangelho de forma especial. Faça ao menos uma pequena lista de pessoas não salvas que você almeja ver trazidas a Cristo. Mantenha uma lista temporária de necessidades que estejam mudando — pessoas que estão hospitalizadas, que estão lutando com uma questão de saúde, que estão desempregadas ou desanimadas — e necessidades futuras especiais pelas quais você queira orar. Use uma lista curta de líderes do governo, incluindo o presidente, o vice-presidente, um ou mais líderes políticos, os juízes do Supremo Tribunal, senadores, deputados, governador e prefeito. Quando se está intercedendo pela causa de Deus e por necessidades como essas, é fácil Deus colocar um fardo especial sobre o seu coração quando estas precisarem de oração com urgência.

Não se preocupe com quando Deus dará um fardo de oração repentino a você. Simplesmente seja fiel, mantendo-se disciplinado na intercessão diária. Ore com amor pelas necessidades que são do seu conhecimento. Programe tempo periódico e adequado para ficar a sós com Deus. Planeje momentos especiais a sós com Deus. Alimente-se da Palavra toda vez que estiver em oração. Alegre-se no Senhor. Ame a Deus e aos outros. Quando você viver em parceria próxima com o Senhor, Ele começará a aprofundar a inquietação pelas necessidades que Ele deseja que você tome como responsabilidade específica. Então, quando você sentir uma inclinação especial para orar por qualquer pessoa ou situação, seja rápido em obedecer, e Deus o usará cada vez mais na intercessão específica e na condução de fardos.

31

Lutando por respostas de oração

NÍVEL SEIS: LUTA EM ORAÇÃO

A Bíblia ensina o sexto nível da oração que prevalece — lutar. Jesus lutou em oração no Getsêmani (Lc 22.44). Epafras sempre luta nas suas orações pela igreja colossense (cf. Cl 4.12). Em ambos os casos, a palavra grega usada está relacionada à luta agonizante dos Jogos Olímpicos da Grécia, de onde tiramos a palavra "agonizar".

A oração de combate é agonizar em oração. É um esforço de oração tão extenuante que se transforma em agonia. A oração agonizante sempre dura um período limitado de tempo. Quando Jesus agonizou no Getsêmani, foi por cerca de três horas. Epafras agonizou muitas e muitas vezes ao orar pelos seus amados cristãos em Colossos (Cl 4.12,13).

O fardo de orar pode ser experimentado em graus variados. Mas o fardo de oração agonizante, a luta extenuante em oração, talvez seja o nível mais elevado de intensidade na oração do qual o homem seja capaz. Ninguém jamais lutou em oração como Jesus, cujo suor se transformou em grandes gotas ou coágulos (grego) de sangue. O nosso suor não será de sangue, mas abençoados são aqueles seguidores de Cristo que seguem o Seu Senhor em poderosas lutas de oração. Esses esforços costumam ser usados por Deus para trazer grandes vitórias.

Existe uma correlação entre o fardo de oração, a luta em oração e a batalha de oração. O fardo de oração é um peso de inquietação, mas não inclui necessariamente a agonia na oração. Lutar em oração é um fardo de oração muito intenso, uma forma espiritual de ataque com todas as forças às fortalezas de satanás ou uma angústia árdua de um desejo santo dado pelo Espírito. A batalha de oração é um esforço mais prolongado de oração fervorosa, o que pode incluir o fardo de oração e as lutas de oração de tempos em tempos. Ela continua dia após dia até satanás ser desalojado das vidas ou situações que Ele está determinado a controlar. Isso será descrito em uma seção posterior.

Bounds, escrevendo sobre a luta em oração "até o fogo cair e a bênção descer", acrescentou: "Essa luta em oração pode não ser turbulenta nem veemente, mas tranquila, tenaz e urgente".[1]

A luta em oração pode ser feita em silêncio, até na cama, sem que os outros à sua volta percebam. Ou pode envolver forte clamor e lágrimas. A luta se realiza basicamente no seu espírito, embora possa afetar o seu corpo.

Permita que eu enfatize que esses três níveis de intensa intercessão não são autoinduzidos. Eles são dados pelo Espírito. Nós não estimulamos as nossas emoções, mas em vez disso nos rendemos às vitórias poderosas do Espírito em nós. Toda a obra do Espírito dentro de nós depende de nos rendermos à direção dEle, à nossa vida aprofundada no Espírito, a fim de que Ele possa nos transmitir os santos anseios e martírio dEle. Nós aspiramos e labutamos, mas o fazemos porque dentro de nós está uma angústia de coração que reflete a angústia do coração do nosso Senhor.

Deus conhece o nosso corpo e as suas limitações. Seria demais para nós, tanto para o nosso físico quanto para os nossos nervos, compartilhar de um fardo em todo momento, agonizar em

---

[1] BOUNDS, Eduard M. *The Necessity of Prayer*, p. 63.

oração de combate por longos períodos de tempo e estar sempre envolvidos em batalha de oração. Deus deseja que tenhamos momentos de oração alegre de comunhão, de extenso descanso na fidelidade dEle e de nos deliciarmos na sua paz. O Espírito Santo exerce a boa mordomia do nosso corpo, pois é o templo dEle. Nós não perdemos o espírito de oração que prevalece em tais momentos. Quando estamos vivendo no Espírito, orando no Espírito e somos guiados pelo Espírito, estamos disponíveis a todo instante para as missões do Espírito de persistência intensificada quando ele precisar desse nível de oração da nossa parte.

A oração de combate é labuta espiritual

Toda intercessão é comunicação real e séria com Deus. Ela não é casual, mesmo quando for graciosamente simples. Ela é sagrada e importante tanto para Deus como para nós. É uma ação e um ministério do reino. Mas a oração que prevalece, em especial na sua forma mais intensa, inclui a labuta, o esforço e a perseverança.

A oração — que prevalece, a oração de combate — pode ser a obra mais difícil que podemos executar. Ela exige sinceridade total, desejo intenso, concentração completa e determinação de toda a alma. Ela exige autodisciplina para dar total prioridade à nossa busca pela resposta de Deus. Ela não nos torna reclusos, mas faz que escolhamos entre o que é bom e o que é melhor. O seu valor e potencial sagrados podem nos separar do que é trivial, puramente secular, do que é transitório e momentâneo.

Coleridge chamou a oração de "maior energia da qual o coração humano é capaz".[2] A oração pode ser a variedade mais intensa da batalha do cristão. A oração é tão simples, tão natural, que até uma criança pode orar. Mas a oração que prevalece pode se valer e se beneficiar de toda experiência espiritual da pessoa,

[2]CHADWICK, Samuel. *The Path of Prayer*, p. 66.

da sua energia espiritual e física, e de todos os recursos mentais, emocionais e espirituais dela.

É provável que uma razão para tão poucas pessoas lutarem em oração seja que muito poucos estejam preparados para as suas árduas exigências. Ela pode ser muito exaustiva para o espírito e severa para o corpo. É o reconhecimento de que o sucesso de algum empreendimento urgente, a vida de alguém adoentado, o destino eterno de algum perdido, a honra do nome de Deus e a prosperidade do reino de Deus podem estar em perigo.

Lutar em oração convoca todas as forças da nossa alma, mobiliza o nosso desejo santo mais profundo e usa toda a perseverança da nossa determinação sagrada. Nós atravessamos uma multidão de dificuldades. Fazemos as nuvens densas ameaçadoras das trevas recuarem. Alcançamos além do que se vê, chegando ao trono de Deus. Com toda a nossa força e tenacidade, lançamos mão da graça e do poder de Deus. Essa se torna uma paixão da nossa alma. Samuel Chadwick escreveu: "Sempre há suor de sangue na intercessão que prevalece".[3]

Lutar em oração tem uma importunação espiritual que se recusa a receber uma negativa. É uma ousadia humilde, submissa, embora santa, que ousa fazer Deus recordar as suas responsabilidades divinas, ousa mencionar as promessas invioláveis de Deus e se aventura em pedir a responsabilidade de Deus quanto à sua Santa Palavra.

Será que Jacó foi impertinente quando ousou continuar lutando com o ser sobrenatural durante aquela noite de oração (Gn 32.22-31)? Como ele ousou dizer: *Não te deixarei ir se me não abençoares* (v. 26)? Jacó já havia lutado a noite toda, recusando-se a parar até prevalecer. Deus estava fazendo uma obra transformadora na natureza de Jacó. Ele estava sendo trazido ao fim dele mesmo, mas essa posição o fez se tornar ousado em fé. Um novo Jacó convenceu a Deus, porque Deus havia prevalecido sobre

---

[3]Ibidem, p. 103.

ele. Não, Jacó não foi impertinente. Ele estava agora no terreno da persistência.

E. M. Bounds escreve: "A qualidade combativa da oração de importunação não brota de veemência física ou energia carnal. Não é um impulso de energia nem uma mera sinceridade de alma; é uma força entretecida, uma faculdade implantada e despertada pelo Espírito Santo. Virtualmente, é a intercessão do Espírito de Deus em nós".[4] Nós não lutamos separados do Espírito Santo. Só Ele pode nos dar a intrepidez santa que é ao mesmo tempo submissa a Deus, ainda que ousada para insistir na promessa de Deus, ousada em face do próprio Deus.

Jesus, como Filho do homem, foi cheio do Espírito no Seu batismo, voltou do Jordão *cheio do Espírito Santo*, retornou à Galileia *no poder do Espírito*, anunciou que o Espírito do Senhor estava sobre Ele e curou, porque *o poder do Senhor estava com ele para curar* (Lc 5.17). Ele falou, e pessoas foram curadas, demônios foram expulsos, a água se transformou em vinho, o vento e as ondas obedeceram-lhe e mortos foram ressuscitados. Mas, no que dizia respeito à oração, ele orava por horas — às vezes a noite toda. Ele lutava, agonizava e clamava com forte clamor e lágrimas. É possível que seja necessário mais poder de Deus para lutar em oração do que para fazer um milagre.

Samuel Chadwick lamentou a falta de luta na oração: "Existe uma falta marcante de tribulação. Há muito fraseado, mas pouca súplica. A oração se transformou em um monólogo em vez de em uma paixão. A falta de poder da igreja não necessita de outra explicação [...]. Não orar é não ter paixão tanto quanto não ter poder".

Martinho Lutero era um homem de oração constante. Ele orava de manhã e à noite, e com frequência durante o dia — até durante as refeições. Ele repetia orações memorizadas muitas e muitas vezes, em especial a oração do Pai-nosso, além de orar os Salmos. Mas, quando ele tinha um fardo de oração, "a sua oração

---

[4]BOUNDS, Eduard M. *The Necessity of Prayer*, p. 63.

se tornava uma tempestade, uma luta com Deus, da qual o poder, a grandeza e a santa simplicidade são difíceis de comparar a alguma outra emoção humana", diz Freytag, que escreveu a sua biografia. Ele derramava a sua alma em santa emoção, ousada reivindicação, e até exortava a Deus com seriedade.

Esse tipo de persistência poderosa na oração foi descrita como "açoitar os portões do céu com tempestades de oração". David Brainerd escreveu em seu diário, no dia 21 de julho de 1744:

> Eu estava me delongando em extremo na oração, e a minha alma estava mais exaurida do que posso me lembrar de jamais ter estado na minha vida, ou próximo disso. Eu estava em tamanha angústia e suplicava com tanto fervor e insistência que, quando me levantei dos meus joelhos, senti-me extremamente fraco e devastado — mal podia andar em linha reta. As minhas juntas estavam soltas, o suor corria pelo meu rosto e meu corpo, e parecia natural que se dissolvesse [...] nas minhas súplicas fervorosas pelos pobres indígenas. Eu sabia que eles se reuniam para adorar demônios, e não a Deus. Isso me fez clamar com fervor que Deus agora aparecesse e me socorresse. A minha alma pleiteou por muito tempo".[5]

No dia seguinte, ele acordou com o mesmo peso no coração. Ele lutou dia após dia no que se tornaria uma verdadeira batalha de oração.

Quando John Foster andava de um lado para o outro no corredor da sua capela, lutando em oração, ele deixou marcas da sua andança no corredor. Henry Parry Liddon, um professor brilhante de Oxford e também poderoso pregador, descreve o que é a oração que prevalece: "Que respondam aqueles que realmente oraram. Às vezes, descrevem a oração como o patriarca Jacó em uma luta contra um Poder Invisível, que não raro em uma vida sinceramente dedicada a Deus pode durar até altas horas da noite, ou mesmo até o começo do dia seguinte [...]. Quando oram,

---

[5]EDWARDS, Jonathan, ed. *The Life and Diary of David Brainerd*. Chicago: Moody, n.d., p. 107-108.

eles mantêm os olhos fixos no grande intercessor no Getsêmani, nas gotas de sangue que caíram ao chão naquela agonia de resignação e sacrifício".[6]

Nos Jogos Olímpicos da Grécia antiga, cada lutador buscava jogar o seu oponente no chão e colocar o pé sobre o pescoço do outro lutador. Isso fazia que eles agonizassem intensamente sem descanso até a vitória. Esse foi o termo que Paulo usou para esse nível de oração que prevalece, denominando-a tanto como agonia (Cl 4.12, grego) quanto luta (Ef 6.12). Paulo nos faz recordar a razão — nós não estamos lutando apenas contra seres humanos inflexíveis e preconceituosos. Por trás deles, existem governantes, autoridades, poderes e forças espirituais das trevas do mundo espiritual realizando as estratégias enganosas de satanás (Ef 6.11,12).

É um conflito incessante. As forças sombrias de satanás estão sempre em ofensiva contra a igreja de Cristo, sempre buscando enganar, dominar, destruir e fazer recuar as forças de Cristo. De forma relativa, poucos cristãos conhecem bem a respeito da luta contra tais forças e a batalha por meio da oração por experiência própria.

Por que lutamos?

Por que Deus colocou nos Seus planos que nós devemos lutar? Os propósitos abrangentes de Deus incluem nos desenvolver espiritualmente, tornar-nos parceiros e guerreiros agora a fim de que possamos compartilhar do triunfo e das recompensas da vitória na eternidade. É pela graça e pelo amor de Deus que ele predeterminou que os seus intercessores mais fiéis lutassem em oração.

1. *Para ajudar a perceber a nossa dependência de Deus.* Quanto maior a profundidade com que sentirmos a nossa própria impotência

---

[6]McIntyre, D. M. *The Hidden Life of Prayer*, p. 22; Bounds, E. M. *Poder pela oração*, p. 39.

e incapacidade, mais completamente nos lançaremos sobre Ele. A humildade é sempre o primeiro passo rumo à graça e ao poder de Deus.

2. *Para ajudar a compartilhar do amor de Cristo.* Cristo é o grande Lutador. Ele lutou em oração com os poderes das trevas enquanto na terra. O tempo de lutar não termina até que satanás seja preso e expulso. Agora, Cristo tem de lutar por meio de nós, mas, do Seu trono, Ele deve compartilhar conosco o que move o Seu coração a fim de que possamos ver o mundo, os perdidos e as forças demoníacas que se opõem pela perspectiva dEle. A luta nos ajuda a compartilhar da visão dEle, do quanto Ele odeia o pecado e da Sua determinação santa de banir satanás.

3. *Para ensinar vigilância espiritual.* Paulo reconheceu que satanás tenta constantemente nos enganar e ser mais esperto do que nós. Nós temos de estar atentos aos seus esquemas (2Co 2.11). Ele tenta nos peneirar como trigo (Lc 22.31). Ele se disfarça como anjo de luz (2Co 11.14). Ele ronda ao redor como um leão que ruge (1Pe 5.8,9). Lutar em oração nos ensina que devemos estar *vigiando com toda perseverança e súplica* (Ef 6.18). Assim como um lutador precisa estar alerta a cada movimento que o seu oponente faz, a luta nos ensina a nos manter vigilantes e alertas por Deus.

4. *Para ensinar paixão e veemência espiritual.* Quanto mais lutamos em oração, maior a profundidade com que o Espírito será capaz de nos atear com a Sua paixão e a Sua oposição santa, porém veemente contra satanás, contra todos os enganos, estratégias e forças do mal.

5. *Para ensinar os segredos da triunfante superação.* Aprendemos a triunfar com o auxílio do Espírito para triunfarmos. Isso não é um manual de simulação de batalha. Aprendemos os enganos de satanás pelo confronto com eles. Entendemos o uso e o poder das nossas armas espirituais ao usá-las. Conhecemos a batalha de oração confrontando os poderes das trevas na oração.

A vitória exige habilidade tanto quanto força. O Espírito nos ensina habilidades espirituais enquanto lutamos.
6. *Para fortalecer a nossa fé*. A fé é purificada e fortalecida pela superação da resistência que enfrentamos na oração e dos obstáculos às respostas de oração. A fé é tonificada pelo exercício. Temos de nos alimentar da Palavra e viver no Espírito, mas só ao colocarmos a fé em prática é que deixamos a fé teórica e obtemos a fé como meio de vitória do Senhor. A fé parece ser mais forte na simples confiança do recém-convertido e no guerreiro maduro de fé militante experimentado na batalha. A fé deve se transformar em algo mais que confiança em Jesus. Ela precisa se tornar um forte escudo na batalha e uma poderosa arma de ataque espiritual. A fé é como um músculo espiritual: quanto mais a usamos, mais firme e poderosa ela fica.
7. *Para capacitar a acumular recursos de oração*. A oração intensa e, em particular, a luta de oração e a batalha de oração podem ser acumuladas como se fossem um banco de reserva ou um tesouro espiritual.

Assim como um exército precisa reunir armas, munição e reservas antes de um ataque com toda a força, Deus também se prepara para o avanço espiritual. Podemos ver essa lei da oração em ação até com os anjos. Daniel orou, e Gabriel lutou com os demônios que representavam satanás por três semanas antes de Deus ter acumulado o poder divino da oração e enviar Miguel para se juntar a Gabriel na batalha espiritual (Dn 10.2,3; 12,13). Todo esse incidente é um mistério, mas foi revelado na Palavra de forma clara. Os discípulos fracassaram por não terem orado o bastante. Eles não haviam acumulado oração suficiente (Mc 9.29).

32

Santos guerreiros

LUTANDO CONTRA QUEM?

Embora a nossa resistência básica na luta de oração venha de satanás, Deus, por assim dizer, luta conosco? Há muitos homens de Deus que acreditam que Deus lute, ainda que outros o neguem com muita veemência. A luta de Jacó nos ensina que Deus pode se opor a nós até acertarmos algumas coisas na nossa vida com Deus e com os homens? É provável que sim. Mas se não há nada entre nós e Deus ou entre nós e o nosso próximo, será que algumas vezes Deus ainda, no seu soberano propósito, resiste a nós por algum tempo, embora estejamos orando de acordo com a sua suprema vontade?

James I. Hacker escreve, referindo-se ao bispo J. C. Ryle, a John Owen e a João Calvino: "Esses autores também me demonstraram no nível prático o que P. T. Forsyth mais tarde teologizou para mim [...] que Deus pode de fato resistir a nós quando oramos a fim de que, em troca, possamos resistir e superar a sua resistência para assim sermos levados à dependência mais profunda dele e maior aprimoramento da parte dele ao fim do dia".[1]

---

[1] HANES, David, ed. *My Path of Prayer*. West Sussex, England: Henry E. Walter, 1981, p. 59.

Spurgeon, Tibes, Finney e Moody explicam a oração que prevalece como uma fé militante que "prevalece sobre o que parece ser a vontade permissiva de Deus a fim de que a sua vontade final possa chegar mais perto até se realizar".[2]

Na luta de oração, existe um "aproveitar-se de Deus", um agarrar-se à sua poderosa mão e não permitir que ela se solte. Assim como no tempo do Antigo Testamento, o último amparo de alguém que buscava misericórdia era aproveitar e se agarrar aos chifres nos quatro cantos do altar do templo, então nós, em oração, vamos além do templo para lançar mão do próprio Deus. O texto de Isaías 27.5 diz no hebraico literalmente assim: "Que eles se agarrem a mim". Isaías lamenta em 64.7: *Não há ninguém que clame pelo teu nome, que se anime a apegar-se a ti* (NVI). Essas referências indicam o ato de lançar mão dos quatro chifres do altar, por assim dizer, até de se agarrar ao próprio Deus. É isso o que a luta em oração faz.

A nossa linguagem humana é muito fraca. Como podemos descrever essa intensidade sagrada na oração? Para Deus, não é irreverência da nossa parte o ato de chegarmos com ousadia ao trono da graça (Hb 4.16). A palavra grega significa falar com Deus com destemor e intrepidez. A sagrada ousadia na oração, o anseio de coração que produz veemência de santo desejo — o que é precioso aos olhos de Deus.

Deus está lutando no sentido mais verdadeiro com os poderes das trevas por meio de nós. Ele está agonizando pelo pecado do homem. Ele enviou o Seu Espírito para habitar em nós, encher-nos e nos fazer poderosos em oração — na verdade, para orar por meio de nós os seus santos gemidos. Deus quer libertar os cativos. Talvez a única forma de Ele ter condição de fazer isso seja nos ensinar as lutas sagradas até estarmos fortes o suficiente para podermos lutar, derrotar e assaltar satanás em santa batalha de oração.

---

[2]BLOESCH, Donald G. *The Struggle of Prayer*, p. 113.

LUTADORES COM DEUS

Ao longo dos séculos, homens e mulheres de Deus têm conhecido por experiência o que significa lutar em oração e obter respostas poderosas de Deus. Alguns lutaram e quase de imediato receberam respostas extraordinárias, até milagrosas, às suas orações. Outros tiveram momentos especiais de luta diante de Deus e viram toda a sua vida e todo o seu ministério transformados depois disso. Não há dúvida de que, tendo aprendido o poder e a bênção que vêm da luta em oração, eles lutaram diante de Deus com frequência depois disso, enquanto oravam pelo avanço do reino de Cristo.

Outras pessoas prevaleceram por meio de lutas poderosas em oração e deixaram a sua marca sobre uma nação, tribo, igreja ou organização. No caso delas, não foi uma luta por alguma vitória imediata para uma pessoa ou local em particular, mas um combate pela alma de um povo ou pelo futuro de um ministério.

Com toda a certeza, a reforma é o resultado espiritual de muitos guerreiros santos. Nicholas de Basileia foi alguém que auxiliou a preparar o caminho para a reforma. Ele ficou conhecido como "amigo de Deus" e, junto com outros irmãos influenciados por ele, lutou em oração por anos. Nicholas, com mais dois "amigos de Deus", morreram como mártires com cerca de 90 anos depois de lutarem pelos pecados da igreja e do mundo.

Pensando na reforma como algo que se estendeu aproximadamente desde a metade do século 15 até meados do século 17, podemos facilmente reconhecer que a reforma e os despertamentos na igreja relacionados a ela foram resultado da oração por parte da persistência poderosa de ousados homens e mulheres do Senhor. Muitos ficaram conhecidos pela sua luta e oração: Savonarola — o responsável pelo avivamento da Itália; Martinho Lutero — o pai da reforma; John Knox — que mudou a Escócia para o Senhor; George Fox — que deu origem aos quacres. Entre os guerreiros, estavam mães em Israel como Mônica, a mãe persistente de Agostinho; Madame Guyon, a agente francesa do avivamento do século 17; e Catherine Booth, mãe do Exército de Salvação.

John Flavell, pastor em Dartmouth, Inglaterra, no fim do século 17 lutou de forma poderosa com Deus um pouco antes de uma batalha importante pelo mar entre britânicos e franceses. Ele sabia que muitos dos marinheiros pertenciam à sua paróquia e estariam em grande perigo. Ele convocou o povo para jejuar e orar juntos, e, enquanto os liderava em oração, ele lutou em tremenda angústia na oração. Nenhum marinheiro de Dartmouth perdeu a vida naquela batalha naval.[3]

Henry Martyn, missionário destemido na Índia durante o século 19, passava muito tempo em jejum, humilhação pessoal e oração. Ele escreveu: "Toda a minha alma lutou com Deus. Eu não sabia como fazer um intervalo no meu clamor a Ele para que cumprisse as Suas promessas, reivindicando primordialmente o Seu glorioso poder".[4]

Charles Finney costumava experimentar períodos de grandes lutas de oração ao longo dos seus anos de ministério. A sua vida inteira e o seu ministério continuado foram transformados por um dia extraordinário de luta em oração a bordo de um navio em 1834 quando retornava do Mediterrâneo. Ele estava orando pelo avivamento dos Estados Unidos.

> Minha alma estava em agonia total. Passei quase um dia inteiro orando em meu camarote ou caminhando pelo convés. Contorcia as mãos e quase mordia a língua, por causa do sofrimento que a situação me causava. Realmente, sentia-me esmagado pelo fardo que pesava em minha alma. Não havia ninguém a bordo com quem eu pudesse abrir o coração e contar o que estava sentindo.
>
> Era o espírito de oração que repousava sobre mim. Já tivera experiências daquele tipo muitas vezes, mas talvez nunca em

---

[3]Payne, Thomas. *The Greatest Force on Earth*, p. 140.
[4]McIntyre, D. M. *The Hidden Life of Prayer*, p. 75.

tal grau, nem durante tanto tempo. Roguei ao Senhor que continuasse Sua obra e convocasse os instrumentos necessários à sua realização. Era um dos prolongados dias de verão do início de julho. Depois daquele dia de lutas e agonia indizíveis, foi exatamente ao anoitecer que a questão pareceu desanuviar-se em minha mente. O Espírito levou-me a acreditar que tudo daria certo e que eu ainda tinha um trabalho a fazer. Eu podia confiar, pois o Senhor continuaria Sua obra e me daria forças para nela desempenhar qualquer papel que Ele quisesse. No entanto, eu não tinha a mínima ideia do caminho que a Providência tomaria.[5]

Logo depois disso, Finney deu início a uma série de sermões sobre o avivamento, que então foram publicados como *Lectures on Revival of Religion* [Palestras sobre o avivamento religioso], um volume que circulou pelo mundo inteiro e foi publicado em galês, francês e alemão. Há diversas edições na língua inglesa, com uma editora na Grã-Bretanha publicando mais de oitenta mil exemplares em um curto período de tempo, o que foi uma distribuição fenomenal naqueles dias.

Estes escritos prepararam o caminho para o avivamento no País de Gales, na Inglaterra, no Canadá, na Europa continental e por todos os Estados Unidos. Sustentados pelo seu ministério contínuo de luta em oração diante do Senhor, eles lançaram os alicerces para o grande avivamento das Reuniões de Oração em Conjunto, como ficaram conhecidas, que varreu todos os Estados Unidos nos anos 1850 e com toda a certeza ajudou a preparar o caminho para o grande avivamento do País de Gales de 1904 a 1905. É provável que os registros da eternidade mostrem que muitos milhões de pessoas foram ganhas para Cristo de forma direta ou indireta como resultado daquele dia de oração de combate.

Finney teve a sua saúde restaurada e continuou um ministério de avivamento pelo resto da sua vida. Ele mesmo resume:

---

[5]FINNEY, Charles G. *Memórias de Charles Finney*. Disponível em: <https://docslide.com.br/documents/memorias-de-charles-finney.html>, p. 199.

Mas o leitor deve lembrar-se de minha agonia em alto-mar, do longo dia de viagem vivido em oração, rogando a Deus que fizesse algo em favor do avivamento e me capacitasse, se fosse seu desejo, para ajudar ainda naquela obra. Foi então que tive a certeza de que minhas orações seriam atendidas e, a partir de então, tenho considerado tudo isso como a resposta à oração daquele dia.

Realmente, tratava-se de Deus Espírito Santo intercedendo dentro de mim. A oração não era propriamente minha; era do Espírito. Não advinha, absolutamente, de nenhuma justiça ou merecimento próprio. O espírito de oração veio sobre mim como graça soberana, que me foi outorgada sem o mínimo mérito meu e a despeito de minha pecaminosidade. Ele pressionou minha alma à oração, até eu ser capacitado a prevalecer, e, mediante as riquezas infinitas da graça de Cristo Jesus, já passei muitos anos testemunhando os resultados maravilhosos daquele dia em que pude contender com Deus em oração. Como resposta àquela agonia, que durou um dia inteiro, ele tem continuado a conceder-me o espírito de oração.[6]

---

[6]Ibidem, p. 201.

33

Os gemidos e a angústia da oração

O GEMIDO DA ORAÇÃO NASCE DO ESPÍRITO

O Espírito Santo, na sua persistência poderosa por nós, ora com gemidos inexprimíveis. A palavra usada em Romanos 8.26 para "gemido" é *stenagmos*. É um gemido interno e está no plural. *Alalētos* é a palavra que significa "inexprimível". A angústia do Espírito é profunda demais para o vocabulário humano. Por isso ela se transforma em gemidos dentro do nosso coração que manifestam um desejo tão infinito que é incapaz de ser expresso em sua totalidade.

Deus Pai compreende o que o Espírito pretende quando geme dentro de nós (Rm 8.27). A nossa fraqueza (v. 26) é que as nossas palavras humanas não podem articular de forma devida e completa a profundidade do anseio divino, assim como a nossa personalidade não pode experimentar a plenitude e a profundidade do anseio do Espírito. Podemos expressar de forma verdadeira, mas não total. Nós somos finitos; Ele é infinito.

Além disso, não sabemos o que é melhor em cada circunstância. O nosso conhecimento é limitado, de modo que não sabemos pelo que é melhor orar em cada ocasião. O desejo muito definido e infinitamente profundo do Espírito deve ser expresso em gemidos em vez de em palavras, já que as nossas palavras não são adequadas. O gemido nascido do Espírito está sempre em conformidade com a vontade de Deus. O Espírito não poderia desejar de nenhum outro modo. Mas Deus pode traduzir esses gemidos na sua compreensão mais completa e fazer *infinitamente mais do que tudo quanto pedimos ou pensamos, conforme o seu poder que opera em nós* (Ef 3.20).

Que infinita condescendência da parte de Deus escolher que o Espírito Santo fizesse habitação em nós e assim nos enchesse para Ele orar por meio de nós, mesmo quando a nossa capacidade é tão limitada que os seus anseios mais profundos possam ser expressos por nós apenas de forma parcial e de maneira tão inadequada. Porém, Ele decide nos envolver na sua intercessão. Ele escolheu prevalecer por meio da nossa persistência intensa. Lutero escreveu: "Nem a oração é jamais ouvida de forma mais abundante do que em tamanha agonia e gemidos de fé que lutam para abrir caminho".[1]

Em um sentido verdadeiramente abençoado, o Espírito Santo dá à luz as suas petições dentro de nós e acende a fé no nosso interior. Como resultado, a nossa oração de fé que prevalece "tem a onipotência de Deus ligada a ela. Ela alcança o mundo inteiro. Ela pode tocar o ponto mais alto do céu ou abalar a parte mais inferior do inferno. A oração é a escada de Jacó, com anjos de Deus subindo e descendo, levando as petições e trazendo as respostas". Payne acrescenta: "Aquele que tem, porém, pouco domínio da oração conhece pouco do gemido do Espírito, o qual não pode ser proferido".[2]

Edward Payson, de Portland, Oregon, conhecido por orar sempre, foi alguém que prevaleceu com poder em oração. Depois da sua morte, foi descoberto que os seus joelhos eram calejados. Ao lado da sua cama, onde ele lutava em oração dia após dia, havia dois sulcos de desgaste no chão de madeira maciça,

---

[1]BLOESCH, Donald G. *The Struggle of Prayer*, p. 51.
[2]PAYNE, Thomas. *The Greatest Force on Earth*, p. 15.

porque ele se movia para a frente e para trás de joelhos em oração. Payson costumava dizer que tinha pena dos crentes que não conseguiam experimentar o significado das palavras "gemidos inexprimíveis" (Rm 8.26).[3] Diz-se de Redfield que, na sua luta de oração, ele às vezes gemia como se estivesse morrendo, mas esses poderosos gemidos eram então seguidos por extraordinárias transformações espirituais de vida com pessoas se arrependendo e confessando os seus pecados.[4]

É provável que os gemidos santos da oração sejam mais frequentes no silêncio das profundezas da nossa alma do que soando dos nossos lábios, e são expressos com frequência por profundos suspiros de fardo ou anseio. Conheci os gemidos silenciosos do Espírito com maior frequência do que os fortes clamores de gemidos. As palavras não precisam ser proferidas oralmente ou os gemidos serem expressos vocalmente para que Deus ouça, entenda e responda ao intenso gemido interior.

AGONIZAR NA ORAÇÃO É ALGO QUE AGRADA A DEUS

Você já começou a entender por que a agonia na oração nascida do Espírito é tão preciosa para Deus, tão poderosa diante dEle e tão temida por todas as forças demoníacas do inferno? Os filisteus de Bete-Semes gritaram de horror: *Quem poderia estar perante o SENHOR, este Deus santo?* (1Sm 6.20). Assim como os demônios no inferno devem chorar e gritar uns aos outros: "Quem pode resistir a tamanha persistência diante de Deus?"

Nenhuma oração agrada mais a Deus do que a oração agonizante, porque ninguém jamais agonizou em oração como o Filho de Deus no Getsêmani. Cristo não se poupou. Lucas, o médico,

---

[3]McIntyre, D. M. *The Hidden Life of Prayer*, p. 94; Ravenhill, Leonard. *Revival Praying*, p. 102.
[4]McLeister, Clara. *Men and Women of Deep Piety*, editado por E. E. Shelhamer. Cincinnati: God's Bible School and Revivalist, 1920, p. 383.

conta-nos que no Getsêmani Jesus, *estando em agonia, orava mais intensamente. E aconteceu que o seu suor se tornou como gotas de sangue* (Lc 22.44). Os anjos devem ter ficado atônitos ao assistir a Jesus agonizar no jardim. Na verdade, um anjo foi até Ele a fim de fortalecê-lo fisicamente para que Ele sobrevivesse até a cruz e assim completasse o plano de Deus (v. 43). Só então (v. 44) Ele teve condição física de sobreviver ao suor de sangue.

Alexander Whyte, o grande pregador escocês que morreu em 1921, descreve o espanto que sobreveio aos soldados romanos enviados para prender Jesus. "Eles nunca haviam encontrado um prisioneiro como esse. Não há nenhum golpe de espada que eles pudessem ver no seu corpo; e, ainda assim, as suas mãos, a sua cabeça e a sua barba estão cheias de sangue. Que capa era essa pela qual os soldados lançaram sortes?"[5] E como Judas conseguiu ter uma alma tão calejada para trair Cristo com um beijo quando a agonia de Jesus era tão aparente?

F. W. Farrar, deão de Canterbury, visualizou a cena como se segue:

> Os discípulos o viram às vezes de joelhos, às vezes estendido, prostrado em súplica sobre a terra úmida [...]. Eles o contemplaram diante de quem os demônios haviam fugido em terror, deitado com o rosto no chão. Eles ouviam aquela voz lamuriosa em murmúrios de agonia devastadora, a qual havia dado ordem ao vento e ao mar e eles obedeceram. Os grandes pingos de angústia que caíam dele, na terrível luta, pareciam-lhes como pesadas gotas de sangue.[6]

Mas, ah, Jesus enxergava infinitamente mais do que os discípulos viam. Ele avistava o pecado e a angústia de toda a raça humana. Ele mirava as lágrimas dos órfãos e das viúvas, o sangue das vítimas de assassinato e crimes, a matança nos campos de batalha.

---

[5] WHYTE, Alexander. *Lord, Teach Us to Pray*, p. 139.
[6] PAYNE, Thomas. *The Greatest Force on Earth*, p. 105.

Ele ouvia o choro dos feridos, os gritos dos torturados, o estrondo de todas as guerras do mundo. Ele via os bilhões presos pelos grilhões do pecado na terra, degradados por satanás, apressando-se aos milhões rumo ao inferno eterno. Ele enxergava tudo isso.

A agonia da alma de Jesus, a tortura do ódio dos homens, a angústia do Getsêmani e do Calvário alteraram a própria aparência de Jesus, como profetizado por Isaías: *Como pasmaram muitos à vista dele (pois o seu aspecto estava mui desfigurado, mais do que o de outro qualquer, e a sua aparência, mais do que a dos outros filhos dos homens), assim causará admiração às nações* (Is 52.14,15). Isaías então questiona: *Quem creu* em tal mensagem? Ao prosseguir descrevendo com ainda mais detalhes a agonia e o sofrimento de Cristo enquanto nos redimia com o seu sangue, ele diz: O S<small>ENHOR</small> *fez cair sobre ele a iniquidade de nós todos* (Is 53.6).

Ele [...] derramou a sua alma na morte [...] e pelos transgressores intercedeu (Is 53.12). Cristo deliberadamente escolheu a empreitada mais poderosa na oração. Jesus poderia ter recusado, mas escolheu o Getsêmani. Sim, Ele tomou a sua cruz (Jo 10.18). Ele tomou e bebeu todo o cálice.

A nossa experiência em nada se compara com a profundidade da experiência de Jesus. Mas, ao termos como propósito nos comprometer a tomar o nosso cálice e nos entregar à luta de oração, ao tomarmos a nossa cruz de forma deliberada, a cruz da empreitada da oração, tornamo-nos mais parecidos com Jesus, o nosso poderoso intercessor. *Se alguém quer vir após mim, a si mesmo se negue, dia a dia tome a sua cruz e siga-me* (Lc 9.23).

A entrega pessoal diária à penosa oração que prevalece pelos não salvos, pela igreja, pela seara do mundo e pelas inúmeras necessidades do homem não é a única forma de tomar de forma deliberada a própria cruz. Esse tipo de oração e jejum, no entanto, provavelmente é o meio mais disponível universalmente a todo cristão. Está sempre disponível a mim e a você.

Esse tipo de empreitada de oração poderosa não é algo imposto a nós. Nós precisamos escolher tomá-la, disciplinando a nossa vida com a intenção de provermos tempo diário para oração intensiva. Jesus diz que a nossa cruz é algo que devemos tomar individualmente, negando o nosso ego a fim de segui-Lo. Que maneira melhor de segui-Lo do que pela oração que prevalece e pelo jejum?

O fardo de oração e a agonia de Jesus foram descritos por Marcos: [Jesus] *começou a sentir-se tomado de pavor e de angústia. E lhes disse: A minha alma está profundamente triste até à morte* (Mc 14.33,34). O termo grego para "tomado de pavor" aqui é *ekthambeomai*, uma forma intensa de *thambeomai*, que significa ficar assombrado, atônito, a ponto de ficar quase paralisado. Jesus descreve a agonia como avassaladora. Martinho Lutero disse que essas palavras são as mais espantosas da Bíblia.

Não há dúvida de que o Getsêmani foi o período mais intenso da empreitada de Cristo na oração. Mas este estava longe de ser o único momento de agonia na oração do nosso Salvador. Ele enfrentou isso nos quarenta dias que passou no deserto. Sem dúvida, Ele confrontou isso em muitas noites de oração. O livro de Hebreus relata que Ele orava dessa maneira *nos dias* da Sua vida na terra (Hb 5.7).

F. F. Bruce fala a respeito do escritor de Hebreus: "Ele provavelmente conhecia uma porção de incidentes na vida de Jesus *tendo oferecido, com forte clamor e lágrimas, orações e súplicas a quem o podia livrar da morte*".[7]

AGRADAMOS MAIS A DEUS QUANDO COMPARTILHAMOS DA EMPREITADA DE DEUS

A nossa empreitada de oração, o nosso gemido na oração e a nossa agonia na oração nunca poderão se comparar com os do nosso Salvador, mas não teremos seguido a Cristo muito de perto ou de

---

[7]BRUCE, F. F. *The Epistle to the Hebrews, New International Commentary on the New Testament*. London: Marshall, Morgan & Scott, 1964, p. 98.

longe se não conhecermos momentos de fardo de oração, luta de oração e até quem sabe a agonia na oração na nossa experiência pessoal. Martinho Lutero declarou: "Duvido que algum crente possa ter um grande peso pelas almas – uma paixão mesmo — e não agonizar em oração".[8]

Charles Finney afirma:

> Sem dúvida, uma razão importante pela qual Deus exige o exercício da oração em agonia é que ela forma um laço de união entre Cristo e a igreja. Ela cria um tipo de empatia entre os dois. É como se Cristo levasse os transbordamentos de Seu próprio coração generoso para dentro do coração de Seu povo e os fizesse compadecer e colaborar com Ele de um modo como jamais fizeram.[9]

Sim, talvez você nunca seja tão semelhante a Cristo como quando está prevalecendo em luta de oração e agonia de oração. É possível que nada faça você ganhar mais a simpatia do coração dEle do que quando assim você compartilha do amor, da compaixão e do fardo dEle pelo mundo que Ele anseia infinitamente salvar.

O gemido da oração e a agonia da oração também nos tornam um com o Espírito Santo de forma descomunal. Isso nos faz mais como Ele também. O Espírito é da mesma forma tão infinito em seu anseio e fardo quanto o Deus Filho o é na intercessão no trono do céu. "Que tamanha sobrecarga dessas intercessões do Espírito Santo! Que imensa profundidade com que Ele sente o pecado do mundo, o infortúnio do mundo e o prejuízo do mundo, e que desmedida intensidade com que Ele se compadece das terríveis condições, são vistas nos seus gemidos os quais são [...] sagrados demais para serem verbalizados por Ele."[10]

O Espírito tem como papel compartilhar conosco e nos transmitir da forma mais profunda possível o tão imenso amor e paixão

---

[8]UM CRISTÃO ANÔNIMO. *A oração que funciona*, p. 91.
[9]FINNEY, Charles G. *Princípios da oração*. Disponível em: <https://pt.scribd.com/doc/313827816/Principios-Da-Oracao-de-Charles-Finney>, p. 9.
[10]BOUNDS, E. M. *The Reality of Prayer*, p. 138.

de todas as três pessoas da Trindade — Deus Pai, Deus Filho e Deus Espírito Santo. O preço da redenção pelo nosso mundo perdido foi pago por completo no Calvário. Esse custo infinito foi pago não apenas pelo Deus Filho, mas também pelo Deus Pai enquanto via o sofrimento do Seu amado Filho. Também houve um custo incalculável para o Deus Espírito, que teve de deixar Deus Filho sozinho durante aquela hora sombria.

Eles pagaram o preço da redenção. Agora, eles têm um anseio imenso de que essa redenção seja disponibilizada e apropriada por mais pessoas perdidas e sujeitas ao pecado do nosso mundo catastrófico.

Quanto mais compartilharmos com eles esse fardo, mais penetrarmos na intercessão contínua do Deus Filho e no gemido incessante do Deus Espírito, mais contentamento santo traremos ao coração deles. Meu amigo, que privilégio sagrado para pessoas tão indignas quanto eu e você!

As expressões "luta em oração", "agonizar em oração" e "empenhar-se em oração" eram comuns no vocabulário da igreja primitiva. Paulo disse aos colossenses: *Desde o dia em que o ouvimos, não cessamos de orar por vós* (Cl 1.9). Ele acrescentou: *Gostaria, pois, que soubésseis quão grande luta venho mantendo por vós* (2.1; lit., "Quão grande agonia tenho a seu favor"). Ele disse a eles que Epafras *se esforça* [agoniza] *sobremaneira, continuamente, por vós*; e acrescentou: *e dele dou testemunho de que muito se preocupa por vós*. Epafras estava com Paulo em Roma, agonizando e se empenhando em oração (4.12,13). A sua oração é um modelo para todo pastor.

Hoje, a nossa vida de oração é tão fraca, e a nossa paixão por Cristo e pelas almas tão ausente, que perdemos palavras como essas nas nossas conversas e até nos nossos sermões. Elas soam como conceitos estranhos a nós e quase como fanatismo! Que comentário sobre o baixo nível da nossa vida de oração!

O Espírito Santo não dá um tapinha nos seus ombros a cada manhã, tira você da cama e o coloca de joelhos. Ele não reorganiza a sua agenda a fim de que você tenha tempo para orar de forma adequada. Você terá de se disciplinar. Você precisará escolher ter uma vida de oração, um hábito disciplinado de orar. Se você não conseguir nem fazer esse tanto, nem pense em tomar a sua cruz e seguir Jesus. Talvez você esteja seguindo Jesus de longe, como Pedro antes de negar o Senhor (Mt 26.58).

Não existe forma mais sagrada ou prática de seguir Jesus, tomar a sua cruz a cada dia, do que na intercessão diária de combate. Você precisará negar a si mesmo e algumas outras coisas a fim de ter tempo para esse tipo de oração. Faça a sua escolha. Você seguirá Jesus de perto em intercessão até o Espírito ensinar a você os segredos da oração que prevalece ou você decepcionará o seu Senhor?

Jesus está intercedendo à destra do Pai neste exato momento. Ele está esperando que você se junte a Ele como seu sacerdote intercessor. Como Deus predeterminou que Ele trabalharia por meio da sua oração conjunta — a intercessão de Jesus somada à sua intercessão —, a causa de Deus sofrerá, a menos que você cumpra o seu papel nessa parceria sagrada. Com que proximidade você seguirá Jesus? Qual o tamanho da sua disposição para aprender a prevalecer? A escolha é sua.

Tocai a trombeta em Sião, promulgai um santo jejum, proclamai uma assembleia solene. Congregai o povo, santificai a congregação, ajuntai os anciãos, reuni os filhinhos e os que mamam; saia o noivo da sua recâmara, e a noiva, do seu aposento. Chorem os sacerdotes, ministros do Senhor, entre o pórtico e o altar, e orem: Poupa o teu povo, ó Senhor, e não entregues a tua herança ao opróbrio, para que as nações façam escárnio dele. Por que hão de dizer entre os povos: Onde está o seu Deus? (Jl 2.15-17).

34

A batalha de oração derrota satanás

NÍVEL SETE: BATALHA DE ORAÇÃO

A batalha de oração é o sétimo e mais elevado nível da oração que prevalece. É a forma prolongada, intensificada, da oração que prevalece, focada na derrota e na fuga de satanás, a fim de que a vontade de Cristo seja feita e o seu reino cresça. A batalha de oração é a intercessão militante que prevalece. Ela envolve e inclui todas as outras formas de oração que prevalece, de tempos em tempos. A batalha de oração é travada de forma individual ou coletiva. Ela requer vigilância constante, prontidão, e é coordenada por Deus Espírito Santo.

O papel de satanás

A batalha de oração é necessária, porque satanás enganou o homem, introduziu o pecado e a rebelião contra Deus no nosso mundo. Ele é o tirano, o usurpador de tudo o que puder dominar. Ele se opõe a Deus, ao plano de Deus, ao povo de Deus e à atuação de Deus de modo constante e inveterado. Ele é contra Cristo, contra a igreja e contra a humanidade. Ele enganará, acusará com falsidade e destruirá de qualquer maneira que puder.

Embora satanás esteja ansioso para destruir todas as famílias, todas as nações e todas as pessoas de fato, ele odeia e se opõe acima de tudo a quem segue Jesus. Ele conspirou para destruir Adão e Eva e, depois, toda a civilização antes do Dilúvio. Quando Deus escolheu Abraão para dar início a uma raça por meio da qual o Messias pudesse vir, satanás concentrou o veneno do seu ódio em especial contra os judeus, para tentar evitar que Jesus nascesse. Ele ainda os odeia por causa do plano de Deus para eles depois da volta de Cristo.

Qualquer pessoa ou situação escolhida por Deus é especialmente odiada por satanás. Ele tentou destruir Jesus, começando no seu nascimento. Ele e os seus seguidores demoníacos conspiraram para destruir a igreja desde a sua concepção. Ele está sempre contra a igreja, mas, acima de tudo, contra o evangelismo, contra missões e contra a oração. Como a volta de Cristo se aproxima, podemos esperar que a sua guerra maligna se intensifique da mesma forma que aconteceu no tempo do Êxodo e na primeira vinda de Jesus.

A fim de destruir uma pessoa, família ou grupo, satanás tenta enganar, acusar falsamente, dividir e desviar do que é melhor. Ele confunde disfarçando-se de anjo de luz onde é mais provável que esse disfarce realize o seu propósito enganoso (2Co 11.14) e ruge como um leão onde é mais capaz que ele tenha sucesso (1Pe 5.8).

Se ele não conseguir impedir uma pessoa de se converter a Cristo, colocará o seu foco em derrotá-la, desacelerar o seu crescimento espiritual, desencorajá-la e torná-la passiva e inativa. Se essa tática não funcionar, ele tentará fazer que ela fique tão ocupada com as atividades do dia a dia ou até com o trabalho de Deus que ela não tenha tempo para orar a fim de que desça o poder para fazer a sua atividade ser bem-sucedida.

satanás, o destruidor, nos arruinará de qualquer modo que puder. Se ele não conseguir nos arrasar espiritualmente, vai buscar destruir a nossa comunhão com outros cristãos, além da união e a eficácia da nossa igreja. Ele sabe que a desunião, a discordância e a dúvida podem arruinar de forma trágica qualquer tipo de eficácia do crente, por isso ele se deleita em acusar um irmão para o outro (Ap 12.10). O incrível é que ele ilude os crentes a fazerem a obra dele incitando-os a repetir e fazer circular as acusações dele em forma de rumores, críticas e afirmações facciosas. Ele até nos dá alegria mórbida em contarmos a última acusação, rumor ou escândalo.

Se satanás não conseguir nos destruir espiritualmente, ele tentará nos arruinar fisicamente. A biografia de cristãos e a história da igreja estão repletas de relatos de filhos de Deus sendo libertos de acidentes, doenças e perigos incomuns. Ele pode nos tentar a dirigir em velocidade excessiva ou sem atenção. Muitas pessoas, usadas de forma grandiosa por Deus em sua vida posteriormente, tiveram libertações ou curas milagrosas na infância ou juventude.

Se satanás não conseguir nos destruir por meio de um acidente, ele pode tentar usando o medo, a preocupação, a pressão ou os maus hábitos de alimentação. Muitos crentes que têm convicção contra o uso de álcool, tabaco ou outras substâncias que destroem o corpo são, todavia, escravos do seu próprio apetite e gostam de comer tanto que encurtam a sua vida pela obesidade e doenças que costumam ser resultado de estar acima do peso. Se satanás não conseguir nos tentar com o pecado, ele terá alegria em nos tentar com comida para abreviar a nossa vida e nos fazer parar de orar.

A oração é o recurso máximo de poder e vitória espiritual para nós como cristãos. Então satanás a teme mais do que a qualquer outra coisa que possamos fazer. Fora o próprio Deus e os seus seres celestiais, a oração é a maior ameaça aos propósitos, planos e ações de satanás.

As limitações de satanás

Não seja ignorante quanto a satanás ou aos seus caminhos (2Co 2.11). Você precisa entender as limitações dele. Muitos crentes têm um medo mórbido do diabo. Lembre-se de que ele é um ser criado que já está debaixo da ira de Deus, derrotado no Calvário por Cristo, cuja condenação já foi anunciada na Bíblia. Como ser criado, ele é limitado em poder (só Deus é todo-poderoso), limitado em conhecimento (só Deus tem todo o conhecimento) e limitado em presença (só Deus está presente em todos os lugares).

1. *satanás é limitado em autoridade.* Somente Deus é soberano. Satanás só pode agir dentro dos limites que Deus impôs a ele pela forma que o criou originariamente e pelo comando de Deus. Satanás não pôde tocar em Jó (Jó 1 e 2) ou Pedro (Lc 22.31) e não pode tocar em você sem a permissão de Deus. Deus diz a ele: "Até aí e nada mais". Deus não permitirá que ele toque em você, a menos que isso abra a possibilidade de crescimento espiritual, bênção e recompensa eterna a você.
2. *satanás é limitado em conhecimento.* Somente Deus é infinito em conhecimento. Satanás costuma saber mais do que nós sobre o futuro, mas normalmente ele não sabe o suficiente para decidir com sabedoria. Com frequência, ele não sabe o que as pessoas vão falar ou fazer. Ele comete erros repetitivos. Ele tem de depender dos seus demônios para retransmitir as informações a ele, e ele os ensinou a enganar. Não há dúvida de que eles costumam enganá-lo. Satanás não pode alimentar os seus falsos profetas com informação correta que ele não tem, de modo que eles com frequência fazem falsas profecias. Todos os adivinhos, especialistas em astrologia e seguidores do ocultismo são enganados repetidas vezes.
3. *satanás é limitado em poder.* Somente Deus tem todo o poder. Satanás tem grande poder, mas a única coisa que Deus precisa fazer é designar mais anjos para lidar com ele (Dn 1013). M*aior é aquele que está em vós do que aquele que está no mundo* (1Jo 4.4). Aqueles que estão conosco (os anjos) são mais do que os demônios que estão contra nós (2Rs 6.16). Satanás não tem poder ou autoridade suficiente para nos fazer uma promessa. Deus é

o Deus da promessa. Não existe nenhum poder no nome de satanás. Nós temos poder divino no nome de Jesus.
4. *Satanás é limitado em presença.* Como todos os outros seres criados, satanás nunca está em mais de um lugar ao mesmo tempo. Somente Deus está presente em todos os lugares. Já que satanás não consegue estar presente conosco de forma frequente, se um dia ele estiver, precisará sempre depender dos seus demônios. Eles têm menos poder do que ele. Cada demônio também pode estar apenas em um lugar de cada vez.

Talvez você passe toda a sua vida sem que satanás jamais se aproxime de você pessoalmente (os seus demônios vão, mas você não é importante o bastante para o próprio satanás gastar o seu tempo com você ou observando você). Na pior das hipóteses, ele estará com você apenas de forma ocasional. Mas Deus está sempre com você. Os anjos de Deus superam de longe os demônios. Então você sempre tem anjos disponíveis para ajudá-lo e protegê-lo.

A condenação de satanás é certa. Ela se aproxima a cada dia. Ele está bem ciente desse fato, o que faz que ele e os seus demônios fiquem todos mais alvoroçados e desesperados. Mas nós temos os recursos devidos para derrotar satanás.

Oração: artilharia contra satanás

Não há nada na terra que satanás tema mais do que a oração. Ele não sabe como contender com a oração; então se concentra em nos impedir de orar ou nos fazer desistir antes de obtermos a resposta da oração. Ele pode com frequência manipular pessoas e circunstâncias a fim de retardar as respostas de oração, mas não pode impedir que os anjos tragam as respostas de Deus. A oração é inimiga de satanás. Ele não pode triunfar sobre a oração que prevalece.

satanás tem mais medo da nossa oração do que da nossa vida de pureza e do nosso testemunho zeloso. A vida do crente pode ser um belo testemunho que não pode ser silenciado, mas a oração é uma força militante que tem potencial para derrotar satanás, destruir as suas obras e fazê-lo sair de lugares e vidas que ele reivindica para si.

Então como satanás reage? Ele tenta enganar e atrapalhar com ilusão e fanfarrice. Ele se recusa a reconhecer a sua derrota diante de Cristo. Ele se apega com obstinação a tudo o que reivindica até ser forçado a entregar o seu domínio. Ele sucumbe somente quando é compelido a isso. Nós precisamos denunciar a sua ilusão repetidas vezes, reafirmar e insistir na vitória do Calvário, e forçar que ele deixe tudo o que de forma tão arrogante usurpou.

Mantenha a sua ofensiva de oração. Mobilize todos os seus recursos de oração. A oração com jejum é artilharia pesada no seu arsenal. O fardo de oração é um bombardeio poderoso contra o território de satanás. A oração de combate lança poderosos mísseis de oração guiados para destruir as obras satânicas. Satanás está sempre vulnerável diante da oração persistente dos intercessores de Deus. Ele não consegue deter a sua oração ou escapar dela. Pressione. O poder de Deus é disponível e ilimitado. Ele é liberado com efeito devastador sobre as forças de satanás enquanto você prevalece como um soldado.

A NOSSA BATALHA SAGRADA DE ORAÇÃO

Nós estamos em guerra

No mistério da sabedoria de Deus, a vitória que Cristo conquistou de uma vez por todas no Calvário não é imposta pelo seu cetro de ferro com o qual ele um dia abaterá todo o mal (Ap 2.27; 12.5; 19.15). O trono de Cristo, hoje e até o fim das eras, é um trono de intercessão. Cristo está governando pela intercessão. Ele está derrotando satanás, fazendo-o recuar, expulsando-o, levando-o a fugir de onde tem feito ocupação ilegal e se recusando a desocupar. Ele tem feito isso essencialmente pela sua própria intercessão incessante, em parceria com as orações do seu povo, e apoiado pelos seus próprios anjos.

Além de aplicar a terminologia intensa dos jogos gregos (lutar, agonizar, contender), o Novo Testamento ainda usa a terminologia militar (exército, armadura, armado, combate, batalha, armas). A vida e o serviço cristãos como um todo são vistos como uma batalha. É o *bom combate da fé* (1Tm 6.12). Somos exortados: *Revesti-vos de toda a armadura de Deus, para* [...] *ficar firmes contra as ciladas do diabo* [...] *resistir no dia mau;* a revestir-nos da nossa armadura, *embraçando sempre o escudo da fé* e *a espada do Espírito* (Ef 6.11,13,16,17).

O versículo final e culminante dessa passagem descreve a luta real: O*rando em todo tempo no Espírito e para isto vigiando com toda perseverança e súplica* (Ef. 6.18).

Nós somos os soldados da igreja, a igreja viva no campo de batalha da terra, e estamos em guerra. Essa situação vai perdurar até o retorno de Cristo. O segredo para toda batalha cristã, a estratégia para cada vitória em Cristo e o campo de batalha para qualquer avanço por Cristo é a oração. A igreja primitiva avançou por meio da oração. Ela fez satanás recuar, uma batalha por vez, por meio da oração.

"As suas orações e a sua fé carregavam tudo diante deles. Eles eram como um exército de guerreiros invencíveis. Nada podia impedi-los [...]. A igreja, diz alguém, é irresistível ao propósito da sua grande missão quando armada com o poder da oração. Todo o poder do império de Roma, a senhora do mundo, provou ser incapaz de resistir ao poder e à influência das suas orações intensificadas."[1]

Eles oraram, e o lugar onde estavam reunidos foi visivelmente abalado. Eles oraram, e o terremoto sacudiu os muros da prisão. Que divino "amém" às suas orações! A oração era a arma que eles tinham em toda ocasião. Eles não a estavam usando principalmente para defesa, mas como ataque ofensivo contra satanás e as suas fortalezas.

---

[1]PAYNE, Thomas. *The Greatest Force on Earth*, p. 122.

O nosso papel estratégico

Os guerreiros de oração se colocam entre a autoridade e o poder do céu, e as trevas e o poder do inferno, entre o Cordeiro no trono e satanás, o grande dragão. Cristo delegou a sua autoridade, o direito de usar o seu nome para reivindicar o seu sangue, aos guerreiros de oração. Ele também armou os guerreiros para a vitória espiritual. Os guerreiros de oração devem impor a vitória do Calvário no campo de batalha da terra.

A melhor forma de lutar contra o pecado e contra satanás é pela batalha de oração. O campo de batalha de oração é a arena da conquista mundial para a igreja. O. Hallesby escreveu: "O lugar secreto de oração é um campo de batalha sangrento. Nele são travadas batalhas violentas e decisivas. Nele é determinado o destino das almas no tempo e na eternidade, na quietude e solitude".[2]

Por meio da batalha de oração por parte do crente intercessor, Cristo toma posição nos campos de batalha espirituais na terra. A igreja de joelhos, a igreja lutando e agonizando em oração, a igreja com o escudo da fé e a espada do Espírito, a Palavra de Deus, orando sempre com todas as formas e níveis de oração, sob o comando do general Espírito Santo — esse é o exército militante de Deus na terra.

No reino invisível dos céus, os poderosos anjos de Deus se juntam a nós batalhando contra as forças das trevas invisíveis aos nossos olhos, mas lutando de forma incrivelmente real. É uma guerra sagrada de vitória completa por Cristo, mas totalmente travada por meio da oração.

Os mensageiros são cobertos pelo dossel de proteção de Deus, e os perigos ocultos, porém reais, pretendidos por satanás, são evitados pela oração. As armas de satanás são embotadas, pulverizadas e desintegradas pelos raios *laser* divinos da oração. Satanás e as manobras demoníacas de pessoas são confrontados

---

[2] HALLESBY, Ole. *Oração*, p. 91.

e frustrados conforme os santos guerreiros de Deus prevalecem sem cessar na oração. As defesas externas dos baluartes de satanás são quebradas, fortalezas são pulverizadas e arrasadas, os prisioneiros do pecado e de satanás são libertos pelo poder de Jesus enquanto os santos guerreiros continuam orando.

O ódio é apaziguado, a ira, o mal obstinado e a violência são controlados e os cativos das forças satânicas são libertos à força pelo poder invencível do amor do Calvário. Os demônios de satanás são forçados a se renderem ao Senhor, contra quem lutaram com tanto empenho e por tanto tempo, ou a se retirarem. Eles são feitos cativos pelo poder do Calvário e os poderes do Espírito enquanto os santos guerreiros continuam prevalecendo.

Avancemos de joelhos

Você deseja ver uma reviravolta no curso da batalha e Cristo sagrar-se vitorioso, batalha após batalha, hoje na terra? Mova a igreja a prevalecer. Aliste e treine irmãos que creiam na batalha de oração. Nunca é tarde demais para Deus. Nenhuma batalha está praticamente perdida que Deus não vença. Nenhuma combinação de forças opositoras é forte demais ou numerosa demais para Deus. Avancemos de joelhos!

Tome o lugar da vitória do Calvário. Glorie-se na derrota de satanás no Calvário. Insista em impor a vitória do Calvário. Entre em batalha poderosa de oração, com o nome de Jesus, a Palavra infalível de Deus e o sangue do Calvário como sua segurança e suas armas invencíveis de ataque. Desafie as forças das trevas. Confronte as legiões invasoras do inferno. Entre em ataque contra as fronteiras de satanás. Prevalecer por meio da batalha sagrada da oração sempre está no tempo de Deus. Levante alto o seu estandarte. Erga as suas mãos ao trono de Deus, como Moisés. Reivindique vitória por Jesus.

As nossas batalhas são travadas nos lugares celestiais, mas a nossa oração é feita aqui nos campos de batalha terrenos. A nossa voz pode estar em silêncio, os nossos lábios podem não se mover, mas os nossos olhos estão no Capitão. A nossa mão está tocando o seu trono. A nossa fé está levantando o estandarte da cruz. A nossa alma está gritando o nome de Jesus. Não apenas quando estivermos de joelhos, mas enquanto cuidamos do nosso trabalho do dia a dia, nós podemos manter o espírito de militante oração, erguendo alto, por assim dizer, o escudo da fé, dando o nosso grito de guerra — o nome de Jesus — e prevalecendo em oração.

Orando, diz Paulo, *com toda oração e súplica* (Ef 6.18). Todas os tipos de oração são legítimos nessa guerra santa. Ficaremos surpresos quando chegarmos ao céu e descobrirmos como todas as formas de oração contribuíram de modo extensivo para as vitórias de Cristo. Ficaremos admirados ao perceber como essa batalha de oração se estendia por todo o mundo, como foram estratégicas as orações dos filhos de Deus em segredo, os poderosos guerreiros de oração conhecidos principalmente por Deus. Ficaremos atônitos ao compreender o escopo e a intensidade das batalhas de oração da igreja toda enquanto enfrentava o mundo e as suas necessidades.

Devemos guerrear com as armas certas e as armas mais poderosas — as formas e níveis da oração que prevalece. O céu combate ao nosso lado enquanto prevalecemos em oração. Estamos prevalecendo com Deus e por Deus.

Quem somos nós, indignos e tão fracos em nós mesmos, para Deus nos confiar armas tão poderosas? Quem somos nós para Deus contar com as nossas orações a fim de mudar o curso da batalha em retumbante vitória? Quem somos nós para ficarmos em uma brecha estratégica nas linhas de batalha e adiarmos, aparentemente quase por nós mesmos, as investidas de satanás?

Sentimo-nos tão mal equipados. Mas não! Não existem armas mais poderosas do que as armas da nossa batalha espiritual. Satanás não tem nada que possa se equiparar ou resistir a elas. Sentimo-nos treinados de forma muito inadequada. Mas não! Aprendemos as destrezas da guerra enquanto lutamos.

As estratégias da nossa batalha serão dadas pelo Espírito Santo a nós ao avançarmos de joelhos.

Leia o que Coleridge escreveu:

> Creia, orar com todo o seu coração e força, com a razão e a vontade, acreditar de forma vívida que Deus ouvirá a sua voz por meio de Cristo e, em verdade, para fazer as coisas que agradam a Ele logo em seguida — esta é a última e maior realização de batalha do cristão na terra.[3]

---

[3] McIntyre, D. M. *The Hidden Life of Prayer*, p. 20.

35

Estratégias na batalha de oração

PARTE 1

Como guerreiros de oração, precisamos conhecer bem as armas e os métodos de vitória para a nossa guerra. Não podemos apenas estar atentos a satanás, aos seus esquemas e aos seus métodos (2Co 2.11); precisamos ser sábios e habilitados nos nossos recursos fornecidos por Deus para derrotar o diabo e afugentá--lo. Deus disponibiliza todas as estratégias de que precisamos para prevalecer.

Revestir-se da armadura de Deus. Revesti-vos de toda a armadura de Deus (Ef 6.11). Paulo repete essas palavras, porque são de grande urgência. Precisamos estar totalmente armados antes da batalha, e a única armadura que será adequada é aquela que Deus fornece. Somos totalmente dependentes dEle. Na passagem de Efésios, Paulo lista seis elementos:

1. *O cinturão da verdade.* A verdade a respeito de Deus — a sua soberania, o seu forte poder, a sua presença imediata conosco, a sua imutabilidade, o seu conhecimento e sabedoria infinitos, a total oposição a satanás e o julgamento profetizado de satanás — tudo o que a Bíblia nos fala de Deus é verdade absoluta. Podemos apostar a nossa vida nisso. Ele cinge a sua cintura

a fim de que você esteja pronto para batalhar no mesmo instante, mas você deve estar impregnado com a verdade.
2. *A couraça da justiça.* A couraça protegia os órgãos vitais se estendendo desde o pescoço até a coxa. Às vezes, ela era chamada de protetor do coração. A justiça, o caráter transformado que só Deus pode dar, fornece proteção absolutamente essencial na batalha espiritual. Não existe poder na oração, a menos que haja total apropriação da justiça de Cristo. Nós não deixaremos nenhuma vulnerabilidade exposta ao nos apropriarmos do caráter de Cristo.

   Só quem é puro de coração e odeia o mal pode se mover no território inimigo com liberdade e sem ser molestado. Além de termos uma vida pura, precisamos possuir um coração puro — motivações e desejo puros. Devemos ter integridade total. O orgulho pode destruir todo o nosso poder para a batalha. A inveja, as críticas negativas, a ira carnal, a má vontade — nada disso pode ser tolerado no nosso coração, se quisermos nos engajar na batalha espiritual.
3. *As botas militares.* Nos dias de Paulo, os soldados usavam botas fortes de couro com o solado densamente cravejado de pregos, diz Flávio Josefo. Essas botas davam aderência firme aos pés na luta e proteção durável em longas marchas. O guerreiro poderia sair correndo em disparada para agir. Guerras foram vencidas e perdidas por causa do calçado. O evangelho da paz — paz com Deus e paz com todos os homens — dá um alicerce firme que não escorregará ou deslizará. Mais uma vez, essa peça da armadura enfatiza que a luta bem-sucedida depende do caráter.
4. *O escudo da fé.* A fé salvadora é absolutamente essencial, mas esse elemento vai além da salvação para a fé usada na conquista espiritual e na guerra espiritual. É a fé para agir, para atacar a fortificação de satanás, para tomar a ofensiva de oração que faz satanás recuar. Deus deseja essa fé em nós e a fornece com alegria. É a fé que aproveita a promessa e a empunha como uma arma.

É a fé que apaga toda flecha inflamada de satanás. Ele é o falso acusador de Deus e dos nossos irmãos em Cristo, e tenta até nos acusar. Ele quer nos incapacitar pela dúvida. Satanás nos acusa de fraqueza; nós concordamos — a nossa força está no Senhor, e não em nós mesmos. Ele nos culpa de ignorância; nós concordamos — o Senhor é a nossa sabedoria. O Espírito é o nosso guia e conselheiro. Satanás nos censura por não sabermos orar; nós concordamos — por essa razão o Espírito ora dentro de nós e é Senhor da nossa oração. O nosso escudo da fé é grande. É adequado. Pode apagar toda seta ardente que satanás atirar em nós.

5. *O capacete da salvação.* A nossa mente é guardada pela salvação do Senhor. Ele é a nossa segurança de salvação. É uma libertação no tempo presente do pecado, porque Jesus nos salva dos nossos pecados. A nossa cabeça, tão vital na guerra, está totalmente protegida. Vemos as necessidades como Deus as vê. Enxergamos o pecado como Deus enxerga. Temos o discernimento de Deus, os interesses e as atitudes dEle. A salvação nos equipa para lutar e orar com sabedoria, coragem e eficácia.

6. *A espada do Espírito — a Palavra de Deus.* Essa Palavra é a nossa arma poderosa tanto defensiva quanto ofensiva de guerra, permitindo que evitemos os ataques de satanás e que saltemos na investida contra todos os poderes do inferno. Que poder tremendamente eficaz e aplicável a todo o universo está na Palavra! Permita que eu cite algumas expressões de militância para serem usadas no momento devido da sua oração: "Assim diz o Senhor"; "em nome de Jesus"; "Seja feita a tua vontade"; "arreda, satanás"; e "pelo sangue do Cordeiro".

Cada uma delas pode ser um golpe cortante e agudo de espada na sua batalha de oração. Use as Escrituras enquanto ora. Use a Palavra de forma militante. Use a Bíblia no comando de fé.

As Escrituras são chamadas de espada do Espírito porque foram inspiradas pelo Espírito. Elas são a espada dEle porque é Ele quem as passa para nós e porque são a grande arma que Ele usa por meio de nós. A palavra grega quer dizer literalmente "recebê-la", porque o Espírito Santo deve colocá-la em nossas mãos.

O uso da Bíblia na batalha de oração é obra do Espírito Santo. Ele a traz à nossa memória enquanto oramos. Ele dá poder de penetrar e cortar fundo enquanto a empunhamos contra satanás. O diabo não consegue resistir à Palavra de Deus quando ela é usada no poder do Espírito. Jesus calou satanás com a Palavra, e nós também podemos fazê-lo quando a empunhamos pelo Espírito.

Esses são todos os elementos da armadura e as armas da nossa guerra, mas a oração é a batalha real. Por isso, Paulo encerra essa exortação dizendo que, quando estivermos completamente armados, devemos usar tudo isso com a oração, batalhando contra satanás em nome de Cristo (v. 18).

Aceitar e adotar o espírito de guerreiro. A vitória depende do espírito de guerreiro. Os Golias dos nossos dias são comissionados por satanás a nos desafiar como seguidores de Cristo. Seja como Davi, um homem segundo o coração de Deus (At 13.22). Deus amou e honrou o espírito de guerreiro de Davi. Faça como Davi, desafie o seu Golias. Davi mal podia esperar pela batalha com Golias. Ele havia aprendido a ter o espírito de guerreiro com os confrontos que Deus havia permitido com o leão e o urso. Ele não poderia ser um homem de Deus como rei do povo de Deus, a menos que tivesse o espírito de guerreiro. É impossível ser um servo de Deus com outra coisa senão um espírito militante de oração.

Deus está esperando que você seja um soldado tão ativo que ataque o território de satanás, derrube as suas argumentações, confronte qualquer oposição e a destrua com as armas espirituais. A oração pode dar a você um espírito de soldado. A oração traz agressividade à sua natureza íntima. Você arde com o fogo do desejo santo de expor as falsidades de satanás, jogar para longe as montanhas que satanás atirou contra a vontade de Deus e o seu progresso, e libertar todos os prisioneiros de satanás.

Como guerreiro de oração, você alenta a indignação justa de Deus. Você se inflama com determinação santa e o poder do Espírito de derrubar todos os poderes de oposição e abrir o caminho para o Cristo conquistador. Você não é imprudente, estúpido nem presunçoso. Você é militante.

A honra de Deus está em jogo. A vontade de Deus está sendo impedida. O nome de Jesus está sendo questionado e desonrado. Faça como Davi e esteja disposto a entregar a sua vida arriscando-se por Deus. Faça como Paulo, desafie o poder das trevas em nome de Jesus. Deus carece de vitórias. As vitórias de Deus são conquistadas pelas batalhas de oração. O Espírito Santo quer dar a você o espírito de guerreiro e fazer que você seja parte dos seus santos "Fuzileiros Navais" de oração.

Você odeia o pecado como Deus odeia?

Você sente o escândalo que é o nome de Deus ser desonrado e a vontade de Deus, impedida?

Você enxerga a humanidade escravizada e abusada por satanás e os seus seguidores?

Você se consome de zelo pela vontade e a glória de Deus?

Você não está indisposto a colaborar espiritualmente e a relaxar a tensão com satanás? Você está indisposto a obter paz por meio da coexistência espiritual?

Não tenha medo da guerra espiritual, da batalha de oração! Não tenha receio do preço da vitória!

Entregue-se ao Espírito Santo e peça que Ele instile a sua militância sagrada em você. Peça que Ele o sature com o Seu Santo Espírito de guerreiro. Cante junto com Isaac Watts:

> *Serei eu um soldado da cruz?*
> *Não há inimigos a quem enfrentar,*
> *Não devo eu estancar a inundação?*
> *É certo que devo lutar se desejo reinar;*
> *Aumenta a minha coragem, Senhor!*

Levantar-se contra satanás. A *Nova Tradução na Linguagem de Hoje* traduz a passagem de Tiago 4.7 desta forma: *Enfrentem o diabo, que ele fugirá de vocês.* Barclay traduz o verbo por "tomar posição contra". O grego diz de forma literal "opor". Trata-se de uma ordem. Não se derrota satanás sendo passivo em "recorrer ao Senhor".

Em certas situações quando satanás quer nos prejudicar, o Senhor nos cobre e protege. Ele prometeu que faria isso, e os Seus anjos estão sempre disponíveis para nos ajudar. Mas Deus também exige que tomemos posição contra satanás, que fiquemos no campo de batalha e lutemos.

A ordem de tomar posição contra satanás, resistir e se opor a ele é uma ordem tanto quanto o mandado para testemunhar ou pregar o evangelho. O nosso mundo é um campo de batalha. Precisamos ser guerreiros por Cristo. Deus não planejou o Calvário simplesmente para nos libertar dos nossos pecados, mas para nos capacitar a derrotar satanás. O Deus Filho derrotou satanás no Calvário, e agora depende de nós para impor a Sua vitória pela batalha de oração.

Você tem de se levantar contra satanás, tomar posição pela oração. Satanás é o intruso. Ele não tinha nenhuma autoridade e, em comparação a Deus, tem poucos recursos. Ele ama rugir como um leão, mas em muitos aspectos ele está acorrentado. Ele não pode ir além dos limites que Deus estabelece. Paulo diz: *Em nada estais intimidados pelos adversários* (Fp 1.28). Insista na observância do caráter de Deus, do seu poder e da sua fidelidade. Atenha-se ao direito inerente de Deus como criador e dono do universo. Aferre-se ao direito dEle como vitorioso sobre satanás no Calvário.

Você não tem alternativa, senão batalhar! Você não possui alternativa aceitável à vitória em nome de Jesus! Você tem o compromisso de se opor a satanás e triunfar em Cristo. Nada menos do que isso é digno de Deus. Não existe um meio-termo seguro nesse ponto. O ponto de partida para batalhar em oração é ficar firme. *Ficai firmes [...] tomai toda a armadura de Deus, para [...] resistir no dia mau [...]. Estai, pois, firmes* (Ef 6.11,13,14).

Planejar e tomar a ofensiva. A ordem de combate dada por Churchill a lorde Mountbatten na Segunda Guerra Mundial foi: "Você deve fazer planos para a ofensiva. Você nunca pensará de forma defensiva nos seus quartéis-generais".[1] Você nasceu de novo para a batalha e a vitória. As ordens de Jesus a você são de pressionar para obter a vitória.

A oração não é um brinquedo de criança. Não é uma arma de caça recreativa, nem sequer meramente de autodefesa. A oração, a *oração que prevalece*, é uma arma poderosa para toda a nossa batalha espiritual contra satanás. É artilharia pesada para ação ofensiva contra o diabo. É provisão de Deus para a conquista.

Arthur Mathews escreveu: "Em qualquer situação onde satanás domina e ameaça, Deus busca um homem por meio de quem Ele possa declarar guerra ao inimigo. Ele pretende que por meio desse homem satanás seja advertido a recuar, juntar as suas coisas e se retirar".[2] Deus está esperando que os guerreiros de oração se coloquem na brecha contra as investidas de satanás e, ainda mais, que mirem nas fortalezas de satanás e as ataquem.

Na Bíblia, é clara a expectativa de que tenhamos um espírito militante e ataquemos as fortalezas de satanás. *Porque as armas da nossa milícia [...] poderosas em Deus, para destruir fortalezas; anulando nós, sofismas e toda altivez que se levante contra o conhecimento de Deus, e levando cativo todo pensamento à obediência de Cristo* (2Co 10.4,5).

Tome o escudo da fé. Lance mão da espada do Espírito. Ore com militância. Demonstre que está armado para a guerra e o seu plano para a vitória. Pare de lamentar os ataques de satanás! Cesse todas as considerações fúteis de alternativas à conquista! A igreja fracassa diante de Deus se não armar os seus crentes com a atitude da fé e as habilidades da batalha de oração. Precisamos planejar a vitória, armar-nos para o triunfo, treinar para o êxito e lançar uma ofensiva para a conquista.

---

[1] MATHEWS, R. Arthur. *Born for Battle*, p. 49.
[2] Ibidem, p. 62.

Tomar a iniciativa de fé. Além de estar na ofensiva por Deus, esteja atento para tomar a iniciativa de fé. É plano de Deus que a iniciativa esteja nas nossas mãos. Ele fez provisão completa para a vitória conquistada pela oração, mas nós temos de prevalecer. Ele fornece promessas adequadas para qualquer coisa de acordo com a Sua vontade, mas nós devemos reivindicar a promessa e exercitar a fé.

O maior inimigo a ser superado no campo de batalha é o medo. Deus nos armou para a guerra espiritual, mas armas não usadas não vencem guerras. Precisamos estar alertas a cada oportunidade de tomar a iniciativa por Deus. A fé não é passiva, e a oração não é neutra. A fé e a oração são as superarmas de Deus aos seus filhos. A espada do Espírito deve ser usada em toda ocasião possível. Deus exige a ação da fé.

A iniciativa de oração — atitude de fé exercida na oração que prevalece — pode vencer qualquer batalha que seja para a glória de Deus e esteja de acordo com a vontade dEle. Satanás ocupa muitas posições estratégicas pela nossa omissão. Seria negligência grave da nossa responsabilidade espiritual e do nosso dever não usar as armas poderosas da oração e da fé quando satanás está reivindicando os seus direitos de forma tão ilegítima, está tão vulnerável ao nosso ataque e tão certo da derrota final.

A vitória vem somente quando nos dispomos a usar as armas que Deus fornece. Nada é automático na vitória espiritual, mas "quando Deus vê uma arma sendo usada em seu nome e a fé ousando tentar o impossível, ele reúne os correligionários do céu e entra para confundir e afugentar o inimigo".[3] O avanço do evangelho é constantemente impedido pela falta de oração e de militância espiritual por parte dos filhos de Deus. "Avancemos de joelhos" deveria ser o clamor vigilante de todo crente.

[3]Ibidem, p. 57.

36

Estratégias na batalha de oração

PARTE 2

Batalhar em posição de vitória. Jesus derrotou satanás na cruz em vitória completa e final. E, *despojando os principados e as potestades* [termos para a hierarquia satânica do mal], *publicamente os expôs ao desprezo, triunfando deles na cruz* (Cl 2.15). O triunfo de Cristo não foi uma vitória apenas particularizada, mas com consequências eternas. Satanás e as suas forças são rebeldes e usurpadores derrotados que foram despojados de todo poder. Eles já foram conduzidos como prisioneiros em desgraça por Cristo na sua procissão triunfal. Eles se tornaram o "prêmio de guerra de Cristo".

Deus, no mistério da sua vontade soberana, permite que eles continuem circulando por algum tempo, dentro dos limites que ele estabeleceu. Enquanto aguardam a sua expulsão final e serem lançados no lago de fogo, eles tentam enganar a humanidade fingindo como se já não tivessem sido derrotados. Mas a sua condenação já está determinada.

Deus permite que eles mostrem a sua fúria e ódio dentro dos limites que ele determinou por este breve momento da eternidade que chamamos de tempo. Cristo conquistou vitória cósmica eterna sobre satanás na cruz. Ela foi decisiva e final, nunca mais precisará ser repetida. Nunca poderá ser revertida. A condenação de satanás já está decidida e anunciada. Ele e os seus príncipes demoníacos das trevas são como bestas selvagens capturadas e acorrentadas. Eles podem rugir e se debater, mas estão acorrentados até certo ponto.

Mesmo antes do Calvário, os demônios gritaram: *Que temos nós contigo, ó Filho de Deus! Vieste aqui atormentar-nos antes do tempo?* (Mt 8.29). Agora, como um fato consumado, eles estão desarmados (Cl 2.15). Na cruz, eles foram expostos a desfilar, derrotados, para que todo o mundo espiritual visse.

Eles não conseguiram tirar Jesus do trono, onde Ele está assentado agora. Deus Pai disse a Ele: *Assenta-te à minha direita, até que eu ponha os teus inimigos debaixo dos teus pés* (Mt 22.44). *Agora, porém, ainda não vemos todas as coisas a ele sujeitas* (Hb 2.8). No mistério do propósito de Deus, Deus permite que satanás revide, disfarce o seu caminho, nos atrapalhe por enquanto.

Deus permitiu que os inimigos de Israel ocupassem as suas terras por algum tempo e se opusessem a Israel. *Isso tão somente para que as gerações dos filhos de Israel delas soubessem (para lhes ensinar a guerra), pelo menos as gerações que, dantes, não sabiam disso* (Jz 3.2). Parece que Deus tem um plano semelhante para igreja hoje. Ele está ensinando a batalha de oração aos seus seletos servos. Satanás foi derrotado por Cristo para sempre e por completo, mas Deus tem como plano que eu e você imponhamos essa vitória pela batalha de oração. Ele está nos ensinando experiências espirituais inestimáveis pelas quais seremos eternamente gratos, assim como para sempre honrados e galardoados.

Em um sentido muito real, já estamos entronizados com Cristo. Já é um fato espiritual que somos reis e sacerdotes, um sacerdócio real (Ap 1.6; 1Pe 2.9). [Deus] *juntamente com ele, nos ressuscitou, e nos fez assentar nos lugares celestiais em Cristo Jesus* (Ef 2.6). Então, enquanto batalhamos contra satanás pela oração aqui, nós estamos também assentados com Cristo no Seu trono, na realidade espiritual.

Em perspectiva, nós lutamos, no trono, contra satanás. Vemos satanás já derrotado. Nós olhamos para o campo de batalha aqui embaixo do ponto de vantagem do trono de Cristo. Mas, neste meio-tempo, Deus nos designou para combater satanás e ocupar em nome de Jesus todo o território que satanás está detendo no presente. A promessa feita a Josué é, com efeito, nossa: *Todo lugar que pisar a planta do vosso pé, vo-lo tenho dado [...]. Ninguém te poderá resistir todos os dias da tua vida* (Js 1.3,5). Stuart Holden disse: "Nós entramos na batalha não da perspectiva da nossa situação aqui na terra, mas da nossa posição no alto em Cristo".[1] Esta é a posição de fé.

Você tem como atribuição arrancar o controle de satanás sobre o território que ele não tem direito de ocupar. Você tem como tarefa resgatar as almas e vidas que satanás está mantendo cativas. Você segue em frente com a batalha, afugentando satanás, uma fortaleza de cada vez. Você faz satanás se voltar para o sangue derramado — o sangue que selou a sua condenação. Ele foi eternamente tolo por ter colocado as mãos em Jesus. Ele sofreu a maior derrota da eternidade, e ela provará ter sido a sua derrota eterna.

Podemos pensar que satanás desistiria. Ele sabe que foi derrotado. Ele tem ciência de que a posição dele é de desespero. Ele sabe que está envolvendo no seu próprio castigo eterno todas as pessoas que ele engana. Ele compreende que continuará sendo derrotado vez após vez. Cada batalha que ele luta aumenta o seu castigo eterno. Mas, no seu ódio obstinado e inveterado por Deus e pela humanidade, ele continua lutando. No triunfo de Cristo, eu e você devemos desalojar o diabo, fazê-lo recuar e retroceder batalha após batalha.

Entenda a sua posição em Cristo. Compreenda o seu papel sagrado. Aqui, você guerreia em nome dEle na santa batalha de oração. Você será eternamente recompensado com Ele no seu reino eterno. Assimile e use toda a autoridade que Cristo delegou a você. Conquiste as suas honras eternas nas batalhas de oração do tempo.

---

[1]MATHEWS, R. Arthur. *Born for Battle*, p. 27.

Vencer primeiro a guerra invisível. Por trás de todo impedimento, oposição e bloqueio visível que satanás lança contra nós, está a realidade invisível da sua oposição demoníaca. Embora tenhamos maior ciência do que é visível, a realidade suprema é a invisível. O visível nada mais é do que a expressão do invisível. *A nossa luta não é contra o sangue e a carne, e sim contra os principados e potestades, contra os dominadores deste mundo tenebroso, contra as forças espirituais do mal, nas regiões celestes* (Ef 6.12).

O posicionamento contra satanás que é de total importância é no âmbito invisível. O escudo da fé é no reino invisível. A empunhadura habilidosa da espada do Espírito é na luta invisível. Você pode ser levado a recitar textos das Escrituras muitas vezes para satanás, mas eles ecoam pelo reino do Espírito muito mais alto do que no lugar onde você levanta a sua voz de forma audível.

Você precisa derrubar as forças invisíveis de satanás, se deseja ver coisas e vidas transformadas de forma visível diante de você. As montanhas devem ser movidas no invisível antes que fique evidente que foram forçadas a se afastar no visível. É necessário amarrar satanás e os seus demônios antes de ver os seus prisioneiros indefesos serem libertos. Jesus tem de colocar satanás debaixo dos seus pés de forma invisível antes que as coisas estejam debaixo dos pés de Jesus de forma visível.

Isso não é ficção romântica cristã, mas realidade espiritual gloriosa e incrível. A batalha de oração é real. Tem um alto preço. É travada na terra, mas também é travada nos lugares celestiais em um sentido ainda superior. A realidade mais pura é que você não luta "pela" vitória, mas "da posição de vitória".[2] Ainda assim, a guerra continua. Cristo faz satanás recuar de forma invisível pela sua batalha de oração, em face da hostilidade e oposição visíveis que satanás motiva.

F. J. Huegel, um missionário veterano treinado na batalha, escreve: "Louvado seja Deus, isso tudo é real, porque Deus que

[2] Ibidem, p. 27-28.

não pode mentir diz que é real; real, embora dez mil circunstâncias e sentimentos estrondam e digam que não é real".³ Quando você tiver conquistado a vitória no invisível e tomado o seu lugar com Cristo de forma invisível no trono dEle, quando Cristo tiver colocado satanás debaixo dos seu pés pela sua vitória invisível (Rm 16.20), então você já poderá reinar com Cristo e observar Deus trazer a vitória invisível à realidade visível.

Arthur Mathews, missionário veterano, falou que Deus colocou um fardo no seu coração por duas regiões específicas do Sudeste Asiático. Enfrentava-se forte oposição ao progresso do evangelho ali. O fardo de oração continuava enquanto Mathews continuava orando. "Assim fazendo valer a minha posição em Cristo nos lugares celestiais com base na Palavra de Deus e fortalecido pelo seu poder, tomei sobre mim toda a armadura de Deus a fim de tomar posição contra as artimanhas do diabo e de resistir à sua oposição ao evangelho". Com a persistência de Mathews, as notícias dos dois lugares começaram a mudar. "Os poderes resistentes em ambos os casos foram enfraquecidos, tornando possíveis as vitórias para o Senhor."⁴

Você conhece a alegria de receber do Espírito a vitória invisível na oração que coloca coisas debaixo dos seus pés? Que nova perspectiva! Que nova liberdade no Espírito! As montanhas que antes o oprimiam parecem agora tão pequenas quanto um montinho de terra. Você sente o poder do Espírito sobre você e em você. A vida sobre o trono começou. Nada deixa satanás mais horrorizado e enfurecido. Essa forma de resistência realmente faz satanás correr.

Orar no Espírito. Orando no Espírito Santo, diz Judas (Jd 20). Paulo acrescenta: *Com toda oração e súplica, orando em todo tempo no Espírito* (Ef 6.18). Se orar no Espírito é importante em toda oração, isso é especialmente urgente na batalha de oração. Somente

---

³HUEGEL, F. J. *The Enthroned Christian*, p. 29.
⁴MATHEWS, R. Arthur. *Born for Battle*, p. 47.

aqueles que são cheios do Espírito de forma consciente podem conhecer a capacitação contínua do Espírito para orar. Arthur Mathews escreve com relação à confrontação com o diabo: "Nem deve ser adentrado sob condições em que o indivíduo não esteja cheio do Espírito". S. D. Gordon acrescenta: "Nunca seremos verdadeiros homens de oração no melhor sentido, até estarmos cheios do Espírito Santo".[5]

Precisamos do Espírito Santo a fim de amarmos com o amor que faz a oração prevalecer de verdade. *O amor de Cristo, que excede todo entendimento* (Ef 3.19) é o resultado do *poder, mediante o seu Espírito no homem interior* (v. 16). A capacidade de Deus fazer *infinitamente mais do que tudo quanto pedimos ou pensamos é conforme o seu poder* trabalhando em nós (v. 20).

A fraqueza na oração pode impedir a eficiência da oração, mas o propósito do Espírito é então nos preencher para que possa nos ajudar na nossa fraqueza na oração (Rm 8.26). Só em total dependência do Espírito, podemos prevalecer em oração. Por isso é absolutamente essencial em toda batalha de oração receber a plenitude do Espírito, viver na plenitude do Espírito e orar na plenitude do Espírito. Esse assunto foi tratado de forma mais global nos capítulos 14 e 15.

Concentrar-se em um alvo de oração após o outro. A batalha de oração está sendo tão militante em nome de Jesus que nós confiscamos do inimigo tudo o que por direito pertence a Cristo. Cristo é o vencedor, e a batalha de oração toma de satanás os espólios do vencedor.

Além de orar por bênção, devemos orar contra satanás, contra toda ramificação da sua obra e seu reino de trevas. Nós precisamos anelar pelo espírito de Cristo de tal modo que tenhamos o espírito do campo de batalha — a determinação para libertar os prisioneiros de satanás, tirar a posse de satanás e dar a Cristo o que é dEle por direito.

---

[5]Ibidem, p. 18; PAYNE, Thomas. *The Greatest Force on Earth*, p. 118.

Jesus andou por toda parte desafiando e derrotando satanás, libertando aqueles que estavam fisicamente doentes, que eram perturbados por demônios e escravizados pelo pecado. Em muitos aspectos, devemos fazer o mesmo. A igreja primitiva entendia essa missão. O avivamento em Samaria foi uma invasão ao território de satanás. Toda vez que Paulo começava uma campanha em outra cidade, ele estava invadindo o território de satanás. Aonde quer que ele fosse, pessoas possessas por demônios ou oposição liderada por demônios o confrontavam. Ele tinha uma visão de ocupação do império romano para Jesus. Ele plantou igrejas cristãs nos centros da vida política e comercial como fortes de Jesus por trás das linhas satânicas. Então ele contava com o alcance dos irmãos pela oração e pelo testemunho, triunfando por Cristo nas áreas circunvizinhas.

A igreja primitiva buscava levar o nome de Jesus e plantar igrejas de Jesus Cristo em cada fortaleza de satanás. Ela queria livrar o mundo de todo vestígio do poder de satanás. Os cristãos primitivos até construíram igrejas em pontos onde antes estavam localizados santuários pagãos. Eles não queriam que os rituais pagãos e demoníacos fossem realizados outra vez. Eles estavam "ocupando" pelo Rei Jesus.

Os missionários pioneiros planejavam e oravam nesses mesmos termos. Quando Jonathan Goforth elaborou lançar um novo trabalho na província de North Honan na China, Hudson Taylor escreveu para ele: "Irmão, se for para você conquistar essa província, você deve avançar de joelhos".[6] Toda fortaleza de trevas espirituais precisa ser conquistada de joelhos.

Hudson Taylor tinha como hábito pessoal cobrir de oração militante cada um dos seus centros missionários, cada missionário e cada situação urgente de que ele tivesse conhecimento.[7] Era batalha de oração deliberada, específica e agressiva, persistindo até que as vitórias espirituais fossem conquistadas.

---

[6]WATT, Gordon B. *Effectual Fervent Prayer*, p. 84.
[7]Ibidem, p. 14.

Os guerreiros de oração são chamados para serem as tropas de assalto espiritual de Cristo. Satanás já nos assaltou por tempo demais. Vamos virar a batalha contra ele. Jesus quer derrubar as fortalezas de satanás, uma a uma, por meio de nós. Satanás só cede terreno quando o compelimos a isso. Devemos avançar passo a passo, fortaleza a fortaleza, de vitória em vitória. Comece a reivindicar uma pessoa após outra para Jesus. Liberte os cativos. Comece a reivindicar um lugar após outro para Jesus. Assim como os primeiros impérios europeus reivindicaram território no Novo Mundo, as Américas, em nome do seu soberano, nós também devemos requerer lugares, situações e pessoas para Jesus. Mantenha o espírito agressivo de um soldado; continue tomando novas iniciativas de batalha de oração por Jesus.

Continuar a cobrir vitórias passadas com oração. Satanás não desiste de pronto dos seus territórios perdidos. Normalmente, mesmo depois de a vitória ter sido alcançada nos lugares celestiais, no reino invisível, ele continua a resistir à nossa batalha de oração e continua a lutar. Ele sabe que não tem esperança, mas é tão obstinado no seu ódio por Cristo que resiste até o último minuto, tentando causar o máximo de sofrimento e estrago possível.

Mesmo depois de você sentir segurança de que a batalha foi vencida, ele vai tentar outro ataque sobre você e a sua posição de fé. Você se lembra da batalha de Refidim (Êx 17.8-16)? Moisés, Arão e Hur estão na colina levantando mãos santas em oração a Deus. Enquanto eles o fazem, Josué afugenta Amaleque. Então, com a debandada do inimigo e as suas mãos exaustas, Moisés as baixou. No mesmo instante, Amaleque recupera as suas forças e volta a atacar. Então mais uma vez Moisés ergue as suas mãos em oração, e novamente Josué faz Amaleque recuar. Mas, assim que Moisés relaxa as mãos, Amaleque retorna e ataca. As lições espirituais são óbvias. Em primeiro lugar, as vitórias visíveis dependem da batalha espiritual. Em segundo lugar, as vitórias conquistadas devem ser acompanhadas de ataque contínuo incessante até satanás ser por fim derrotado. Finalmente, satanás se recusa a aceitar a derrota. Por isso, as conquistas alcançadas devem ser cobertas de "oração de ocupação" a fim de manter a vitória. S. D. Gordon escreve: "Deve-se persistir na oração depois de termos total segurança do resultado e até depois de alguns resultados imediatos chegarem, ou depois que os resultados gerais tenham começado a chegar".[8]

Então Moisés resume para nós: *O Senhor jurou, haverá guerra do Senhor contra Amaleque de geração em geração* (Êx 17.16). Nas palavras do hino escrito por George Heath,

> *Ó vigiar, lutar e orar.*
> *Jamais à batalha ceder.*
> *Em ousadia cada dia renovar,*
> *Implorar divino poder.*
> *Nunca pensar que a vitória chegou*
> *Nem da santa armadura despojar;*
> *Pois a obra da fé ainda não terminou*
> *Até a coroa alcançar.*
> *Luta sempre, minha alma...*

---

[8] Gordon, S. D. *Quiet Talks on Prayer*, p. 34.

37

Perigos na batalha de oração

satanás leva a nossa batalha de oração muito a sério. Ele não deixa vidas, situações ou lugares, a menos que seja afastado. Ele se opõe ao nosso avanço com todas as armas à disposição dele. Ele nos ataca em todo nível que ele resolver — físico, emocional, mental e espiritual. No Senhor, temos segurança e refúgio. Os seus anjos se juntam a nós na nossa batalha de oração, garantindo-nos a vitória final. Mas devemos estar sempre alertas e conscientes dos esforços e métodos de satanás.

Qualquer indivíduo ou grupo que entrar em batalha de oração como um ministério, como um chamado do Senhor, será confrontado por satanás. Ele tem horror daqueles que se entregam à oração. Você se lembra de como, nos dias do profeta Zacarias, o sumo sacerdote Josué não conseguiu iniciar o seu ministério sacerdotal de intercessão até satanás ser repreendido? Deus mostrou em uma visão a Zacarias que satanás estava à direita do sumo sacerdote tentando atrapalhar. Também era importante que Josué fosse purificado espiritualmente e obediente, se quisesse ter a assistência das hostes celestiais (Zc 3.1-7).

Os ataques de satanás sobre um lugar específico ou uma pessoa em especial são prova de uma guerra muito real nos lugares celestiais. Se a oração que prevalece não fosse tão poderosa, satanás não a temeria tanto ou se oporia com tanta violência. Uma tempestade de investidas, uma fúria para batalhar em alguma situação específica, não prova que estamos perdendo a batalha. No máximo, isso prova a eficácia da nossa batalha de oração. Satanás faz tudo o que ele pode em uma tentativa desesperada para nos amedrontar e nos deter. Às vezes, ele recebe permissão para impedir ou atrasar a nossa vitória por algum tempo, mas nós estamos do lado vitorioso, porque estamos ao lado do Vencedor. A oposição mais violenta de satanás costuma acontecer nos últimos instantes, antes de ser expelido à força pelo poder de Deus.

A tempestade no mar da Galileia não provou que Jesus ou os discípulos estavam em perigo. Provou que satanás estava furioso. Mas uma ordem de Jesus foi a única coisa necessária para afastá-lo. Para cada ataque de satanás, Cristo tem a visão para a vitória.

Mas, pela fé, devemos reivindicar a proteção que Deus nos viabiliza e nos apropriar dela. Reivindique proteção para o seu corpo contra acidentes, fraqueza e doença. Pleiteie proteção para sua mente contra a desatenção, o esquecimento e todas as mentiras e enganos do diabo. Demande proteção da sua alma contra a passividade, a indiferença, o desgaste da batalha e a tentação. Reclame proteção para o seu trabalho contra as investidas de satanás e os seus demônios por meio de pessoas ou circunstâncias hostis. Pleiteie defesa por meio da Palavra de Deus, do sangue da cruz, do nome de Jesus. Exija a sabedoria, a direção e o poder de Deus. Reivindique a assistência das forças angelicais de Deus no mundo invisível.

O perigo de estar absorvido no trabalho. Estamos em constante perigo de ficar tão preocupados com o nosso trabalho, tão focados nas demandas da nossa vida diária e nas pressões do nosso ministério cristão, que não temos tempo para a verdadeira batalha de oração. A agitação da nossa era penetra a nossa alma a tal ponto que se torna difícil dedicarmos tempo para ficar a sós com Deus e para muitas horas de retiro de oração pessoal que separamos para nos engajarmos em batalha espiritual. Nós trabalhamos quando deveríamos estar orando. Nós nos tornamos tão *workaholics* que nos sentimos mais confortáveis trabalhando do que orando.

É muito fácil nos tornarmos espiritualmente rasos e relativamente impotentes, porque passamos tão pouco tempo de qualidade com o Senhor. Tornamo-nos vítimas da tirania do nosso mundo. Somos desprovidos de disciplina e senso de prioridade real para colocarmos a oração em primeiro lugar. O tempo de oração deve ser planejado, reservado e usufruído para Deus.

Não estou falando meramente de tempo em oração pessoal de compartilhamento e comunhão, tempo para alimentar a nossa alma. Temos de ir mais além e programar tempo para prevalecer em oração pelas necessidades de outras pessoas e pela causa de Cristo. A batalha de oração merece e exige tempo. Nenhum cristão está atendendo ao padrão do Novo Testamento se não dedicar tempo tanto para a oração de compartilhamento e comunhão quanto para a oração que prevalece, juntando-se ao Filho de Deus e ao Espírito Santo em batalha de oração.

A falta de oração, a negligência na intercessão e a ausência no campo da batalha de oração devem ser confessadas a Deus em arrependimento para obter o perdão de Deus. Depois disso, podemos programar a nossa alma para darmos prioridade à oração de forma definitiva, porém razoável. Precisamos pedir ao Espírito que coloque sede pela presença de Deus e pelas respostas poderosas de Deus de volta na nossa alma. Temos falhado com o nosso Rei na intercessão por tempo demais. Faça algo a esse respeito hoje, pela graça de Deus.

O perigo do medo. Nós, como embaixadores de Cristo, não deveríamos ter medo da oposição de satanás. Ele é um inimigo vencido que quer nos paralisar pelo medo a fim de ficarmos na defensiva em vez de atacarmos por Deus. Todos os maravilhosos "não temas" das Escrituras são nossos para serem reivindicados (Is 35.4; 41.10,13; 43.1,5; 44.8; 54.4). Quando estamos lutando as batalhas de Deus, ele toma responsabilidade pela nossa proteção. Os seus anjos são a nossa guarda.

Andrew Bonar relatou que nunca entrou em um período de pura oração sem uma batalha feroz no início. Satanás teme a oração que prevalece a tal ponto que exerce todo esforço para tentar nos fazer desistir do nosso compromisso de orar, para tentar nos amedrontar. O seu único interesse é nos impedir de orar. Ele não teme o estudo sem oração, a pregação sem oração, o trabalho sem oração ou o cristianismo sem oração. Ele ri dos nossos muitos afazeres sem oração, mas treme quando levamos a batalha de oração a sério. Por isso, ele tenta nos afastar desse ministério sagrado.

Não poderíamos ser imprudentes. Não deveríamos desprezar satanás de forma irresponsável. Mas quando estamos lutando as batalhas do Senhor, compartilhando do seu fardo de oração, combatendo no poder do Espírito, podemos reivindicar a proteção do nome de Jesus e do sangue de Jesus. Nos casos em que demônios precisarem ser expulsos, caso seja possível, leve com você um parceiro de oração cheio do Espírito. Pode haver ocasiões em que isso não seja viável. Não tema. Use o nome de Jesus. Mas não se arrisque nesse tipo de batalha se você estiver em derrota espiritual ou fora da vontade de Deus.

Jesus orou por mim e por você: *Pai santo, guarda-os em teu nome* (Jo 17.11). A proteção do Seu nome é a proteção da Sua presença, da Sua promessa e dos Seus anjos. *Torre forte é o nome do Senhor, à qual o justo se acolhe e está seguro* (Pv 18.10). Então podemos cantar mais uma vez com Martinho Lutero:

> *Se nos quisessem devorar*
> *demônios não contados,*
> *não nos podiam assustar,*
> *nem somos derrotados.*
> *O grande acusador dos servos do Senhor*
> *já condenado está,*
> *vencido cairá*
> *por uma só palavra.*

O perigo da oração sem foco. A oração indefinida e generalizada nunca traz respostas claras. A fé e a oração devem ser específicas para serem eficazes. O papel legítimo do desejo santo existe em certas áreas gerais que necessitam de oração, como sede de avivamento, de resultados, de um novo dia para Deus, de um espírito de oração no meio do povo de Deus, de recursos financeiros para a causa de Deus e trabalhadores para a seara. A nossa alma pode e deve clamar a Deus por necessidades como essas muitas e muitas vezes.

Tais petições generalizadas são boas como início do nosso tempo de oração com Deus ou quando tiramos breves momentos durante o dia enquanto fazemos algum trabalho que exija mínima concentração mental. Mas a oração que é uma batalha de oração eficiente deve, sempre que possível, tornar-se altamente específica e personalizada. Quanto mais detalhada é a nossa oração, mais compreensível o nosso fardo pode se tornar. Quanto mais pessoal é a nossa oração, mais profundo é o nosso amor santo pela pessoa por quem oramos e maior o poder com que o Espírito nos capacita na oração por ela.

Tome cuidado para não orar de forma tão genérica a ponto de não se lembrar pelo que orou. Esteja atento para não ser tão indefinido a ponto de não ter condição de reconhecer se a sua oração foi respondida. Todas as necessidades são específicas. As situações da vida são incrível e tragicamente detalhadas. Você nunca saberá tudo a respeito de alguma necessidade particular, mas, quanto mais souber, maior a eficácia com que você poderá prevalecer. As oportunidades de oração são específicas. As necessidades de oração são extremamente específicas e detalhadas.

É necessário o acúmulo das orações de muitas pessoas para preparar o caminho do Senhor para o avivamento nacional. Mas você ou algumas pessoas podem prevalecer pelo avivamento e testemunhar Deus agir em poder em alguma vida, família, igreja particular ou até em uma comunidade inteira. É bom almejar um avivamento nacional. Mas, quanto mais focada em uma situação específica for a sua oração por avivamento, é provável que mais rápido você veja a resposta às suas orações. Ore por ambos.

Os fardos poderosos para orar costumam ser por situações específicas. A persistência santa, o combate em oração, tende a ser dirigido e capacitado pelo Espírito para determinadas necessidades urgentes. Os nossos anseios podem incluir o mundo inteiro, mas, para obterem resposta, devem ser concretos, detalhados e específicos. A fé eficaz é aquela por uma necessidade particular que podemos citar diante do Senhor, descrever em detalhes na nossa oração, e assim ser taxativos o suficiente para podermos saber quando a resposta chegar. Paulo orava pelo seu povo por nome. Mencione o nome das pessoas e das necessidades pelas quais você está orando e seja o mais concreto e específico possível.

Nos negócios, no setor financeiro, em viagens e na vida em geral, temos de ser específicos nos pedidos para obtermos o que precisamos. Spurgeon chamava essas orações taxativas de "orações de negócios". Tome uma determinada necessidade e uma promessa específica, peça com clareza a Deus exatamente o que você precisa e confie que receberá uma resposta concreta. Finney destaca que a nossa mente não consegue desejar de forma intensa muitas coisas ao mesmo tempo. É necessário se concentrar em uma de cada vez. Então isso deve acontecer na oração que prevalece.[1] Deus não espera que você prevaleça para cada necessidade do mundo. Ele quer dar tarefas específicas de oração que se tornem sua responsabilidade pessoal e seu fardo individual diante do Senhor.

O perigo da oração sem direcionamento. Dois elementos deveriam estar diante de nós em toda intercessão e em especial na batalha de oração: a necessidade humana e o plano divino. Para orarmos com persistência efetiva, precisamos estar em harmonia com as intercessões de Cristo no seu trono e do Espírito orando dentro de nós. S. D. Gordon escreve que orar é "descobrir o propósito

---

[1] FINNEY, Charles. *Princípios da oração*, p. 4.

de Deus [...] e insistir que esta seja feita aqui. O grande evento, então, é descobrir a vontade de Deus e insistir nela".[2] A vontade de Deus é sempre o melhor. O que desejamos pode ser bom, mas talvez não seja o melhor.

Deus anseia muito mais responder à oração do que nós almejamos receber a resposta. Só Ele sabe o que é melhor. As nossas ambições são o leve eco das ambições infinitas de Deus. O nosso amor é imperfeito; o dEle é sempre perfeito. Como seríamos tolos se orássemos por algo além da sua vontade.

Como o Espírito poderia ungir e capacitar você a orar pelo que não seja da perfeita vontade de Deus? Como Ele poderia assistir a fé pelo que não seja um santo desejo de Deus? Calvino disse: "Jamais um homem orará como poderia, a menos que o Mestre dirija tanto a sua boca quanto o seu coração".[3] É um desperdício de fôlego e tempo pedir algo que esteja fora da vontade de Deus.

A oração que prevalece e a batalha de oração de sucesso dependem, assim, tanto de ouvirmos quanto de sermos repetitivos ao pedir. Habacuque estava orando, mas percebeu que precisava ouvir a Deus. *Pôr-me-ei na minha torre de vigia [...] para ver o que Deus me dirá* (Hc 2.1). Carecemos do Espírito para nos transmitir a perspectiva, a visão geral e o plano de Deus pela ótica da eternidade. Só Ele sabe o que será para a sua maior glória eternal e para o nosso maior bem eterno.

Guia os humildes na justiça e ensina aos mansos o seu caminho (Sl 25.9). Quando nos humilharmos diante de Deus, confessando a nossa total necessidade da sua sabedoria e direção e estando ansiosos somente pela vontade dEle, aprenderemos a desenvolver um ouvido atento à Sua voz e uma consciência constante do Seu toque. Andrew Murray disse: "O cristão aprende que o toque suave e gentil do Espírito é muito sensível. Nenhuma liberdade pode ser tomada, ou o senso da presença duradoura

---

[2]GORDON, S. D. *Quiet Talks on Prayer*, p. 148.
[3]MATHEWS, R. Arthur. *Born for Battle*, p. 84.

é retirado".[4] Paulo foi sensível à doce voz do Espírito enquanto orava sobre o ministério em Atos 16.6,7.

Quando restringe a sua intercessão ao seu próprio entendimento, você pode não apenas deixar passar a intenção de Deus, mas atrapalhar o plano dEle. Espere em Deus até que Ele confirme a vontade dEle para você. Não force a sua vontade ao Senhor, mas, quando você compreender o que está no coração dEle e qual a vontade dEle, some toda a força das suas orações à poderosa persistência dEle. Quando parecer que o fardo de oração mudou, espere na presença de Deus pelo próximo direcionamento do Espírito com relação ao seu pedido.

Você não tem como conhecer os momentos estratégicos na batalha de oração. É impossível fabricar um fardo de oração. Mas, quando você, como guerreiro de oração, está mantendo uma batalha de oração contínua ou carregando um fardo de oração constante, o Espírito Santo pode colocar sobre você o peso da luta intensa de oração no momento crucial. Ou um grupo pode permanecer por várias horas de oração fervorosa por alguma necessidade quando de repente vem um fardo de oração intenso sobre um após o outro. Tal batalha de oração em conjunto tem grande poder para promover a vitória de Deus. O tempo de Deus para essa batalha intensa de oração costuma ser milagrosamente exato. Mas por que isso deveria nos surpreender, quando o Espírito Santo é o nosso Estrategista divino?

Em 1909, ao fim de reuniões maravilhosas de Tungchow, próximo a Pequim, na China, Jonathan Goforth partiu para os Estados Unidos. Na rota, parou em Londres. Enquanto estava lá, ele recebeu notícia de uma senhora inválida que era uma verdadeira guerreira de oração. Ele ficou ansioso para conhecê-la. Durante a sua conversa, ela disse-lhe que havia ouvido falar das reuniões que ele se propôs a fazer na China e tinha sentido um imenso fardo colocado sobre ela para orar por ele. Então

[4] FLEMING, G. Granger. *The Dynamic of All Prayer*. London: Oliphants, 1915, p. 87.

ela pediu que ele olhasse o seu caderno de anotações. Ela havia registrado três datas em que um fardo especial de oração viera sobre ela. Goforth ficou sobressaltado quando descobriu que aquelas datas eram os momentos exatos em que ele percebeu o maior poder e mais poderoso mover do Espírito Santo no seu ministério na Manchúria.[5]

Uma noite, a sra. Ed Sphar foi acordada à meia-noite com um fardo para orar pelo reverendo Jerry Rose e sua esposa em Irian Jaya, os quais trabalhavam no meio de um povo que tinha uma cultura da Idade da Pedra. A sua batalha de oração foi tão clara e específica que na manhã seguinte escreveu uma carta para eles, contando a respeito. Depois de algum tempo, a família Rose recebeu cartas semelhantes de cinco parceiros de oração de outros cinco continentes, cada um deles tendo sido dirigido pelo Espírito a prevalecer em oração naquela ocasião específica. No exato momento em que todos os cinco estavam prevalecendo, o sr. Rose estava com os braços amarrados atrás do corpo e um selvagem estava na sua frente pronto para pregá-lo ao chão com a sua lança. Nessa hora, outro homem da tribo chegou, falou com ele, e ele foi embora, deixando o sr. Rose ileso.[6]

Isobel Kuhn e o marido experimentaram grande oposição na vila no sul da China onde eles estavam trabalhando. Parecia impossível que o povo abandonasse os seus costumes pecaminosos e se voltasse para Cristo. Em dado momento, no entanto, sem conseguirem encontrar qualquer explicação, uma transformação repentina e maravilhosa ocorreu. Três clãs adversários resolveram as suas diferenças e ocorreram casos extraordinários de conversão. Então, com o passar do tempo, eles receberam uma carta de uma guerreira de oração que contou que, no exato instante em que a transformação chegou à China, ela estava tão dominada por um fardo para orar pela família Kuhn e o seu trabalho que foi

---

[5]GOFORTH, Rosalind. *Goforth of China*, p. 203.
[6]SANDERS, J. Oswald. *Prayer Power Unlimited*, p. 143.

até o telefone e ligou para outra senhora devota. Imediatamente, ela disse que estava sentindo o mesmo fardo de oração e sugeriu que elas ligassem para mais uma senhora. Elas o fizeram, e cada uma das três mulheres foi orar em intercessão persistente, cada qual na sua própria cozinha. Ao prevalecerem, satanás foi derrotado e vidas foram libertas.[7]

O perigo das motivações erradas. Já que toda batalha espiritual depende do poder do Espírito, é preciso ter certeza de estar não apenas cheio do Espírito, mas também de manter as motivações espirituais para orar. As únicas armas que prevalecem contra satanás são as espirituais. O zelo gerado pela própria pessoa pode fazer que ela ore de forma inconsciente pelo que deseja em vez de orar pelo que o Espírito deseja, ou pode fazer que ela entenda mal o tempo de Deus.

É muito fácil a glória de Deus se tornar um motivo secundário, e alguma motivação pessoal ser a motivação básica. Essa inversão pode bloquear as respostas à oração. Podemos subitamente ser motivados pelo sucesso mais porque não queremos ser um fracasso do que porque ansiamos pela glória de Deus. Podemos orar com zelo, porque são os "nossos" filhos, a "nossa" igreja ou a "nossa" nação.

Não é pecado ter interesses pessoais, mas tome cuidado para que o seu ego não se torne a motivação principal. Jesus advertiu os discípulos contra se gloriarem no fato de que os demônios tivessem de se submeter a eles quando usassem a autoridade do nome de Jesus. Glorie-se em Cristo, e não na sua autoridade em Cristo. Jesus se regozijou no Espírito (Lc 10.21); eles estavam se regozijando no sucesso (v. 17). Assim, Paulo oferece dois alertas em relação à oração: *Perseverai na oração, vigiando com ações de graças* (Cl 4.2). A batalha de oração exige vigilância constante — aos ataques de satanás, às nossas prioridades na oração e à nossa motivação ao orarmos.

---

[7] Ibidem, p. 67.

O nosso amor pelas pessoas deve ser por causa de Deus e pelo bem delas, e não apenas para somar mais um número à membresia da nossa igreja ou para benefícios que possamos por acaso receber. O nosso combate em oração deve ser por causa de Deus e pelo bem das pessoas, e não apenas para deter os problemas que estão nos causando tamanha dificuldade. A nossa oração mais ousada, mais cheia de fé e capacitada com maior poder só pode ser por aquelas necessidades em que o nosso ego não seja a motivação em nenhuma forma primária.

O perigo de desistir cedo demais. Disse-lhes Jesus uma parábola sobre o dever de orar sempre e nunca esmorecer (Lc 18.1). Então, depois de contar sobre o juiz injusto que finalmente respondeu às súplicas da viúva persistente, Jesus resumiu: *Considerai* [...]. *Não fará Deus justiça aos seus escolhidos, que a Ele clamam dia e noite, embora pareça demorado em defendê-los? Digo-vos que, depressa, lhes fará justiça* (v. 6-8).

Já discutimos sobre a dinâmica da persistência, embora a falta de persistência também seja um grande perigo na batalha de oração. Começamos a prevalecer em oração por alguma necessidade. Deus inicia o ministério combinado da sua providência, dos seus anjos e do seu Espírito. Mas e se antes que todos os detalhes possam estar relacionados entre si, e talvez logo antes de a resposta milagrosa chegar, desistirmos? Paulo nos assegura: *Não nos cansemos de fazer o bem, porque a seu tempo ceifaremos, se não desfalecermos* (Gl 6.9).

Milhares e milhares de orações têm sido atendidas por Deus, mas com frequência, antes que as respostas possam ser recebidas, o intercessor desiste. Muitas respostas de oração exigem que a vontade de certas pessoas se submeta ao plano de Deus. Deus não embaralha as pessoas como se fossem peças de um jogo de tabuleiro. Ele persuade com muitas influências e pressões que ele traz sobre as pessoas. Dê tempo para Deus resolver os detalhes. Deus sempre tem razões para demoras aparentes. Com frequência, Deus tem um tempo melhor e um caminho melhor.

O perigo é que o seu desejo não seja profundo o bastante, que a sua persistência não seja forte o suficiente. Não cesse o seu bombardeio de oração logo antes de satanás levantar a bandeira de rendição e se retirar. As batalhas são sempre por fim vencidas na última hora. Não desista cedo demais. Algumas respostas de oração virão somente se você aguentar firme em oração. A única maneira de algumas pessoas chegarem ao céu é se você se recusar a desistir.

O reverendo Lars Olsen Skrefsrud, pastor norueguês usado de forma poderosa por Deus, converteu-se por meio de persistente batalha de oração. Certa vez, uma menina comum do interior, Bolette Hinderli, estava orando quando de repente recebeu uma visão de um prisioneiro em uma cela. Ela podia ver o seu rosto e o seu corpo nessa visão. A voz parecia dizer: "Este homem terá o destino de todos os outros criminosos, se não houver alguém que assuma a tarefa de orar por ele. Ore por ele, e eu o enviarei para proclamar a minha glória entre os pagãos".

Bolette começou a prevalecer em oração. Dia após dia, ela permanecia firme pela salvação desse prisioneiro desconhecido. Ela esperou, orou e acreditou que algum dia teria notícia de algum condenado que tivesse se convertido e recebido o chamado para o trabalho missionário. Depois de um tempo considerável, ela estava em visita a Stavanger, Noruega, quando ouviu que um ex-condenado convertido iria pregar naquela noite em uma das igrejas da cidade. Ela foi até lá e, assim que Skrefsrud subiu ao púlpito, ela o reconheceu como a mesma pessoa que tinha visto na sua visão e por quem ela havia prevalecido.[8]

---

[8] HALLESBY, Ole. *Oração*, p. 67.

38

Como amarrar satanás

PARTE 1

satanás pode ser limitado. Essa é uma notícia maravilhosa, não é mesmo? Um dia os anjos de Deus vão amarrar *as hostes celestes* (Is 24.21). O contexto nesse capítulo mostra que essa promessa está relacionada à segunda vinda de Jesus. Fica óbvio que esses são os principados e potestades nas regiões celestiais contra os quais lutamos em oração na nossa batalha de oração (Ef 6.10-18). Na passagem de Apocalipse 22, um anjo será enviado do céu, amarrará satanás e este permanecerá amarrado por mil anos. Será necessário apenas um anjo para fazer isso!

É evidente que Jesus pretende que nós compartilhemos de alguma maneira do ato de amarrar satanás. Enquanto estava na terra, Jesus limitou até certo ponto a influência de satanás. Ao explicar como Ele expulsava os demônios durante o seu ministério, Jesus disse que o que Ele fazia era pelo poder do Espírito (Mt 12.28). Nós teremos de amarrar satanás exatamente dessa forma. Posteriormente, Ele explicou: *Como pode alguém entrar na casa do valente e roubar-lhe os bens sem primeiro amarrá-lo?* (v. 29). Em outras palavras, Jesus estava dizendo: "Eu amarrei o valente". Sabemos que essas palavras são figurativas, mas de muita importância para nós na batalha de oração.

Quando os setenta retornaram, contando como até os demônios foram compelidos a se submeter ao uso de autoridade do nome de Jesus, Jesus replicou: *Eu via satanás caindo do céu como um relâmpago* (Lc 10.18). Mais uma vez, ele está falando de modo figurado, mas Jesus está dizendo que satanás está sendo derrotado, os planos do diabo estão sendo frustrados, as forças demoníacas estão sendo detidas e os seus cativos estão sendo libertos. A autoridade fictícia de satanás está sendo exposta e quebrada. Está sendo mostrado quanto o falso poder do diabo é limitado.

Então Jesus continuou: *Eis aí vos dei autoridade para pisardes serpentes e escorpiões e sobre todo o poder do inimigo* (Lc 10.19). O que Jesus quer dizer com *serpentes e escorpiões*? É provável que esteja se referindo aos demônios de satanás. Mas a última declaração resumida em toda a argumentação de Jesus não tem mais um sentido figurado. Jesus diz de forma direta: *Eis aí vos dei autoridade [...] sobre todo o poder do inimigo.*

satanás é o inimigo. O seu "poder" inclui todas as suas estratégias, todo o seu poder sobrenatural e todas as suas forças. Jesus quer que confrontemos e derrotemos tudo o que satanás tentar ordenar contra nós. Que satanás faça o seu pior, que ele lance contra a igreja ou contra mim e você toda a sua força, por meio de Jesus Cristo, do Espírito Santo e da autoridade do nome de Jesus, podemos pisotear todas as suas forças como serpentes. Nós podemos vencer.

Mas será que podemos amarrá-lo? Em que sentido podemos amarrá-lo? Vamos responder a uma pergunta de cada vez. Muitos incontáveis expositores e escritores piedosos usam Mateus 16.19 e 18.18 para explicar que podemos amarrar satanás. Será que essa é uma interpretação legítima dessas passagens? Tenha paciência enquanto estudamos a Bíblia juntos por um pouco.

Quando os rabinos judeus anunciavam certas regras de conduta como exigidas ou não exigidas por Deus, eles se referiam a essa situação como "amarrar" e "soltar". Será que o versículo que diz *tudo o que ligardes na terra terá sido ligado nos céus, e tudo o que desligardes na terra terá sido desligado nos céus* indica apenas regras de conduta exigidas para a igreja? Jesus estava apenas apontando os apóstolos como sucessores dos rabinos? É óbvio que não.

Nesse mesmo versículo, faz-se referência às chaves do reino, as quais Jesus anunciou estar dando. Fica óbvio que essa expressão indicava a porta do evangelho sendo aberta às pessoas. Todos nós temos plena ciência de que Pedro usou as chaves (plural) em mais de uma ocasião — para os judeus no Pentecostes e para os romanos na casa de Cornélio. Note, por favor, que a palavra "você" no grego em Mateus 16.19 está no plural. Jesus não deu as chaves só a Pedro, mas a todo o grupo de discípulos que estava viajando com Ele, o que incluía mulheres, assim como homens. Em outras palavras, é para todos os cristãos.

Antes de podermos finalmente responder a essa pergunta, precisamos ler a declaração semelhante a essa de Jesus em outra parte do país e em uma ocasião diferente. Essa verdade de amarrar e soltar era tão importante para Jesus que Ele a ensinou mais de uma vez. Em Mateus 18.18, ela faz parte de um discurso formado por três versículos. Dessa vez, Jesus falou de modo mais enfático. No grego, está escrito: "Amém, eu lhes digo". Jesus queria que eles tivessem certeza de terem entendido e de se lembrarem. Outra vez, ele usou "Amém" no início. A expressão está no plural; ele se dirige a todos os seus discípulos.

No versículo 18, há uma afirmação repetida sobre amarrar e soltar, assim como no capítulo 16. Mas dessa vez ela faz parte de um discurso sobre a oração. *Em verdade também vos digo que, se dois dentre vós, sobre a terra, concordarem a respeito de qualquer coisa que, porventura, pedirem, ser-lhes-á concedida por meu Pai, que está nos céus* (v. 19). O ato de ligar e desligar inclui o que fazemos concordando juntos em oração — quaisquer dois discípulos de Cristo. Mas, espere, o versículo 20 acrescenta: *Porque, onde estiverem dois ou três reunidos em meu nome, ali estou no meio deles.*

Então o poder de amarrar e soltar, o poder das chaves do reino e o poder da concordância em oração estão todos relacionados entre si e são garantidos, porque o próprio Jesus se junta a essa concordância em oração em ligar e desligar. Ele está presente com eles quando entram em acordo. É possível concordarmos em oração contra satanás? É certo que sim! Por acaso isso inclui de algum modo amarrar o poder de satanás? Claro que inclui! O povo de Deus já fez isso muitas e muitas vezes.

Contudo, de que maneira amarramos satanás? "Amarrar" é o verbo grego normal *deō*. Satanás amarrou e manteve presa por dezoito anos uma mulher encurvada. Esse foi um tipo literal de amarração. Jesus disse que um espírito havia feito isso com ela (Lc 13.11-13). Quando foi solta, ela foi liberta do poder do diabo e pôde se sentar ereta no mesmo instante. Além disso, Paulo foi "amarrado" em Espírito, isto é, compelido pelo Espírito (At 20.22), para ir a Jerusalém.

Então o ato de amarrar pode ser literal ou figurativo. É uma restrição ou coação. Amarrar satanás é restringir satanás, compeli-lo a fazer ou não fazer algo. É limitar, reter ou evitar que o seu poder seja usado e a sua obra maligna seja realizada.

Jesus tem autoridade suficiente para isso? Ele tem, com certeza. Ele escolheu enquanto estava na terra confrontar satanás muitas e muitas vezes. No início do seu ministério, durante os quarenta dias no deserto até a confrontação final no Getsêmani, ele escolheu enfrentar satanás no mesmo nível que nós. Ele resistiu da mesma forma que nós devemos resistir — em oração. Ele o repreendeu face a face. Ele o derrotou no poder do Espírito. Agora ele delegou a nós a autoridade de agir a seu favor, de usar a autoridade do seu nome.

Hoje, pela oração de poder que prevalece, pelo uso da autoridade que Jesus nos deu — a autoridade do seu nome, da sua cruz e da sua ressurreição —, podemos restringir as atividades de satanás de muitas maneiras significativas. Nós podemos amarrar e limitar os seus correligionários demoníacos, fazê-los se retirarem de lugares que eles reivindicam para satanás e ajudar o Espírito a libertar os prisioneiros de satanás. Como fazer isso?

Reconheça a ação de satanás. Os espíritos malignos de satanás são muito numerosos e altamente organizados. É provável que todos eles tenham caído no pecado em alguma rebelião contra Deus no passado; então todos estão irados, cheios de ódio, certos da sua condenação e organizados sob o domínio de satanás. Eles são espíritos maléficos, vis e enganadores. Carecemos do auxílio do Espírito para nos capacitar a reconhecer quando eles agem por meio de pessoas e circunstâncias. Precisamos reconhecer os estratagemas de satanás.

Os auxiliares mais numerosos de satanás são os demônios. O seu propósito maior hoje parece ser ajudar satanás a enganar e destruir a raça humana e assim atingir Deus, porque Deus ama o homem a tal ponto que propiciou a redenção ao ser humano. Em qualquer lugar onde se encontrarem pessoas, parece que os demônios estão presentes. Podemos presumir que eles sempre rodeiam todos os pecadores — em casa, no trabalho, em viagem —, tentando atiçar ao pecado ou procurando influenciar para decisões erradas. Nós também sabemos que eles costumam estar onde há crentes em Cristo, espreitando por uma oportunidade de acusar de modo falso ou desanimar, dividir, tentar e atrapalhar. Já que satanás é apenas um e pode estar em apenas um lugar de cada vez, ele precisa depender da multidão de demônios para fazer a sua obra. Charles Wesley escreveu:

> *Anjos à nossa marcha se opõem e ainda em força excedem,*
> *Nossos inimigos secretos juramentados e eternos, incontáveis, invisíveis;*
> *Dos tronos da glória conduzidos, por vingança ardente lançados,*
> *Eles enchem o ar e turvam o céu, e governam o seu mundo inferior.*

Até o dia em que Cristo por fim amarrar satanás e os seus seguidores, e os lançar no lago de fogo (Ap 20.10; 21.8), essas são as forças que se opõem a nós. Já que Jesus não está mais na terra, satanás direciona o seu veneno contra a raça humana em geral e em especial contra a igreja. Ele fica indignado de forma descomunal com o evangelismo da igreja e manifesta a sua oposição e o seu poder de maneira especial no campo missionário. A Bíblia diz que em qualquer lugar em que o povo adora outros deuses, por trás da sua fachada de religião, rituais, imagens e assim por diante, estão os demônios enganando os adoradores (1Co 10.20; Dt 37.17; Sl 106.36,37; Ap 9.20). Os demônios são os principais espíritos nos confrontando.

A Bíblia usa uma palavra grega diferente para anjos caídos. Estes não estão rondando pela terra, mas estão aprisionados no *Tartarus* (grego), ou em masmorras escuras, presos para o dia do julgamento (2Pe 2.4). Judas acrescenta que eles estão em trevas, amarrados com correntes eternas (Jd 6). Então eles não interferem na nossa vida hoje.

Existe uma hierarquia de líderes espirituais caídos mencionados em Efésios 6.12 como governantes, autoridades, poderes e forças espirituais do mal. Não precisamos conhecer os detalhes sobre esses seres espirituais — precisamos apenas estar alertas ao papel e propósito deles a fim de podermos ser sábios em resistir a eles.

Paulo quer que reconheçamos que por trás de pessoas que parecem se opor a nós, colocar-nos em perigo e nos atrapalhar, encontram-se os espíritos malignos invisíveis, que estão usando e manipulando as pessoas que são seus escravos e vítimas sem suspeitarem disso. A nossa batalha espiritual não é contra as pessoas que vemos, mas contra os espíritos invisíveis por trás delas que buscam manipulá-las e agir por meio delas. A ênfase principal de Paulo é que eles estão contra nós (repetido cinco vezes em Ef 6.11,12). Adão e Eva deixaram de reconhecer satanás por trás da serpente. Jesus percebeu satanás por trás da sugestão de Pedro (Mt 16.23) e por trás da traição de Judas (Lc 22.53). Precisamos reconhecer quando amarrar as forças de satanás e quem elas são para as amarrarmos. Elas são poderosas e peritas (algumas vezes parecendo que sabem mais do que nós), mas já foram derrotadas por Cristo.

Reconheça a superioridade das hostes de Cristo. As forças de Cristo são maiores em número do que as de satanás. Somente um terço dos anjos caiu (Ap 12.4), de modo que existem duas vezes mais anjos não caídos. Com toda a certeza, o Senhor tem os seus anjos bem organizados. Eles são unidos em amor mútuo e perfeita obediência em amor a Cristo. Já que têm acesso a Deus, eles são muito mais sábios, muito mais bem informados e, sem a menor dúvida, mais bem relacionados e unidos entre si do que as forças de satanás.

Há sugestões de que cada criança, provavelmente cada ser humano, tem um anjo da guarda que o ajuda (Sl 34.7; 91.11; Hb 1.14). O próprio Jesus confirma essa verdade (Mt 18.10). Eles ficam disponíveis de acordo com a vontade de Deus para qualquer socorro merecedor que precisarmos. Sabemos pelas Escrituras que eles nos protegem e levam mensagens (é provável que normalmente por sugestão mental ou lembretes a nós) e com toda a certeza são usados pelo Espírito Santo para nos guiar e restringir. Eles estão instantaneamente disponíveis a nós para reforçar a nossa batalha de oração bloqueando e fazendo oposição contra as forças das trevas de satanás.

satanás influencia e às vezes faz habitação nos seus seguidores. Mas Cristo, que está em nós, é muito maior do que satanás (1Jo 4.4). As forças angelicais que nos rodeiam são maiores em número e poder do que tudo o que alguém possa conjurar contra nós, seja visível, seja invisível (2Rs 6.16; 2Cr 32.7,8). Eles nos ajudarão a amarrar satanás.

Tome a iniciativa de amarrar satanás e os seus representantes. Não é necessário pedir que o Senhor ou os anjos amarrem satanás. É você quem amarra — *tudo o que ligares*. Você precisa neutralizar o seu inimigo antes de poder libertar os seus prisioneiros. Primeiro, amarre o valente, diz Jesus (Mt 12.29). Nós, a igreja, devemos tomar a iniciativa contra o reino de satanás.

O valente (isto é, o demônio), diz Jesus, está totalmente armado (Lc 11.21). Ele tenta guardar o seu território e os seus cativos contra o nosso ataque de oração. É provável que a possessão dos cativos dele inclua o amor ao pecado (Jo 3.19), o amor ao mundo, a cobiça dos olhos e a soberba da vida (1Jo 2.16), os anseios de natureza pecaminosa (Ef 2.3) e a hostilidade contra Deus (Rm 8.7). Satanás tenta guardar os seus seguidores a fim de mantê-los escravizados a essas atitudes e desejos.

satanás é vulnerável ao seu assalto em batalha de oração e ao uso da autoridade de Cristo, ao comando e à repreensão de fé. A cabeça dele foi esmagada no Calvário (Gn 3.15). Agora, quando você toma a iniciativa, o céu endossa e impõe a vitória de Cristo por meio da sua oração.

39

Como amarrar satanás

PARTE 2

Vença a batalha no reino invisível. A batalha de oração é em grande parte, de modo direto ou indireto, um combate contra o mundo espiritual. Devemos confrontar e derrotar os poderes das trevas no seu próprio reino invisível, antes que as nossas vitórias por Cristo sejam visíveis na terra. As nossas armas não são visíveis, mas são armas divinamente reais. A nossa batalha é de fé e oração. O nosso dever é conquistar nos reinos celestiais (Ef 3.10; 6.12), mas os resultados se tornarão visíveis aqui na terra.

Nós atacamos a causa, e não o efeito, exatamente da mesma forma que Jesus fez. O ato de amarrar é uma limitação invisível. O Espírito pode nos capacitar a reconhecer os grilhões invisíveis que estão prendendo as pessoas, o poder invisível que as está corrompendo, o espírito oculto que está sussurrando ao coração delas e as motivando.

Normalmente, os resultados da nossa vitória no invisível são perceptíveis de imediato no mundo visível. Outras vezes, não conseguimos ver por um tempo se a nossa oração foi respondida. Mas a nossa guerra é uma batalha de fé. Só porque não temos condição de mensurar os resultados no mesmo instante, não prova que Deus não agiu e que satanás não começou a se retirar.

Às vezes, a batalha imaterial leva tempo. Nós, depois de termos feito tudo, devemos permanecer extremamente firmes. Esta é a exortação das Escrituras com relação à batalha no reino celestial (v. Ef 6.10-14).

Um encarregado de um departamento de manutenção de uma oficina, que era convertido, sentia-se oprimido pelo xingamento constante e palavreado sujo dos homens que trabalhavam ali. Ele veio a perceber que eram os demônios de satanás que estavam influenciando a mente e a conversa daquelas pessoas. No mesmo instante, ele começou a amarrar os poderes de satanás. Ele se dispôs a chegar todas as manhãs antes que os seus companheiros de trabalho. Então, usando o nome e a autoridade de Jesus Cristo, ele ordenou que os espíritos malignos deixassem o lugar e os proibiu de voltar e influenciar os homens. Ele dizia aos espíritos: "Eu coloquei a maldição mais santa de Deus sobre vocês". Ele manteve a sua batalha de oração, amarrando satanás dia após dia durante vários meses. Com toda a atmosfera do lugar limpa, os homens pareceram se esquecer do seu vocabulário obsceno e das conversas impuras.

O livro *A oração que funciona* conta de um menino chinês convertido de 12 anos de idade, chamado Ma-Na-Si, que deixou o colégio interno para passar as férias em casa. Quando estava à porta da casa do pai, ele ouviu um cavaleiro galopando em sua direção. O homem, um não crente, estava imensamente agitado e queria ver o homem de Deus — o pastor, o pai do menino — imediatamente. Ma-Na-Si explicou que o pai estava longe de casa. O visitante ficou muito aflito. Ele disse que havia sido enviado para buscar o homem de Deus para expulsar um demônio de uma jovem no seu vilarejo. Ela era atormentada por demônios e estava delirando, insultando, puxando os cabelos, arranhando o rosto, rasgando as roupas, quebrando os móveis e atirando longe pratos de comida. Ele descreveu como ela blasfemava, os seus rompantes de ira e como a sua boca espumava até ela ficar exausta física e mentalmente.

O menino continuava explicando: "Mas o meu pai não está em casa. O meu pai não está em casa". Finalmente, o homem desesperado caiu de joelhos e disse: "Você também é um 'homem de Deus'. Será que não pode vir comigo?"

O rapaz ficou surpreso por um momento. Então ele se dispôs para servir a Jesus. Como o pequeno Samuel, ele estava disposto a obedecer a Deus em tudo. Ele concordou em ir com o estranho, que então pulou sobre o seu cavalo e colocou o menino na garupa.

Ao partirem a galope, Ma-Na-Si começou a orar. Ele havia aceitado um convite para expulsar um demônio em nome de Jesus, mas será que ele era digno de ser usado por Deus? Ele sondou o seu coração, orou pedindo direção quanto ao que dizer e como agir. Ele tentou se lembrar de como Jesus havia lidado com os demônios. Então simplesmente confiou no poder e na misericórdia de Deus e pediu que Jesus fosse glorificado.

Quando chegaram à casa, vários familiares estavam segurando a moça atormentada à força na cama. Ela não havia sido informada de que alguém tivesse ido buscar o pastor. Mas, quando ouviu os passos do lado de fora da casa, ela berrou: "Saiam do meu caminho, depressa, para que eu possa fugir. Tenho que fugir! Um homem de Jesus vem aí. Não poderei suportá-lo. O nome dele é Ma-Na-Si". Ma-Na-Si entrou no quarto e começou a cantar um hino cristão, louvando o Senhor Jesus. Então, em nome de Jesus, o Senhor ressurreto, glorificado e onipotente, ele ordenou que o demônio saísse da jovem. No mesmo instante, ela se acalmou. Daquele dia em diante, ela ficou perfeitamente bem. Ela ficou assombrada quando lhe disseram que ela havia anunciado o nome do menino crente que estava chegando. Até um rapazinho de 12 anos de idade pode amarrar um demônio de satanás e expulsá-lo pela autoridade de Cristo.[1]

Use as armas espirituais de poder. As armas que Jesus nos fornece são poderosas para conter satanás e os seus demônios. Jesus

---

[1] UM CRISTÃO ANÔNIMO. *A oração que funciona*, p. 108-110.

veio para destruir a obra do diabo (1Jo 3.8). O verbo grego usado aqui significa anular, eliminar, privar de autoridade; consequentemente, destruir. Em outras palavras, Jesus veio para destruir o poder de satanás, privá-lo de toda autoridade e neutralizar a sua influência. Como representantes de Cristo, devemos impor essa derrota usando as armas sobrenaturais que Ele proveu. Quanto mais se aproxima a volta do nosso Senhor, mais podemos esperar que o diabo se enfureça e tente impedir a obra de Cristo. Mas Jesus nos delegou a autoridade para usarmos essas armas a seu favor.

Precisamos continuar restringindo, neutralizando e destruindo as obras de satanás, a favor de Jesus e pela sua indicação. Essas armas são de fato poderosas por meio de Deus. Paulo nos assegura: *Porque as armas da nossa milícia não são carnais e sim poderosas em Deus, para destruir fortalezas; anulando nós, sofismas* (2Co 10.4). A palavra grega traduzida por "anular" significa abater, derrubar, demolir.

As nossas armas dadas por Deus têm poder divino e são designadas à nossa batalha de oração; elas servem com exatidão ao propósito de Deus e à nossa necessidade. Elas têm eficácia divina para derrotar satanás, fazer as suas forças recuarem, anular os seus esforços e assim conquistar os objetivos de Deus. A habilidade em usar essas armas fará que a sua batalha de oração seja temida no inferno.

1. *O nome de Jesus.* Não existe outra arma espiritual mais eficaz do que o nome de Jesus. Ele anuncia a sua presença, recorda a sua vitória na cruz e nos dá autoridade como seus representantes. O uso do nome de Jesus é tão importante na batalha espiritual que já discutimos a esse respeito separadamente no capítulo 32.
2. *O sangue de Jesus.* O não convertido não compreende a gravidade do pecado, o valor infinito de cada ser humano, a necessidade absoluta da morte redentora sacrificial de Jesus Cristo na cruz como nossa única esperança, o único mediador

entre Deus e nós. Para tais pessoas incrédulas e mal informadas, mencionar o sangue de Jesus pode soar ofensivo. Mas, para qualquer que entenda a verdade espiritual e conheça as referências bíblicas ao sangue de Cristo, a cruz e a sua morte expiatória, nada é mais precioso que o sangue de Cristo.

No entanto, com muita frequência negligenciamos o uso do sangue de Jesus como nosso símbolo e arma de poder na nossa batalha espiritual com satanás. O sangue de Jesus representa a morte de Jesus. A morte de Jesus derrotou satanás de modo cabal e eterno, e selou a sua condenação. O sangue de Jesus macula a obra de satanás e traz desgraça ao seu nome. O sangue de Jesus faz o universo recordar o mal terrível da natureza de satanás, o ódio cruel do seu coração e o trágico custo dos seus rebeldes esforços.

A simples menção do sangue de Jesus é um tormento aos ouvidos de satanás e uma tortura à sua memória. Ele desejará por toda a eternidade poder apagar essa imagem da sua mente, mas nunca esquecerá essa lembrança. Essa recordação o atormentará para sempre e sempre no inferno.

O sangue de Jesus, tão precioso para nós, é uma arma avassaladora contra satanás. Ela grita "derrota" aos seus ouvidos. Ela brada "condenação" à sua mente. O sangue prova que o diabo é o vilão máximo de todo o universo, faz que ele seja desprezado tanto no céu quanto no inferno, cobre-o de vergonha eterna e o torna o mais desprezível de todos os seres da história, o mais vil de todos. Apele para o sangue de Jesus. Isso é agonia para satanás. Ele desejará fugir ao som da sua oração.

Contudo, o sangue de Jesus fala mais do que isso. Ele é a garantia da vitória de Cristo. Ele é a medida do compromisso infinito de Cristo com a eliminação e a destruição de satanás e todas as suas obras. O sangue passado nos umbrais das portas, na Páscoa do Antigo Testamento, era proteção total contra o anjo da morte. O sangue de Jesus, a nossa Páscoa (1Co 5.7), é a nossa proteção completa no tempo e na eternidade. Estamos cobertos pelo seu sangue, protegidos pelo seu sangue, e somos feitos infinitamente preciosos para Deus pelo sangue de Cristo. Somos salvos, purificados e feitos vitoriosos pelo seu sangue — pela sua morte no Calvário. O seu sangue, a sua morte e a sua cruz são a nossa glória, a nossa garantia de vitória.

Satanás não consegue ficar de pé diante do sangue. Satanás não tem condição de lutar contra o sangue de Jesus e precisa fugir da lembrança disso. Esse é o seu grito de batalha; é a sua arma espiritual. Use-o para derrotar satanás. Reivindique e louve o sangue de Jesus, e tire satanás do campo de batalha.

3. *A Palavra de Deus*. As Escrituras ordenam que tomemos *a espada do Espírito, que é a palavra de Deus* (Ef 6.17). Quando tomamos o nome de Jesus, quando louvamos o nome de Jesus de forma militante ao lançarmos o nosso ataque, ao reluzirmos a espada da Palavra no poder do Espírito, satanás sabe que o combate pesado começou. A qualquer momento, ele pode decidir correr, abandonar a sua posição de combate, retroceder ainda mais em retirada.

A Palavra é repleta de instruções para a guerra. Ela é o seu manual de guerra. A espada é abundante em recursos para a guerra, pois ela registra a guerra santa de Deus e promete poder para a sua vitória total e final. Ela está cheia de munição de Deus para você. Tome-a e use-a. Este tópico também é de tanta importância que dedicamos o capítulo 31 ao uso militante da Palavra de Deus.

4. *A oração e o comando de fé*. Já escrevi anteriormente sobre a dinâmica da fé. Aqui, enfatizarei apenas o uso militante da fé na restrição a satanás. A oração de fé, o comando de fé e a canção de fé são armas de Deus para refrearmos, amarrarmos e derrotarmos satanás.

Refrear e amarrar satanás têm de ser uma obra de fé. Pela fé, insistimos que satanás não avance mais adiante. Pela fé, protegemo-nos do seu ataque. E então, pela fé, lançamos um ataque contra as suas fortalezas. A fé que amarra satanás é a fé que toma a ofensiva: ela imobiliza as forças de satanás e detona as suas armas (dúvida, desânimo, medo, tentação). A oração de fé mantém o poder do céu fluindo para nós e sobre nós. A oração de fé aplica a vitória no Calvário. Ela exerce a autoridade do nome de Jesus.

O livro de Hebreus nos lembra do uso militante da fé pelos heróis do Antigo Testamento ao mencionar aqueles que *por meio da fé, subjugaram reinos [...] obtiveram promessas, [...] escaparam ao fio da espada, da fraqueza tiraram força, fizeram-se poderosos em guerra, puseram em fuga exércitos de estrangeiros* (Hb 11.33,34). A fé sempre é a arma de batalha dos conquistadores de Deus. Use a fé para amarrar satanás.

O comando de fé é a verbalização da sua fé e autoridade. Talvez você queira revisar o que escrevi a esse respeito no capítulo 13. Consulte ainda o capítulo 15 do meu livro *Toque o mundo por meio da oração*, que é dedicado ao comando de fé. Assim como Deus quer que você fale às montanhas que bloqueiam o seu caminho e as remova da sua frente (Mt 17.20; 21.21), no nome de Cristo você também tem a autoridade para refrear e amarrar satanás pelo comando de fé.

Os filhos de Deus ordenam que satanás se cale quando ele tenta trazer pensamentos à sua mente ou quando ele fala pela boca de um demônio, interrompendo um culto ou se negando a ser expulso. Eles ordenam que satanás passe para trás deles, como Jesus fez quando satanás desencaminhou Pedro a ponto de sugerir que satanás tivesse sussurrado à sua mente (Mt 16.23). Na oração crédula militante, satanás tem recebido ordem para tirar as mãos de uma situação em família, de um lar ou da igreja.

Algumas vezes, o comando de fé pode carregar o efeito de uma repreensão santa. Filhos santos de Deus repreenderam satanás face a face. Isso não contradiz 2Pedro 2.11 e Judas 9. As palavras gregas relevantes nesses dois versículos têm relação com o verbo *blasphēmeō*, do qual temos a nossa palavra "blasfemar". Ela significa recriminar (linguagem abusiva com desdém) ou injuriar (implicação ainda mais forte de abuso e linguagem obscena). Não devemos abusar, mas ordenar com calma em nome de Jesus.

Jesus não gritou de forma abusiva quando purificou o templo. Da mesma forma, não devemos gritar passando um sermão em satanás. Mas, pelo sangue da cruz e na autoridade do nome de Jesus, podemos ordenar com firmeza a satanás. O aspecto da repreensão do comando de fé também pode ser visto em Jesus. Além de repreender satanás em pessoa, ele repreendeu o vento e as ondas, que no mesmo instante se acalmaram (Lc 8.24). Ele sabia que satanás estava agitando os elementos da natureza para tentar prejudicá-lo e aos discípulos. Então, ao repreender o vento e as ondas, ele estava repreendendo satanás, que os estava manipulando. De modo semelhante, ele repreendeu a febre (4.39). Assim, algumas vezes, no seu comando de fé, o Espírito Santo pode levá-lo a incluir um elemento de repreensão a satanás.

5. *A palavra de louvor.* Louvar e cantar também podem ser usados de forma militante em fé como arma contra satanás. Deus pode fazer a sua fé ser um hino, uma canção militante de triunfo. A fé é a vitória que vence o mundo (1Jo 5.4,5). Você deve orar da sua posição nos lugares celestiais para derrotar satanás, e quando é que você fica mais nos lugares celestiais do que quando louva a Deus? Lutero, aquele poderoso guerreiro de oração, costumava assaltar satanás e os seus demônios cantando. Ele falava de insultar a satanás com música. Mesmo na última noite da sua vida, tendo apenas pregado quatro vezes e se sentindo mal, ele desceu as escadas, dizendo: "Não há nenhum prazer em ficar sozinho. Nada assusta tanto o diabo quanto dois ou três cristãos que se reúnem, cantam e se regozijam no Senhor".[2] Depois de cantar, ele se recolheu e acordou

---

[2]McLeister, Clara. *Men and Women of Deep Piety*, p. 318.

com o calafrio da morte, indo de modo triunfante para junto do seu Senhor.

O louvor eleva a nossa fé e a nossa perspectiva muito acima da batalha. O louvor resiste e repele a satanás de forma poderosa. Além de ele odiar o louvor, de alguma forma parece que o louvor traz os anjos de Deus depressa para nos assistir na nossa batalha. Os anjos estão conosco em todo o tempo durante a nossa batalha de oração. Precisamos que eles nos ajudem a amarrar satanás. Mas parece que eles estão ainda mais perto quando assaltamos satanás com louvor. O louvor se transforma em uma forte falange para fazer satanás recuar e neutralizar o seu poder.

Fazer um ataque conjunto. Parece que amarrar e resistir a satanás requer com frequência que o nosso ataque às suas fortalezas seja em conjunto. Amarrar o poder de satanás em determinada situação a fim de que Deus aja em forte poder costuma necessitar de tempo e esforços em conjunto. Lembre-se de que Mateus 18.18 (ligar na terra a fim de que o céu endosse e imponha) logo precede o versículo 19 (se dois de vocês concordarem na terra). Ambos os versículos estão falando das nossas ações na terra sendo ratificadas e auxiliadas pelo céu. Deus Pai faz isso agindo pelo Espírito Santo, pela multidão dos seus anjos e pelas suas respostas milagrosas à oração. Ele dá essa assistência quando nos unimos em iniciativa de oração para amarrar satanás e todas as suas forças.

A sra. Jessie Penn-Lewis relata como em uma grande praça no norte da Inglaterra multidões de pessoas se reuniram para ouvir um discurso acalorado dos comunistas e ateístas. Esses oradores faziam oposição e atacavam as obras cristãs na cidade e o seu ministério. Um dos pastores daquele lugar chamou as suas ovelhas para se reunirem em um domingo à tarde e mostrou, com base na Bíblia, como satanás estava por trás desses esforços e que ele precisava ser amarrado.

Cerca de cem crentes cobraram que Cristo cumprisse a sua Palavra e, com corações e vozes unidos, repetiram em alta voz:

"Em nome de Jesus Cristo, nós amarramos o valente para deixar de mexer com essas pessoas e atacar a obra de Deus". Eles cantaram um hino de vitória. Eles fizeram o compromisso de uma posição de fé em absoluta confiança de que Deus cumpriria a sua vontade.

Já no dia seguinte, uma divisão se levantou no meio dos ateístas. O líder deles desapareceu da cidade. Uma semana depois, ele foi trazido a julgamento e sentenciado por causa de outras questões da sua vida. Então as autoridades da cidade intervieram, liberaram a praça e suspenderam todas as atividades ali. O ataque de satanás foi completamente amarrado.[3]

---

[3] Lewis, Jessie Penn. *Prayer and Evangelism*. Dorset, England: Overcomer Literature Trust, 1948?, p. 56.

40

O uso militante do nome de Jesus

Todas as formas de oração do crente — adoração, comunhão, gratidão, louvor, petição e intercessão — deveriam ser em nome de Jesus. Há grande importância espiritual no uso mais genérico do nome de Jesus. Mas também existe um uso militante significativo do nome de Jesus na batalha de oração. O uso genérico do nome de Jesus é a base sobre a qual construímos o uso militante do nome de Jesus.

O SIGNIFICADO E O USO DO "NOME"

Tecnicamente, nem sempre é necessário incluir as palavras exatas "em nome de Jesus" em cada oração que fazemos. Muitas orações breves ascendem do nosso coração sem um início ou encerramento formal. Nós simplesmente dizemos a Jesus que o amamos, normalmente usando o nome dEle ao nos dirigirmos a Ele no início. Muitas notas breves de louvor mencionam Jesus, mas não usam as palavras "em nome de Jesus." De forma semelhante, há vários pedidos rápidos telegrafados ao Senhor que não começam com "Jesus" e não terminam com um "em nome de Jesus" formal ou um "amém" formal.

No entanto, em toda oração mais estruturada, devemos mencionar a quem nos dirigimos no início: Senhor Jesus, Senhor, Pai, Espírito Santo, Ó Senhor e assim por diante. Assim como em toda oração mais estruturada é bom encerrar com "em nome de Jesus", "em teu nome", "em teu santo nome", ou de alguma forma semelhante. Jesus deseja que façamos assim. É provável que a maior parte das orações que terminam com um amém deva ser feita "em nome de Jesus", "por meio do poderoso nome de Jesus" ou algum encerramento parecido com isso. É certo que toda oração pública deve incluir um término desse tipo. Já que a oração em público não é apenas uma oração, mas também um testemunho da nossa fé, "em nome de Jesus" é realmente adequado como testemunho em oração.

No entanto, toda a nossa oração deve ser feita em nome de Jesus, e não apenas a conclusão com um reconhecimento do nome dEle. Já que temos a orientação de que *tudo o que fizerdes, seja em palavra, seja em ação, fazei-o em nome do Senhor Jesus, dando por ele graças a Deus Pai* (Cl 3.17), com certeza devemos orar em nome de Jesus. Nada é mais sagrado do que a oração e nada deveria ser mais precioso para nós do que o nome de Jesus. Já que Ele é o nosso Senhor e que nós o amamos acima de tudo, o nome dEle deve estar nos nossos lábios com frequência, em especial na nossa oração. Quando oramos com sinceridade real, amor intenso e um senso profundo de necessidade, o uso repetido do Seu nome não faz que percamos a noção da preciosidade do Seu nome nem a maravilha do privilégio de orarmos em Seu nome.

O nome sempre representa a pessoa. Quanto melhor conhecermos a pessoa, mais significado o nome dela terá para nós. Quanto maior a proximidade com que andarmos com Jesus e o conhecimento que tivermos dEle, mais precioso o nome dEle se tornará para nós. O nome de uma pessoa representa a sua personalidade, caráter, ideias, estilo de vida, atividades e trabalho, histórico de vida, reputação e características distintas. Uma vez que conhecemos uma pessoa, o seu nome a distingue de todas as outras quando recordamos dela. Sabemos sobre quem estamos falando.

Você já havia imaginado como o seu nome é importante para você e para os outros? Você já notou quantas vezes Deus fala do "Meu nome"? Esta expressão se encontra 65 vezes na Bíblia. "Seu nome" é usado para Deus 101 vezes; "o nome do Senhor", 95 vezes; e "nome", em referência a Deus ou a Jesus, mais 85 vezes. Então a palavra "nome" é usada ligada a Deus ou a Cristo de alguma maneira ao menos 346 vezes na Bíblia.

Quando Jesus orou ao Pai: *Manifestei o teu nome* (Jo 17.6), Ele quis dizer que havia falado e mostrado tanto a respeito do Pai aos discípulos que eles agora o conheciam — não de forma exaustiva, mas muito verdadeira. Crer no nome de Jesus é acreditar em tudo o que a Bíblia ensina sobre Ele na sua divindade; na sua vida de amor sem pecado; na morte, ressurreição e ascensão; e em seu reinado soberano hoje. Confiar em Jesus é aceitar tudo o que Ele é, tudo o que Ele ensinou e tudo o que Ele faz por nós que seja do nosso conhecimento.

O USO DO NOME DEPENDE DA SUA VIDA

Orar em nome de Jesus é orar em harmonia com o caráter dEle. É pedir em plena unidade e identificação com Ele. Para o pecador, orar em nome dEle é orar a Ele, aceitando-o como Salvador e Deus. Para o cristão maduro, orar em nome dEle é orar em unidade com a santidade, o amor, os propósitos, os desejos e o senhorio total dEle.

A Bíblia diz que você pode ter a mente de Cristo (1Co 2.16). Você tem de permitir que a mente e as atitudes dEle estejam em você (Fp 2.5). Orar em nome de Jesus é orar com a mente, a perspectiva, a motivação e a atitude dEle. Para orar de forma correta em nome de Jesus, você deve testificar com Paulo: *Estou crucificado com Cristo; logo, já não sou eu quem vive, mas Cristo vive em mim* (Gl 2.19,20).

Orar em nome de Jesus é orar na sua vitória e na plenitude do Seu Espírito. Só uma vida plena do Espírito conhece vitória a cada momento, sem nada para impedir o uso autorizado do nome de Jesus. As promessas associadas ao nome de Cristo, assim como todas as outras promessas, não podem ser reivindicadas com fé inabalável se houver alguma derrota espiritual na consciência. Uma vida com vitória inconsistente mutila a fé e torna a vida de oração frágil.

Um cristão meio a meio tem pouca utilidade para Deus ou para o homem. Ele ou ela não consegue prevalecer quando necessário e não pode usar o nome de Jesus com alguma noção de autoridade espiritual. Comprometimento total, obediência completa e uma vida cheia e recarregada do Espírito Santo são a única base para o uso habilitado e de autoridade do nome de Jesus. Orar em nome de Jesus é orar com base em uma vida que é semelhante à de Cristo.

O PAPEL DO NOME

O nome de Jesus dá acesso instantâneo ao trono de Deus. A autoridade do nome abre a porta do céu. A sua fragrância identifica e dá aceitação a Deus. Não temos nenhum direito de acesso, a não ser pelo nome de Jesus. Nós somos indignos, rebeldes perdoados, mas o nome agora nos identifica como filhos de Deus com total acesso a Ele. Jesus mencionou seis vezes o ato de pedirmos em seu nome.

O nome nos identifica com quem Jesus é. Diz-se que há 143 nomes e títulos atribuídos a Jesus na Bíblia.[1] Cada um deles é um raio da luz de Deus iluminando quem Jesus é e o que ele faz. O uso do nome de Jesus nos identifica com tudo o que as Escrituras revelam do nosso Senhor. Mas a parte central de tudo é a realidade gloriosa de que Ele é o Filho de Deus que se tornou Filho do homem para fazer expiação pelo nosso pecado e derrotou satanás para sempre. Orar em Seu nome nos identifica como tendo sido

---

[1]SANDERS, J. Oswald. *Prayer Power Unlimited*, p. 50.

redimidos por Cristo. A nossa oração é fundamentada na obra consumada de Cristo no Calvário.

Você não tem nenhuma reivindicação prioritária sobre Cristo. Mas Jesus morreu por você e pelo mundo inteiro. O nome dEle habilita você a apelar com o sangue dEle derramado. Ele identifica você com o senhorio dEle mediante a ressurreição. Ele une a sua oração com a mediação e a intercessão persistentes dEle à destra do Pai. Ele, por assim dizer, coloca uma das suas mãos santas sobre o trono do Pai e com a outra Ele agarra a sua mão erguida em oração. Em troca, você agarra de modo figurado a mão sagrada do seu cointercessor com uma mão e com a outra mão você toca o mundo.

Quem somos nós para termos um papel tão sagrado de autoridade? Que somos nós para sermos o canal mediador de salvação, vitória e bênção aos outros? Nós não somos nada em nós mesmos. Mas, em Cristo, somos escolhidos para tocar o mundo pela oração. Com Cristo, transmitimos as bênçãos de Deus por meio da oração. Com Cristo, erguemos mãos santas em batalha de oração, assim como Moisés fez em Refidim (Êx 17.10-16).

Como Jesus fez ponte entre Deus e o homem, nós agora podemos ser habilitados por tudo o que Ele é, apesar de sermos menos do que nada em nós mesmos. Nenhuma ilustração humana pode começar a retratar a realidade sagrada, mas permita que eu tente. Um fio ligado a um gerador potente é como nada, mas ligado a esse dínamo de força é a única esperança de força, luz, calor e todos os benefícios de que a eletricidade seja disponibilizada a muitas pessoas. Ainda assim, nós não somos nada, mas em Cristo, mediante o nome de Jesus, somos o meio escolhido por Deus para abençoar o mundo.

A. B. Simpson ilustra o papel de Jesus desta forma: Dois irmãos se alistaram no Exército. Um irmão era muito pouco fiável e havia sido levado diversas vezes à corte marcial, mas toda vez as súplicas do seu irmão destemido conquistaram comutação da sentença e eventual liberdade do irmão desonroso. Outra vez o soldado irresponsável desertou do seu serviço, foi à corte marcial e o general estava prestes a dar a sentença de morte quando viu o irmão leal chorando em silêncio no fundo da sala.

O general perguntou com gentileza se ele tinha algo a dizer. Ele levantou o toco do seu braço amputado perdido em batalha, enquanto as lágrimas corriam no seu rosto. Outros soldados próximos dele viram o que estava acontecendo e começaram a chorar ao verem o seu braço amputado. Esse foi o seu único apelo. O general ficou profundamente comovido. "Sente-se, meu bravo companheiro, você terá a vida do seu irmão. Ele não merece, mas você a adquiriu pelo seu sangue."

Samuel Chadwick escreveu: "A oração alcança o nível mais elevado quando é feita em o Nome que está acima de todo nome, pois ele eleva o requerente à unidade e à identificação consigo mesmo".[2] O nome de Jesus nos identifica com a morte e a ressurreição de Cristo. Não temos nenhuma outra alegação. Não precisamos de nenhuma outra alegação. Jesus morreu por nós e nos dá o direito e a autoridade do seu nome.

O nome de Jesus santifica a nossa oração. Não existe oração indigna feita em nome dEle. Toda oração egoísta, rancorosa ou com motivações erradas morre nos nossos lábios quando tomamos o nome dEle. A oração não falha pelo fato de as nossas palavras serem inadequadas ao expressarmos os nossos pedidos. A oração fracassa quando é silenciada pelo nome dEle. O santo nome de Jesus é um fogo ardente que consome tudo o que é indigno aos Seus olhos e contrário à Sua vontade. O nome dele julga as nossas motivações, purifica o nosso desejo e exige a nossa integridade total.

A oração indigna não consegue penetrar o trono intercessor de Cristo. Jesus nunca dirá "amém" para esse tipo de oração. Ele nunca a recomendará ao Pai. Ela morre nos seus lábios no momento em que você ora em nome dEle. Somente quando o clamor do seu coração estiver em santa harmonia com os desejos

[2]Ibidem, p. 49.

sagrados dEle, você poderá ter autorização de usar o nome dEle. Agostinho, no ano 440 d.C., orou: "Ó Senhor, concede que eu possa fazer a Tua vontade como se fosse a minha, para que possas fazer minha vontade como se fosse a Tua".[3]

O nome une à vontade dEle. É impossível pedir em nome de Jesus algo contrário à Sua vontade, o que Jesus não pediria se estivesse orando. O perímetro da nossa oração fica em "Seja feita a Tua vontade". Simpson diz: "Dentro deste grande e amplo espaço, há lugar para qualquer petição razoável para o espírito, a alma e o corpo, familiares e amigos, circunstâncias temporais, cultos espirituais e possibilidades extremas do desejo, esperança e bênção do ser humano".[4]

E esta é a confiança que temos para com ele: que, se pedirmos alguma coisa segundo a sua vontade, ele nos ouve. E, se sabemos que ele nos ouve quanto ao que lhe pedimos, estamos certos de que obtemos os pedidos que lhe temos feito (1Jo 5.14,15). Mas como podemos saber o que Deus deseja que peçamos? Pela Palavra de Deus, direção do Espírito e mente de Cristo. Em um sentido secundário, pela providência, consciência, bom senso e conselho do povo de Deus. (Para uma argumentação mais completa sobre este assunto, consulte os capítulos 18 a 35 do meu livro *Let God Guide You Daily* [Deixe Deus guiá-lo diariamente].) Ao nos mantermos abertos à vontade de Deus, com a direção dEle, ao permanecermos com os ouvidos atentos em oração e ao vivermos na Palavra de Deus, Ele tornará relativamente fácil para nós saber que muitas coisas são ou não da vontade dEle.

Para aquelas coisas que não são claras da forma mencionada anteriormente, muitos guerreiros de oração descobriram que é mais sábio e melhor orar até sentirem segurança da vontade de Deus antes de buscarem prosseguir em batalha de oração sobre alguma inquietação profunda.

---

[3]UM CRISTÃO ANÔNIMO. *A oração que funciona*, p. 75.
[4]SIMPSON, A. B. *The Life of Prayer*, p. 70.

O nome nos dá a autoridade dEle. Quando pedimos em nome dEle, chegamos como representantes dele, em favor dEle — não em nosso próprio favor. Nós não temos nenhum direito de insistir em uma resposta de oração só porque a queremos. Mas, quando o nome dEle santifica o nosso pedido e o torna um com a vontade dEle, então temos plena autoridade do nome dEle ao interceder. Somos ouvidos, porque representamos Jesus. Deus nos ouve em favor de Cristo.

A autoridade do céu endossa qualquer oração que fizermos verdadeiramente em nome de Jesus — não porque usamos essas palavras, mas porque nós e a nossa oração estamos de fato firmados no nome dEle. A nossa oração não é uma oração que prevalece sem o Espírito de Deus ou sem que seja feita em nome dEle. Na verdade, é impossível orar no Espírito por algo que não seja realmente em nome de Jesus. Mas quando feita no Espírito, em nome de Jesus, a nossa oração é revestida da "onipotência da graça de Deus", nas palavras de Andrew Murray. O Cristo vivo conhece a potência do nome dEle e faz que seja um poder em nós ao usá-lo na intercessão que prevalece.

Quando Jesus nos manda orar em nome dEle, é como se Ele dissesse: "Ore como se eu estivesse orando e então eu orarei por meio de você. Eu farei minha a sua oração. Eu a apresentarei diante de Deus como oração conjunta minha e sua". Esse tipo de oração não é brincadeira de criança. Ela é dinâmica e é persistente em mover o céu e transformar a terra.

Deus reconhece a nossa autoridade quando oramos de fato em nome de Jesus. Os anjos a reconhecem. Satanás e os seus demônios a reconhecem. Eles também reconhecem uma oração "em nome de Jesus" que é escusa. O livro de Atos registra como alguns demônios surraram os sete filhos de Ceva quando tentaram usar o nome de Jesus como se fosse uma expressão mágica (At 19.14-16).

Fazer uma oração que prevalece em nome de Jesus traz tremendas exigências sobre nós como guerreiros de oração, mas rende resultados e vitórias que só Deus pode prover. Quanto mais completa a plenitude com que experimentamos a vida e a oração em nome de Jesus, maior a liberdade com que seremos capazes de exercer a autoridade do nome dEle.

O nome dá o aval de Jesus. Jesus é o amém da oração feita no Espírito. Por meio dEle, nós dizemos amém às promessas de Deus, porque nele o "Sim" de Deus é dado (2Co 1.20). Então Jesus pronuncia o amém principal e nós dizemos o amém secundário. Na verdade, Jesus é chamado de "o Amém" (Ap 3.14). Nas palavras de Samuel Chadwick, "A oração é endossada pelo Nome, quando ela está em harmonia com o caráter, a mente, o desejo e o propósito do Nome".[5]

Jesus deseja que nós vivamos uma vida de santa harmonia com o caráter dEle, santa concordância com o propósito dEle e com o que move o coração dEle, e em santa comunhão com a intercessão persistente dEle a fim de que sempre tenhamos o testemunho interno de que estamos de fato orando em nome dEle. Toda oração desse tipo Ele endossa com o seu poderoso amém inabalável.

O USO MILITANTE DO NOME

Existem muitos usos militantes do nome de Jesus. Essa lista é apenas sugestiva. Com toda a certeza, você se lembrará de outras maneiras importantes como o Espírito Santo o dirigiu a usá-lo para conquistar vitórias por Cristo. À luz do papel do nome, use-o muitas e muitas vezes para a glória de Deus e o avanço do seu reino.

Use o nome para limpar a atmosfera espiritual. Há vezes em que uma opressão espiritual nubla o seu horizonte, ofusca a sua visão e tenta incapacitar a sua fé. Existem momentos e lugares no mundo que satanás reivindica para si de tal forma que alguns crentes sensíveis espiritualmente de fato sentem o poder de satanás ali. Às vezes, satanás usa tal opressão espiritual para tentar

---

[5]SANDERS, J. Oswald. *Prayer Power Unlimited*, p. 51.

tirar vantagem de qualquer condição física debilitada que você possa ter. Mas pode não ter nenhuma relação com algo que você possa relatar. Há vezes em que, no meio das batalhas de oração, parece que o céu praticamente se fecha para você. Você sabe que satanás está tentando bloquear a sua oração e lutar contra a sua persistência.

Use o nome de Jesus para limpar a atmosfera espiritual e desfazer as trevas espirituais. Use-o para achar passagem para a luz de Deus. Acabe com a influência, a pressão e a opressão do demônio usando o nome de Jesus em louvor, em canção e em fé militante. Algumas vezes, só a palavra "Jesus", repetida diversas vezes em insistência espiritual, abrirá os céus para você. Você pode repeti-lo em silêncio. Talvez você seja levado a repeti-lo de forma audível. O nome de Jesus pode ser torturante aos ouvidos dos demônios. Eles ouvem independentemente de você falar de forma audível ou tão baixo que outras pessoas não ouvem, mas, em algumas situações, parece ser melhor repetir em voz alta. Tome a sua posição — afugente as trevas usando o nome de Jesus.

Use o nome para reivindicar proteção. Use o nome de Jesus se precisar de proteção, seja física, seja espiritual. Já vi uma senhora humilde clamar "Jesus" e receber intervenção instantânea do Senhor.

O dr. Laws, missionário em Livingstonia, África, contava de dois pregadores africanos andando em um povoado para pregar em um domingo de manhã. De repente, eles sentiram que estavam sendo seguidos. Quando olharam para trás, eles viram um leão enorme que os perseguia. Não havia árvores onde subir, e eles ficaram apavorados. Ao se virarem, um deles orou: "Ó Deus, protege-nos como fizeste com Daniel na cova dos leões". Chegando a uma trilha que levava para outro lado, eles pararam. O leão também. "Em nome de Jesus, nós ordenamos que você vá por esse caminho!", um deles clamou. O leão rugiu furioso e roçava o chão enquanto eles se apressavam adiante. Olhando para trás, eles viram o leão descendo pelo outro caminho.

Use o nome para expressar os seus anseios. Pode haver momentos na sua batalha de oração em que o seu anseio ou o seu fardo torna-se tão grande que você não sabe como orar. Você pode clamar pelo nome de Jesus e o Seu Santo Espírito, que conhece a angústia mais profunda do seu coração, e Ele interpretará de forma correta.

Use o nome para impor a honra de Cristo. Talvez você esteja em um grupo que está blasfemando o nome de Jesus e, por causa do seu trabalho, pode ser que você não tenha condição de evitar ouvi-lo. Use o nome de Jesus em oração silenciosa para calar a linguagem vil dos outros. Você pode estar no meio de uma multidão raivosa gritando — use o nome de Jesus em oração silenciosa para acalmar as emoções enfurecidas. Seja qual for a emergência, use o nome de Jesus como arma em oração silenciosa ou audível.

5. *Use o nome de Jesus em fé militante.* É possível que você esteja sentado ao lado da cama de um doente, alguém doente demais para perturbar. Ore tudo o que você se sentir dirigido a orar. Mas você pode repreender satanás simplesmente repetindo o nome de Jesus ou suplicando sem parar: "Em nome de Jesus".

Um pastor haitiano de pequena estatura, mas um verdadeiro gigante na fé, servia a Deus sozinho em um posto remoto em uma montanha. Ele me contou como os voduístas se reuniram uma noite perto dali, decididos a tirá-lo da comunidade, porque eles queriam destruir o testemunho de Cristo na região. Eles começaram a bater os seus tambores de vodu, fazendo os seus rituais, ameaçando consequências terríveis. Mas o pequeno pastor permaneceu dentro de casa no escuro com as mãos erguidas ao céu, suplicando: "Jesus, Jesus, Jesus".

De repente, embora nenhum sinal de chuva fosse evidente, irrompeu um aguaceiro tremendo. Ressoaram trovões, reluziram relâmpagos e os voduístas com os seus bruxos correram para escapar da tempestade. O nome de Jesus, em fé, havia vencido a batalha no mundo espiritual, e Deus impôs essa vitória no mundo natural.

O rei Asa expressou a sua fé militante assim: SENHOR, *além de ti não há quem possa socorrer numa batalha entre o poderoso e o fraco;*

ajuda-nos, pois, Senhor, nosso Deus, porque em ti confiamos e no teu nome viemos contra esta multidão. Senhor, tu és o nosso Deus, não prevaleça contra ti o homem (2Cr 14.11).

Descobri que mesmo quando estou doente demais para pensar ou orar com clareza, se eu apenas repetir o nome de Jesus em fé militante, Deus pode responder e tocar. Seja qual for a necessidade, ore como Deus o dirigir, mas certifique-se de orar com fé, usando o nome de Jesus de forma militante.

Use o nome com determinação santa. A fé militante e a determinação santa costumam estar intimamente associadas. No seu assalto em oração contra as fortalezas de satanás que estão assim se recusando a ceder — seja oração pela salvação de alguém, seja para deter o mal, seja pela cura de uma pessoa doente ou pela expulsão de um demônio —, você pode tomar a sua posição em nome de Jesus e clamar pelo sangue de Jesus. Você pode pressionar; você tem possibilidade de expressar a sua santa determinação de ver a vontade de Deus ser feita. O salmista expressou a sua determinação militante assim: *Com o teu auxílio, vencemos os nossos inimigos; em teu nome, calcamos aos pés os que se levantam contra nós* (Sl 44.5).

Use o nome no comando de fé. Quando ordenar que a sua montanha se mova, quando mandar satanás parar de fomentar divisão entre irmãos em Cristo, quando resistir às investidas de satanás, quando decretar que um demônio se cale ou vá embora, ou quando determinar que satanás liberte um prisioneiro, use o poderoso nome de Jesus — o Jesus que derrotou o diabo no Calvário, o Jesus que um dia será o juiz dele.

Pedro ordenou ao aleijado: *Em nome de Jesus Cristo, o Nazareno, anda!* (At 3.6). Paulo determinou ao demônio: *Em nome de Jesus Cristo, eu te mando: retira-te dela* (16.18).

41

O uso militante da Palavra

A Palavra de Deus tem um papel essencial em todos os aspectos da nossa vida de oração. A nossa comunhão com Deus será baseada na Palavra e deverá incluir muita comunhão por meio dela. O nosso louvor tem como obrigação fazer grande uso das Escrituras enquanto louvamos o Senhor. Seja qual for o tempo que gastemos na nossa vida devocional, com toda a certeza quase que metade será gasto lendo a Palavra de Deus e nos alimentando dela.

Livros devocionais são bons, desde que não tomem o lugar da Palavra de Deus. Se você gastar a maior parte da leitura do seu período devocional lendo um livro devocional em vez de a Palavra de Deus, a sua vida espiritual será bem superficial. A maior parte dos textos devocionais é leite desnatado em comparação ao leite da Palavra (1Pe 2.2). Uma grande razão para vida de oração fraca é a negligência da Palavra de Deus.

A Palavra de Deus é a base de uma vida militante de oração. O Deus que ouve a oração é o Deus da Bíblia. A oração e a Palavra estão inter-relacionadas. As pessoas que oram amam a Palavra de Deus, e aqueles que amam a Palavra de Deus têm anseio e amor pela oração. Quando se alimentar da Palavra de Deus, você descobrirá que muitas vezes a sua leitura se transforma em oração. Você será tão abençoado pela Palavra que, ao lê-la, começará a amar o Senhor, a ser grato a Ele e louvá-Lo, a pedir que Ele aplique a Palavra ao seu coração e a cumpra na sua vida, ou a pedir que Ele coloque em prática alguma promessa específica para você. A Palavra flui pela oração muitas e muitas vezes quase antes que você perceba.

Quanto maior a constância com que você se alimentar da Palavra, maior a riqueza e a profundidade da sua vida de oração. A Palavra de Deus é o alimento que o fortalece para orar. Jesus, citando um texto de Deuteronômio 8.3, derrotou satanás destacando o papel essencial da Palavra: *Não só de pão viverá o homem, mas de toda palavra que procede da boca de Deus* (Mt 4.4).

A Palavra de Deus nutre a nossa oração, fortalece a nossa oração, aquece o nosso coração e incendeia o nosso espírito enquanto oramos. É impossível ter uma vida espiritual forte sem o alimento constante e a assimilação da Palavra de Deus. O crescimento espiritual depende do alimento espiritual diário. A oração fervorosa, até agressiva, se não for nutrida pela Palavra de Deus, pode ser fraca e sem firmeza.

Andrew Murray ensinou: "Pouco da Palavra com pouca oração é morte para a vida espiritual. Muito da Palavra com pouca oração concede uma vida doentia. Muita oração com pouco da Palavra oferece mais vida, mas sem firmeza. Uma medida completa da Palavra e oração a cada dia dá uma vida saudável e de poder".[1]

O poder no uso da Palavra depende da vida de oração. O poder na oração depende do uso da Palavra. O Espírito Santo é o Espírito da Palavra e o Espírito da oração. Dessa maneira, tanto a oração quanto a Palavra têm Deus como centro. Deus revela o coração dEle na Palavra. Nós revelamos o nosso coração a Ele em oração. Ele se entrega a nós na Palavra dEle. Nós nos entregamos a Ele

---

[1] MURRAY, Andrew. *The Prayer Life*, p. 88.

em oração. Na Palavra, Ele vem ao nosso lado e vive conosco. Na oração, nos elevamos até Seu trono e nos assentamos com Cristo.

A oração depende da Palavra de Deus. Ela é construída sobre a mensagem, a verdade e o poder de toda a Escritura. A oração absorve o poder da Palavra e incorpora a sua visão, urgência e força na sua persistência. Jesus prometeu: *Se permanecerdes em mim, e as minhas palavras permanecerem em vós, pedireis o que quiserdes, e vos será feito. Nisto é glorificado meu Pai, em que deis muito fruto; e assim vos tornareis meus discípulos* (Jo 15.7,8).

Quatro verdades ficam muito evidentes nesta passagem: (1) as respostas de oração têm relação estreita com o "permanecer", ou seja, realmente viver na Palavra; (2) essa perseverança na Palavra é o segredo de dar muito fruto para Deus; (3) esse fruto da oração é o que de fato traz glória a Deus; e (4) o fruto da oração é o que prova o nosso discipulado genuíno.

Embora esse ensinamento se aplique a toda oração, ele é empregado em especial à batalha de oração militante. O poder espiritual para a batalha de oração é inseparável da alimentação constante na Palavra, da assimilação intensa da Palavra à nossa vida espiritual. Samuel Chadwick escreveu: "Nunca levo nenhum livro além da Bíblia para o meu esconderijo. Ela é o meu livro de oração". J. Oswald Sanders testifica como a sua vida cristã e a sua oração foram transformadas. "Houve uma mudança quando aprendi a usar as Escrituras como livro de oração e a transformar o que eu lia, especialmente nos Salmos, em oração."[2]

Jonathan Goforth, usado de forma muito poderosa no avivamento missionário e na sua vida de oração, sempre saturava a sua alma com a Palavra de Deus. Ele afirmou: "É terrível como Deus e as almas são defraudados por causa do nosso parco conhecimento da sua Palavra salvífica". Toda manhã, Goforth, dentro de um período de meia hora de crescimento, começou a estudar a Bíblia de forma intensa com lápis e caderno. Fosse pregando

---

[2]HANES, David, ed. *My Path of Prayer*, p. 31, 70.

ou fazendo evangelismo pessoal, ele sempre tinha uma Bíblia aberta na mão. Ele chegou a um ponto da vida em que tinha lido a Bíblia inteira 35 vezes só em chinês. Ele havia lido o seu Novo Testamento chinês 60 vezes e, quando morreu, ele havia lido a Bíblia inteira 73 vezes consecutivas. Ele disse: "Estou sempre desejando ter podido gastar muito tempo na Bíblia".[3]

A Palavra de Deus dá início ao tempo de oração. Normalmente, é melhor começar o tempo de oração cotidiano com a leitura da Palavra de Deus, em especial quando entrarmos em um tempo de oração militante. Existem emergências em que necessitamos recorrer no mesmo instante à oração. Mas, sempre que possível, comece com a Palavra.

1. *A leitura devocional das Escrituras traz um sentimento de proximidade com Deus.* Quanto maior a nossa consciência da presença de Deus, maior a alegria, a convicção e o poder com que podemos orar. A Bíblia pode deixar o nosso coração em chamas.

2. *A leitura devocional das Escrituras ajuda a deixar as distrações de lado.* Jesus ensinou a necessidade de fechar a porta para os pensamentos, preocupações e interesses que tendem a sobrecarregar a nossa mente quando aquietamos a nossa alma para orar. *Entra no teu quarto e, fechada a porta, orarás a teu Pai* (Mt 6.6). Talvez você não tenha condição de entrar em um quarto literal e fechar a porta, mas de algum modo você deve realmente ficar a sós com Deus. A leitura da Palavra — quem sabe por um período prolongado de tempo — é um dos meios mais eficientes de deixar o mundo de lado e as suas distrações.

3. *A leitura devocional prepara a atitude do nosso coração para orar.* Na Palavra, podemos sentir Deus nos chamando para orar, aproximando-nos dEle, e assim o nosso coração pode responder à voz de Deus e à sua iniciativa (Sl 27.8). Algumas vezes, é possível nos sentirmos espiritualmente secos e relativamente

[3]Ibidem, p. 313-314; citações nas p. 252, 251.

sem vida. A Palavra nos revigora, anima a nossa alma e nos prepara para encontrar o Senhor. Essa preparação é muito importante quando a batalha de oração é necessária. A Palavra pode ajudar a abastecer e renovar o espírito da militância espiritual tão essencial na batalha de oração. George Mueller constatou que com frequência ele não conseguia orar como desejava até concentrar o seu coração em um versículo ou passagem da Bíblia.[4]

A Palavra de Deus guiará a nossa oração militante. Além de alimentar a nossa oração e nos armar para a oração militante, a Palavra de Deus dirige a nossa oração. A Palavra expõe que tipo de Deus Ele é e assim nos guia pelo que orar e contra o que pedir. A oração militante é o meio de fazer o reino de Deus avançar e se opor aos enganos, obstruções, planos e estratégias de satanás. A Palavra de Deus nos guia em tudo o que é fundamental aos soberanos e santos propósitos de Deus.

A Palavra de Deus expõe muitos dos métodos desgastados de satanás. Ela nos guia com relação às áreas em que devemos buscar amarrar o seu poder e os seus demônios.

A Palavra de Deus nos orienta em muitos aspectos nos quais o Espírito Santo dirigiu o povo de Deus à vitória no decorrer das eras. A Bíblia é a Palavra de Deus a nós para muitos propósitos grandiosos, mas entre eles estão os propósitos dEle para a nossa batalha espiritual. Ela contém exortações e ordenanças altamente específicas com relação às estratégias de oração. Ela é chamada de manual da batalha de oração.

A Palavra de Deus nos arma com fé para a batalha de oração. A fé é o nosso escudo na batalha espiritual (Ef 16.16). Mas também é uma arma ofensiva de combate. A fé se alimenta da Palavra de Deus e em especial das promessas de Deus até sermos fortalecidos e repletos de fervor pelo avanço para Deus. A fé é o espírito

---

[4]McIntyre, D. M. *The Hidden Life of Prayer*, p. 38.

e o poder essenciais e inseparáveis da oração que prevalece. Já discutimos sobre a dinâmica da fé no capítulo 13.

1. *A fé engatilha a oração militante atendo-se ao propósito de Deus.* O propósito de Deus e a nossa oração são interdependentes. Deus depende da nossa oração militante para alcançar o Seu santo propósito. Na oração militante, nós engatilhamos a nossa intercessão com o poder do seu propósito soberano. Todos os propósitos de Deus são divinamente possíveis. A fé dá o "amém" para o propósito de Deus.
2. *A fé engatilha a oração militante concentrando-se no poder de Deus.* A fé se recusa a ser diminuída pela nossa fraqueza, ineficiência e falta de frutos do passado. A fé é a convicção em Deus, apesar do passado, porque ela é focada no forte poder de Deus. Ter fé é saber que Deus é capaz de derrotar qualquer combinação de forças que satanás possa reunir para bloquear o nosso caminho, fortificar as suas fortalezas ou nos assaltar. Ter fé é glorificar a Deus, porque ele é *poderoso para fazer infinitamente mais do que tudo quanto pedimos ou pensamos, conforme o seu poder que opera em nós* (Ef 3.20).
3. *A fé engatilha a oração militante com promessas específicas de Deus.* Seja qual for a nossa necessidade ou pedido urgente, Deus tem uma promessa na Sua Palavra que se encaixa com perfeição no nosso uso da oração. Deve ser uma promessa específica ou genérica que cubra muitas necessidades, incluindo aquela pela qual estamos orando. Pode ser a disposição geral das Escrituras ou como a Bíblia revela que Deus agiu no passado. Agora, o Espírito a aplica de forma particular ao nosso coração.

Cada promessa de Deus na Sua Palavra imutável foi escrita para nós. Vá a Deus, citando a Palavra dEle, pedindo que Ele faça exatamente o que disse que faria. Deus não enganará você. Ele não quebrará a promessa que fez a você. Todo o caráter dEle é ligado à sua promessa. O poder de Deus torna possível todo o necessário para o avanço da causa dEle. O amor dEle garante tudo de que você precisa. A sabedoria dEle sabe como suprir qualquer coisa necessária para derrotar satanás e realizar o seu divino propósito. A imutabilidade do Senhor assegura que Ele levará o plano dEle a cabo.

A Palavra de Deus é a nossa arma de poder na oração. Na descrição inspirada pelo Espírito da armadura espiritual em Efésios 6, a Palavra de Deus é a única arma de ataque. Ela é a Espada do Espírito. Ele a usa de forma direta no convencimento do pecado. Ele pode nos guiar e capacitar a usarmos essa arma na persistência militante. É claro que ela é uma arma forte de defesa, mas o Espírito pretende que a usemos com frequência no ataque.

O que significa usar as Escrituras de forma militante? Significa usá-la em santa ousadia, seja com Deus em oração, seja com satanás ao repreendê-lo. Usar as Escrituras de forma militante indica tomar a iniciativa espiritual, ousar reivindicar as promessas para a conquista espiritual e para a libertação de almas e vidas daqueles em escravidão a satanás. Empregá-la de forma ativista significa recitá-la e usá-la com insistência resoluta e com perseverança convicta.

Esse uso inclui declamar e ler louvores das Escrituras para afastar dúvidas, medo e trevas espirituais. Implica permanecer na Palavra quando toda evidência visível parece provar que satanás está sendo bem-sucedido e que a nossa batalha de oração não tem esperança. Significa falar com Paulo quando ele estava no convés de um navio que estava sendo jogado de um lado para o outro por uma tempestade e parecia que a morte estava pronta para tragar todos a bordo: *Eu confio em Deus que sucederá do modo por que me foi dito* (At 27.25).

Lamentavelmente, muitos cristãos usam a Palavra de Deus apenas como alimento espiritual, como luz e conforto e para defesa. Quando aprenderemos usá-la de forma contínua em ataque militante? Quando faremos maior uso dela na retirada de satanás das suas fortalezas? Quando a usaremos com poder na libertação dos prisioneiros de satanás?

1. *Use a Palavra para lembrar a Deus.* Não é irreverência cobrar que Deus cumpra a sua Palavra. Quando Israel cometeu um pecado tão imensamente grave que Deus estava pronto para destruí-lo, Moisés citou a Palavra do próprio Deus em resposta a Ele suplicando de forma poderosa por perdão para o povo (Nm 14.19). O Senhor não repreendeu Moisés. Ele o honrou e o amou ainda mais. Ele respondeu a Moisés: *Segundo a tua palavra, eu lhe perdoei* (v. 20).

    Alexander Maclaren escreveu: "As nossas orações são para fazer Deus se lembrar. A oração mais verdadeira é aquela que se baseia na Palavra proferida de Deus. A oração que prevalece é uma promessa refletida".[5] Com humildade, reverência, mas ousadia, cobre que Deus cumpra a Sua promessa.

2. *Use a Palavra para calar satanás.* Jesus ordenou que demônios intrometidos se calassem algumas vezes. Lembre a satanás que ele foi derrotado no Calvário. Declame Filipenses 2.9-11 para ele e depois, em nome de Jesus, ordene que ele se cale ou deixe em paz a pessoa oprimida por demônios ou tire as suas mãos da vida que você está reivindicando para Deus. Faça que ele se lembre de que "Você derramou o sangue de Jesus Cristo, o Filho de Deus. Você é culpado de pecar contra o corpo e o sangue do Senhor. A sua autoridade foi quebrada. A sua condenação é certa".

3. *Recite expressões das Escrituras para fortalecer a oração.* Não conheço nenhuma oração militante breve mais poderosa do que as palavras que Jesus nos deu para usar quando estivermos orando — *Faça-se a tua vontade* (Mt 6.10). Repita isso várias vezes enquanto insistir nas promessas de Deus. Preencha as suas orações com expressões e versículos da Bíblia. Também

---

[5]ACKER, J. W. *Teach Us to Pray*, p. 29.

recheie as suas palavras para satanás com as Escrituras quando o estiver repreendendo. Versos e estribilhos de hinos que parafraseiam as afirmações bíblicas são muito úteis para serem entremeados no seu tempo de oração, tais como: "Nada é impossível para ti, Senhor"; "Fé é a vitória"; "Em nome de Jesus, temos vitória"; e "Há poder no sangue de Jesus".

A Palavra de Deus traz vigor e renovo durante a batalha. Chegarão momentos de esgotamento durante a batalha de oração. A oração militante pode ser física e emocionalmente exaustiva. Enquanto persevera diante da oposição de satanás, nem sempre você tem vontade de gritar "Aleluia!" Paulo diz que devemos resistir no dia mal. *Depois de terdes vencido tudo, permanecer inabaláveis* (Ef 6.13). É simplesmente humano ficar exausto na batalha. Você não está espiritualmente derrotado quando fica fatigado na batalha. Tudo o que você precisa é de descanso e refazer as forças. Ah, como é grandiosa a força que encontramos na Palavra de Deus em momentos assim! Dedique mais tempo para saturar a sua alma com a Palavra. Cante ou leia hinos impregnados das Escrituras. Você encontrará renovo para as suas forças, a sua coragem e o seu fervor.

42

Súplicas e argumentos santos diante de Deus

Há um sentido no qual convencer a Deus pode tomar a forma de uma alegação santa — sim, até apresentação de argumentos santos diante de Deus. Algumas vezes, a Bíblia usa termos jurídicos para o nosso encontro face a face com Deus. *Vinde, pois, e arrazoemos, diz o Senhor* (Is 1.18). Este é um convite a um tipo de audiência judicial, um apelo judicial ao trono de Deus. Deus pediu que Israel debatesse o seu caso com Ele.

Spurgeon pregou um grande sermão intitulado "Súplica". Ele disse:

> É um hábito de fé, quando ela está orando, que ela use súplicas. Meros articuladores de oração, que não oram de fato, esquecem-se de argumentar com Deus; mas aqueles que pretendem prevalecer apresentam as suas razões e os seus fortes argumentos [...]. O ato de fé de combater é suplicar a Deus e dizer com santa intrepidez: 'Que seja assim e assim, por estas razões'.

Ele pregou: "O homem que tem a boca cheia de argumentos na oração logo terá a sua boca repleta de bênção na resposta à oração".[1]

---

[1] SPURGEON, Charles Haddon. *Twelve Sermons on Prayer*, p. 49-50, 43.

Jó lamentou: *Ah! Se eu soubesse onde o poderia achar! Então, me chegaria ao seu tribunal. Exporia ante ele a minha causa, encheria a minha boca de argumentos. Saberia as palavras que ele me respondesse e entenderia o que me dissesse* (Jó 23.3-5). Moffatt traduz Jó como se estivesse dizendo: "Ah, se eu soubesse [...] como alcançar o Seu trono e ali apresentar o meu caso diante dEle, discutindo todas as opiniões opostas por completo".

Essa argumentação santa com Deus não é feita com um espírito negativo de reclamação. Ela é a expressão de um coração ardente de amor por Deus, pelo Seu nome e pela Sua glória, e não de um coração crítico. Esse debate santo com Deus é uma apresentação acalorada a Deus das muitas razões pelas quais isso estará em harmonia com a sua natureza, o Seu governo justo e a história das suas santas intervenções em favor do seu povo.

George Mueller nos exorta a usar "argumento santo na oração". Sibbes clamava com fortes argumentos, porque "eles têm utilidade e força para convencer a Deus". Foi exatamente isso o que Moisés fez. Foi o que Lutero e outros homens de poder insistente fizeram.

Nós não apelamos como um adversário legal negativo na presença de Deus, o santo juiz. Em vez disso, nós suplicamos na forma de uma causa bem preparada, disposta por um advogado legal a favor de uma necessidade e para o bem-estar do reino. Algumas vezes, nós estamos, por assim dizer, apresentando uma petição ao tribunal de Deus por uma injunção contra satanás para deter a sua perseguição. O Espírito Santo nos guia no preparo e na apresentação do nosso argumento em oração.

Quando andamos perto de Deus e somos sua companhia constante em comunhão e parceiros contínuos em oração, temos uma liberdade dada pelo Espírito em oração que nos capacita a colocar as nossas súplicas e os nossos argumentos diante do Senhor sem temor ou tensão. O nosso coração está tão comprometido com o Senhor, em total devoção e em intercessão altruísta pela glória de Deus e por tudo que faça o reino de Jesus progredir, que apelar diante de Deus é quase tão natural para nós quanto a expressão do nosso amor ao Senhor.

Afinal de contas, a nossa santa argumentação com Deus e as nossas alegações baseadas na Bíblia são amplamente pela causa de Deus e estão todas acompanhadas de total submissão à vontade de Deus. Embora às vezes possa haver algum interesse pessoal, por causa de laços naturais, a nossa súplica tem como essência a causa de Cristo.

Os nossos argumentos e as nossas reivindicações santas a Deus devem ser somente por aquelas coisas que acreditamos que sejam da vontade de Deus, com base na Palavra de Deus. Nós ficamos convencidos de que essas respostas de oração são desejadas por Deus por causa da sensação de proximidade e bênção de Deus ao orarmos por elas. Podemos orar *Faça-se a Tua vontade* não como uma cláusula banal, uma sentença santificadora ou uma concessão queixosa de submissão devota. Oramos *Faça-se a Tua vontade* de forma militante ao arrazoarmos com Deus com todas as razões sagradas que glorificam a Deus que possamos ordenar. Nós apelamos e argumentamos pelo que sabemos que é desejo máximo de Deus e para a sua glória suprema.

Será que Deus se ressente por apresentarmos com ousadia as bases das nossas súplicas diante dEle na forma de argumentação santa? Será que é irreverência ou impertinência apresentar ponto a ponto a necessidade pela qual prevalecemos com humildade, mas firmeza? Não, nunca, se for feito de forma bíblica.

Por favor, lembre-se de que os santos mediadores de Deus nos tempos bíblicos insistiam nas suas causas diante de Deus ponto a ponto. A importunação santa diante de Deus não pode hesitar em delinear diante dEle todas as razões por que Ele deveria atender à solicitação. Há razões bíblicas que você pode alegar diante dEle e exemplos bíblicos de pessoas que assim o fizeram. Você tem todo o direito espiritual de apresentar a sua causa de forma ponderada e meticulosa, até como advogados no tribunal defenderiam o caso de um cliente.

Observe a súplica de Abraão por Ló e Sodoma (Gn 18.22,23). *Abraão permaneceu ainda na presença do* SENHOR (v. 22). Quando

Deus anunciou a sua investigação e intenção de julgamento sobre Sodoma, Abraão deteve o Senhor, ficando por mais tempo diante dEle para apelar por misericórdia. Ele foi audaciosamente intrépido, embora com humildade soubesse que era *pó e cinza* (v. 27).

Abraão se aproximou ainda mais de Deus para apelar pessoalmente a Ele (v. 23):

1. *Ele apelou e discutiu a justiça de Deus com humildade.* Como poderia Deus punir o justo com o perverso?
2. *Ele apelou para que o perverso fosse poupado em função do bem do justo e mais uma vez suplicou pela justiça de Deus para o justo* (Gn 18.24). Abraão estava certo de que o coração de Deus fosse como o dele. Ele havia arriscado a própria vida para resgatar Ló e, ao fazer isso, resgatou as mesmas pessoas de Sodoma pelas quais ele estava agora apelando (Gn 14). O povo de Sodoma não era digno naquele momento, mas Abraão mostrou misericórdia. Será que Deus não seria tão misericordioso quanto já havia sido? Ele apelou para a misericórdia de Deus.
3. *Abraão debateu com base no caráter justo de Deus. Longe de ti o fazeres tal coisa, matares o justo com o ímpio, como se o justo fosse igual ao ímpio; longe de ti. Não fará justiça o Juiz de toda a terra?* (Gn 18.25). Com humildade, ele reconheceu que Deus era o Soberano do universo. Sendo o justo e supremo Juiz, como Ele poderia fazer qualquer coisa além do que é certo?

Abraão obteve a promessa de Deus de poupar toda a cidade se, na sua investigação, ele encontrasse cinquenta pessoas íntegras (Gn 18.28). Então Abraão começou a barganhar com Deus — mas não por algum propósito egoísta. Ele estava negociando para que a misericórdia de Deus fosse estendida até de forma mais generosa a quem não merecia. E se faltarem apenas cinco para os cinquenta? *Destruirás por isso toda a cidade?* (v. 28). Com ousadia, ponto a ponto, Abraão pressionou a Deus por mais misericórdia, de 45 para quarenta, para trinta, para vinte, para dez.

Abraão apelou repetidas vezes: *Não se ire o Senhor, falarei ainda.* Deus ficou irritado? Absolutamente não. Ele amou e honrou Abraão ainda mais por ansiar pela misericórdia justa de Deus, por aspirar à salvação dos pecadores condenados. Abraão tinha o coração semelhante ao de Deus. Deus almeja ser misericordioso todas as vezes que puder. Abraão provou ser amigo de Deus (Tg 2.23) pela sua santa apelação e negociação por misericórdia.

Moisés também, com quem Deus falou face a face, como qualquer fala a seu amigo (Êx 33.11), engajou-se em argumentação na oração a Deus com reverência e humildade, porém com ousadia (32.9-14). Temos apenas o breve resumo do que podem ter sido horas de argumentação apelativa por parte de Moisés, em Êxodo. Deus diz a ele: *Agora, pois, deixa-me, para que se acenda contra eles o meu furor* (v. 10). Fica aparente que Moisés já estava intercedendo a Deus por perdão para Israel, que havia acabado de fazer o bezerro de ouro.

Talvez o *deixa-me* de Deus fosse um teste do caráter de Moisés, do comprometimento de Moisés com Israel e a total falta de egoísmo da sua lealdade santa a Deus, pois Deus havia acabado de propor a construção de uma nação nova e maior por meio de Moisés. Moisés não deixou Deus em paz. Ele deu início aos santos argumentos diante de Deus que prevaleceram e permitiram que Deus agisse em misericórdia.

1. *Moisés debateu com base no histórico dos atos de libertação de Deus a Israel.* Ele disse a Deus que, se ele destruísse Israel agora, destoaria dos seus grandes atos de misericórdia.
2. *Moisés debateu com base na glória do nome de Deus.* Por que Deus deveria permitir que os egípcios pensassem que Jeová era como os seus deuses egípcios, que tinham motivações malignas, temperamento vil e perverso e que precisavam ser apaziguados por subornos em forma de sacrifício? *Por que hão de dizer os egípcios: Com maus intentos os tirou, para matá-los nos montes e para consumi-los da face da terra?* (Êx 32.12).

3. *Moisés debateu com base na fidelidade de Deus aos servos leais Abraão, Isaque e Jacó e com base nas promessas que havia feito a eles.* Em resposta a Deus, ele citou com ousadia a promessa que o Senhor fizera e cobrou que Deus cumprisse a Sua Palavra (Êx 32.13). Então Deus aceitou a súplica santa e ardorosa de Moisés. Deus ficou irado com Moisés por ter interferido? Deus atribuiu falta de respeito e irreverência a ele? Não, longe disso! Logo após esse relato, temos informação de como Deus falou face a face com Moisés como a um amigo próximo. Ainda logo depois disso, Moisés passou mais quarenta dias jejuando a sós com Deus no monte Sinai, até que a glória de Deus o enchesse e resplandecesse no seu rosto (34.29-35).

Esses são dois dos exemplos bíblicos maravilhosos de como os guerreiros de oração que andam com Deus podem debater as suas súplicas diante do Seu trono e receber respostas de oração grandiosas que glorificam a Deus.

43

Como apelar diante de Deus

Aqui estão algumas petições santas que podem ser usadas com poder em oração intrépida diante do trono de Deus. Certifique-se de que o seu coração esteja puro diante de Deus e de que não haja nenhuma controvérsia entre Deus e a sua alma. Tenha certeza de estar debatendo por algo que glorifique a Deus, que seja para o crescimento do reino de Deus e esteja de acordo com a vontade de Deus. O último ponto é muito importante. O Espírito Santo pode confirmar ao seu coração se o que você deseja é de fato da vontade de Deus. Quando obtiver comprovação dessa segurança, então você poderá ser ousado nas suas súplicas e argumentações diante do Senhor.

Não é necessário orar para informar a Deus sobre a necessidade que inquieta você, pois Deus conhece toda a situação melhor do que você. (No entanto, Deus se agrada quando você faz uma descrição completa para Ele.) Você precisa orar, porque Deus predeterminou que Ele agiria por meio da sua oração, somada à intercessão de Jesus à destra do Pai. Em um contexto diferente, Deus, por meio de Isaías, revelou o que se passava no seu coração: *Apresentai a vossa demanda, diz o* Senhor; *alegai as vossas razões* (Is 41.21). A apresentação do seu caso e o detalhamento das suas razões, além de agradar a Deus, ajudam você a entender a necessidade de forma mais completa, mexe com a sua compaixão, fortalece a sua determinação e faz você ficar armado com uma sede santa ainda maior.

Invoque a honra e a glória do nome de Deus. A honra do nome de Deus está envolvida de muitas maneiras na resposta a necessidades em oração. A resposta à oração costuma trazer glória a Deus. Se Deus não age em algumas situações, é porque isso pode desonrar o Seu nome. Muitas situações trazem desonra para Deus se ele permitir que elas tenham continuidade. Então o nome de Deus está em jogo em quase todas as necessidades.

Deus salvou Israel no mar Vermelho *por amor do seu nome* (Sl 106.8). Josué apelou que Deus socorresse Israel, perguntando: *Então, que farás ao teu grande nome?* (Js 7.9). Davi orou por amor do nome de Deus (2Sm 7.26). Davi, sabendo que Deus havia colocado sobre os seus ombros a responsabilidade de ser rei, orou para obter direção (Sl 23.3; 31.3) e auxílio (109.21; 143.11) por amor do nome de Deus. Asafe orou para que Deus ajudasse Israel *pela glória do teu nome* (79.9).

Quando a honra, a glória, o nome e a reputação de Deus estão em jogo, nós podemos preparar um forte apelo. Jeremias apelou a Deus: ó Senhor, *age por amor do teu nome* (Jr 14.7); e mais uma vez: *por amor do teu nome; não cubras de opróbrio o trono da tua glória* (v. 21).

A glória de Deus deveria ser a principal motivação em tudo o que fizermos. Mas, acima de tudo, deveria ser o motivo primordial quando intercedermos. Nós apelamos a Deus e apresentamos argumentos santos a Ele, mas não por interesse pessoal. Isso seria fatal para a nossa vitória. Nós apelamos para a honra e a glória de Deus.

Apresente os seus fortes argumentos pelo que trará mais glória a Deus, e o coração dEle se abrirá por completo à sua oração. A oração do Pai-nosso é para santificar o nome de Deus (Mt 6.9). Santificar é fazer santo, ajudar a refletir de fato a glória de Deus, separá-lo de tudo o que é comum.

Não existe outro nome como o de Deus. Ao nome de Jesus, todo joelho se dobrará e toda língua confessará que Jesus Cristo é Senhor, toda a glória do Deus Filho (cf. Fp 2.10,11).

Apresente o seu caso a Deus e apele a Ele. Mostre como a petição que você está apresentando tem como propósito exaltar o nome de Jesus, exaltar o senhorio de Jesus e assim cumprir a vontade soberana de Deus e a sua suprema glória. Por consequência, os seus apelos a Deus são poderosos diante de Deus.

Invoque o relacionamento de Deus com você.

1. Deus é o seu criador, e você é obra das mãos dEle (Jó 10.3,8-9; 14.15). O salmista lembrou a Deus que nós somos obra das suas mãos (Sl 119.73). Por amor à criação de Deus, a obra que traz glória ao nome dEle, nós temos o direito de apelar.
2. Deus é o seu Auxílio (Sl 33.20; 40.17; 63.7), o seu Socorro sempre presente (46.1). Invoque o fato de que Ele é o seu Auxílio.
3. Deus é o seu Redentor (Sl 19.14). Ele se declara seu Redentor (Is 41.14; 54.5). Ele promete isso, porque Ele é o seu Redentor, Ele ensinará a você o que é melhor (48.17). Ele provará ao mundo que Ele é o seu Redentor (49.26). Invoque esse fato de que Ele é o seu Redentor. Ele terá compaixão de você, porque Ele é o seu Redentor (54.8). Ele não ousa negligenciar o seu papel e o seu nome de Redentor. Isaías fez a sua súplica em poderosa intercessão (Is 63.16). Você pertence a Ele pela redenção. Ele é responsável por você.
4. Deus é o seu Pai. Reivindique esse fato. Isaías invocou o papel de Deus tanto como criador quanto como pai. *Mas agora, ó Senhor, tu és nosso Pai, nós somos o barro, e tu, o nosso oleiro; e todos nós, obra das tuas mãos* (Is 64.8). Como Ele é seu Pai, você pode apelar para a compaixão do seu coração de Pai (Sl 103.13; Ml 3.17). Jesus apelou repetidas vezes à paternidade de Deus em suas orações. Paulo também. *Abba, Pai* é uma súplica poderosa (Mc 14.36; Rm 8.15; Gl 4.6).

Como seu criador, auxiliador, redentor e pai, será que Ele não se lembrará de você, não o protegerá, sustentará você e a tudo o que Ele criou e redimiu? Que poderosas alegações você pode fazer com base na relação que Deus tem com você!

Invoque os atributos de Deus. Spurgeon disse: "É bom apelar a Deus pelos seus atributos".[1] Abraão, ao interceder por Ló e Sodoma, apelou à justiça de Deus. *Longe de ti o fazeres tal coisa* [...]. *Não fará justiça o Juiz de toda a terra?* (Gn 18.25). Neemias, liderando o seu povo em intercessão, fez o mesmo (Ne 9.33). Os santos do Antigo Testamento com frequência invocavam a justiça de Deus.

É agradável a Deus fazer coisas por amor à sua retidão (Is 42.21). Ele intervém por amor à sua integridade (59.16,17). A retidão prepara os passos dEle (Sl 85.13). Deus se reveste (Is 11.5) e se arma com a justiça (Is 59.17). A retidão e a justiça são o alicerce do seu trono (Sl 97.2). Então Ele, que é perfeitamente reto em si mesmo e em tudo o que Ele faz, pode ser movido a agir em retidão agora (Sl 96.13). Cristo apressa a causa da retidão (Is 16.5). Então não hesite em apelar como Davi e Isaías por amor à retidão de Deus. Essa é uma súplica poderosa.

As personagens bíblicas também invocaram a fidelidade de Deus na sua intercessão. No Salmo 89, Etã usa seis vezes a fidelidade de Deus como base da sua súplica. Davi apelou à fidelidade de Deus (Sl 143.1). Moisés afirmou: *Teu Deus é Deus, o Deus fiel* (Dt 7.9). Fazendo Deus recordar a sua fidelidade, você pode fazer dela a base das suas poderosas súplicas.

Nenhum atributo de Deus é usado com maior frequência e constância nas súplicas em oração do que a misericórdia e o amor de Deus. Moisés apelou à Sua grande misericórdia (Dt 9.18). Ah, como Davi dependia da misericórdia de Deus na sua oração! Ele apelava à misericórdia de Deus (Sl 4.1; 27.7; 30.10; 86.6,15,16), à Sua grande misericórdia (cf. 25.6). Asafe suplicou a misericórdia de Deus (Sl 79.8). Daniel e os seus três parceiros de oração

---

[1] SPURGEON, Charles Haddon. *Twelve Sermons on Prayer*, p. 39.

hebreus invocaram a misericórdia de Deus (Dn 2.18). De Jacó a Zacarias, os homens de Deus que prevaleceram evocaram a Sua misericórdia. Com toda a certeza, você também deve ter feito isso mais de uma vez.

De forma semelhante, você, assim como Davi e o salmista, pode apelar ao amor de Deus, ao amor leal de Deus, às ternas misericórdias de Deus. O salmista combinou o amor e a fidelidade de Deus em uma forte súplica e argumentação diante de Deus. *Não a nós, Senhor, nenhuma glória para nós, mas sim ao teu nome, por teu amor e por tua fidelidade! Por que perguntam as nações: "Onde está o Deus deles?"* (Sl 115.1,2 NVI). Spurgeon pregou: "Descobriremos que todo atributo do Deus Altíssimo é, por assim dizer, um grande aríete, com o qual temos permissão de abrir os portões do céu".[2]

Invoque os sofrimentos e necessidades das pessoas. Homens e mulheres santos de Deus sempre se identificavam com as pessoas, em especial com o povo de Deus no seu sofrimento. Deus tem um coração terno. Ele sente todo o sofrimento do universo inteiro. Isso tudo é resultado direto ou indireto do pecado. Deus sofre intensamente a cada dia adicional que Ele permite que a civilização pecadora e catastrófica da terra continue. Ele sente de forma muito mais profunda do que qualquer ser humano jamais seria capaz de sentir. Essa verdade é uma súplica tremendamente poderosa.

Davi foi um dos que tomavam sobre si as dores do seu povo. Ele até chorou pelo sofrimento dos seus inimigos (Sl 16.9). Neemias e, em especial, Daniel usaram essa súplica de forma grandiosa ao se identificarem vicariamente com o padecimento do povo.

Jeremias, talvez com maior poder do que todos os outros, usou essa forma de apelação ao prevalecer pelo seu povo. Ele suplica que Deus olhe e veja os sofrimentos (Lm 2.20) para se lembrar, observar e enxergar (5.1). Ele relaciona todas as dores do povo com detalhes para Deus. Ele não tenta justificar o seu povo, pois

---

[2]Ibidem.

sabe quanto eles são merecedores do julgamento de Deus. Ainda assim, ele suplica com base no seu padecimento. Nada é mais eloquente para Deus do que as lágrimas, os clamores do coração e os gemidos dos seus filhos ao se identificarem de forma vicária com os sofrimentos do mundo e apelarem pela misericórdia de Deus.

Invoque as respostas anteriores à oração. É sempre bom louvar a Deus por tudo o que Ele já fez. Traga à memória de Deus como Ele já investiu de forma consistente a sua misericórdia, a sua fidelidade e o seu poder. Recorde ao Senhor como a tarefa está incompleta. Você está onde está hoje (ou a causa de Deus está como está hoje, ou o seu país está como está hoje) por causa da paciência, da misericórdia, da bondade, da proteção, do socorro e da direção de Deus que foram renovados.

Foi dessa maneira que Moisés suplicou. No monte Sinai, Moisés começou a sua intercessão recontando quanto Deus já havia investido em Israel (Êx 32.11,12). Davi também relembrou ao Senhor da sua misericórdia no passado: *Tu és o meu auxílio* (Sl 27.9). *Tu me tens ensinado, ó Deus, desde a minha mocidade* [...]. *Não me desampares, pois, ó Deus, até à minha velhice e às cãs* (71.17,18). Uma série de salmos relembram Deus e o povo em detalhes das suas misericórdias passadas (78; 85.1-7; 105—106; 136).

Apresente os seus argumentos em apelação por novas misericórdias com base no histórico de tudo o que Ele já fez. Mas a obra está inacabada. Deus já investiu demais para parar agora. Suplique que a misericórdia e o poder de Deus sejam renovados e tragam vitória final.

Invoque a Palavra e as promessas de Deus. Siga o exemplo dos filhos de Deus que prevaleceram e declame as santas promessas de Deus para Ele. Na noite em que Jacó lutou com Deus, ele cobrou que Deus cumprisse a Sua Palavra e a Sua promessa: *Deus de meu pai Abraão e Deus de meu pai Isaque, ó Senhor, que me disseste* (Gn 32.9). Ele acrescentou: *E disseste...* e citou mais promessas de Deus em resposta a Ele (v. 12). Jacó não podia se retirar daquele território de oração, não importando a ele o custo disso, e ele prevaleceu.

Essa também foi a santa insistência de Moisés: *Disse Moisés ao* S*enhor: Tu me dizes* [...] *contudo, disseste* (Êx 33.12). Moisés pressionou neste ponto: *se o que o Senhor diz é verdade, então que me faças saber neste momento o teu caminho, para que eu te conheça e ache graça aos teus olhos; e considera que esta nação é teu povo* (v. 13). Esse foi o ato santo de recordar a Deus Seu dever sagrado.

Deus replicou: *Farei também isto que disseste; porque achaste graça aos meus olhos, e eu te conheço pelo teu nome* (Êx 33.17). Moisés se contentou? Não! Ele insistiu ainda mais pela resposta e pela bênção de Deus. Então Moisés disse: *Rogo-te que me mostres a tua glória* (v. 18). *Respondeu-lhe: Farei passar* [...] *te proclamarei* [...] *terei misericórdia* [...] *me compadecerei* [...] *eu te porei* [...] *te cobrirei* (v. 19,22). Moisés obteve tudo o que clamava o seu coração e a sua resposta completa, porque pressionou no seu caso com santas súplicas e argumentações.

Você ousa orar dessa forma? Você sabe recitar a Palavra de Deus com reverência em resposta a Ele, continuar apresentando todas as suas necessidades, insistindo que a vontade plena de Deus se realize? Isso é persistência poderosa. Esse tipo de oração ganha o apreço do Pai, do Filho e do Espírito Santo.

Davi cobrou que Deus cumprisse a Sua Palavra. Com reverência, humildade, amor, mas santa insistência, Davi fez pressão para obter o cumprimento da promessa de Deus. *Faze como falaste* [...] *seja para sempre engrandecido o teu nome* [...]. *Por isso, o teu servo se animou para fazer-te esta oração. Agora, pois, ó* S*enhor, tu mesmo és Deus e prometeste a teu servo este bem* (1Cr 17.23-26).

Salomão orou da mesma maneira. Ele cobrou que Deus cumprisse as suas promessas que havia feito a Davi, seu pai: *Ó* S*enhor, Deus de Israel, não há Deus como tu, nos céus e na terra, como tu que guardas a aliança e a misericórdia* [...] *cumpriste para com teu servo Davi, meu pai, o que lhe prometeste* [...]. *Agora, também, ó* S*enhor, Deus de Israel, cumpra-se a tua palavra que disseste a teu servo Davi* (2Cr 6.14,15,17). Ele não usou de meias palavras. Deus havia dito. Agora Salomão insistia em que Deus cumprisse a Sua Palavra.

Toda a Palavra de Deus é para você — todas as promessas dEle e toda a verdade dEle. Use a Palavra na sua oração; com amor, humildade, mas ousadia, cobre que Deus cumpra a Sua Palavra. A Palavra não tem palavras belas e sem significado. Você honra a Deus quando cobra que Ele cumpra a Sua Palavra. Deus é sincero em Suas intenções. O Espírito é sincero em Suas intenções. Você deve ser sincero em suas intenções e começar a buscar as respostas de Deus com todas as suas forças.

Spurgeon suplicou: "Oh, irmãos, que aprendamos assim a invocar os preceitos, as promessas e tudo o mais que possa servir ao nosso curso; mas que sempre tenhamos algo a invocar. Não considere que você orou até ter feito uma súplica".[3]

Invoque o sangue de Jesus. Talvez a maior súplica, mais poderosa e mais digna de resposta de todas seja a que se vale do sangue de Jesus. Não existe argumento que prevaleça mais que possamos trazer diante de Deus do que os sofrimentos, o sangue e a morte do Seu Filho. Não temos nenhum mérito em nós mesmos. Nós não prevalecemos com técnicas de oração ou experiências do passado. Não existe um passo a passo para a oração que prevalece. É somente pelo sangue de Jesus.

Você entende de fato que Jesus, o Filho de Deus, derramou o sangue dEle por você e pelo nosso mundo pecador? Você compreende de fato como satanás foi derrotado de uma vez por todas no Calvário? Você realmente entende o poder da invocação do sangue de Jesus diante de Deus Pai?

Assim como não existe outro nome maior do que o nome de Jesus no céu e na terra (Fp 2.9,10), não existe reivindicação superior no céu e na terra do que o sangue de Jesus. Ele é a evidência suprema do amor absoluto do universo. Ele é o selo supremo do sacrifício vicário máximo do universo. Ele é indescritível, irresistível, conquistador de tudo e sempre eficaz.

---

[3] Ibidem, p. 50.

Invoque o sangue. Ore até ter segurança da vontade de Deus. Ore até receber do Espírito a visão do que Deus almeja fazer, precisa fazer e espera fazer. Ore até ser acometido pela autoridade do nome de Jesus. Então suplique pelo sangue de Jesus. O nome e o sangue de Jesus — glorie-se neles, empenhe todo o seu ser neles, e use-os para a glória de Deus e a debandada de satanás.

Traga as feridas de Jesus diante do Pai; relembre ao Pai a agonia do Getsêmani; recorde ao Pai os fortes clamores do Filho de Deus enquanto prevalecia pelo nosso mundo e pela nossa salvação. Traga de volta à memória do Pai o momento mais sombrio da terra no Calvário, quando o Filho triunfou sozinho por mim e por você. Brade aos céus mais uma vez o clamor triunfante de Jesus: *Está consumado!* Invoque a cruz. Reivindique o sangue. Apele-os muitas e muitas vezes.

Spurgeon disse: "Essa escancara os tesouros do céu. Muitas chaves se encaixam em muitas fechaduras, mas a chave mestre é o sangue e o nome dEle que morreu e ressuscitou, que vive para sempre no céu para salvar até os confins".[4]

satanás fica apavorado demais pelo sangue de Jesus para apresentar alguma palavra de contestação. Nenhum anjo jamais debaterá contra o sangue. Deus Pai quer ser honrado, satisfeito e glorificado por ele. Invoque o sangue do Filho de Deus. Apele pelo sangue derramado no Calvário. Evoque o sangue de Jesus. Na autoridade do nome de Jesus, recorra ao sangue de Jesus!

[4]Ibidem.

44

Você deseja se tornar poderoso em oração?

Você começou a ler este livro com sede e esperança de poder conhecer mais da oração de poder que prevalece por experiência própria. Você ficou entusiasmado ao ler sobre a vida daqueles a quem Deus usou de forma poderosa na oração. Você se sentiu tanto abençoado quanto culpado ao ler as citações escritas por alguns dos gigantes de Deus na fé e na intercessão sobre a oração que prevalece.

Em um sentido, você foi encorajado e fortalecido. Você compreende com muito mais clareza o escopo e o poder da oração de poder que prevalece. Você tem mais sede de que Deus use a sua vida de oração do que antes. Você ousa crer que tais orações de poder que prevalecem são para você?

Lembre-se de que o Espírito Santo é o único mestre verdadeiro da intercessão que prevalece. A simples leitura de um livro não vai transformá-lo, a menos que Deus o ajude a incorporar a verdade da oração ao hábito de orar. Você só vai aprender a prevalecer se personalizar essas verdades por meio de uma fidelidade renovada, uma nova sede de aprofundamento e uma inédita e esperada autodisciplina na oração. Você aprende a orar orando, mas há um fato classificatório de suprema importância.

A oração persistente só prevalece por meio do Espírito que prevalece. Isso não é obra humana, nem mesmo dos homens e mulheres mais santos de Deus. Isso é atuação do Espírito Santo em você e por meio da sua cooperação. Samuel Chadwick confessou: "A maior coisa que Deus já fez por mim foi me ensinar a orar no Espírito".[1] Ninguém se torna um homem ou mulher de oração, a menos que seja por meio do Espírito Santo.

Como é possível preparar o caminho dEle a fim de que o Espírito possa interceder na oração que prevalece por meio do seu ser? Lembre-se de que você sempre deverá reconhecer que é fraco demais na oração para prevalecer. Alegre-se! *O Espírito [...] nos assiste em nossa fraqueza* (Rm 8.26). Muitas e muitas vezes você precisará confessar com Paulo: "Senhor, eu não sei orar como deveria. Eu não sei direito quais são todos os detalhes pelos quais devo prevalecer". Alegre-se! O próprio Espírito intercede por você com gemidos profundos demais que você jamais será capaz de expressar (v. 26).

Já que o Espírito Santo foi quem colocou o fardo sobre você para ajudá-lo a orar e prevalecer por meio de você, Deus está muito mais desejoso pela sua persistência do que você jamais poderia imaginar. O Espírito geme para que você se torne poderoso na oração que prevalece. Ele tem uma infinidade de gemidos que são humanamente inexprimíveis — para que você se faça poderoso na oração que prevalece por muitas e muitas necessidades incrivelmente grandes na vida de outras pessoas.

O Espírito quer fazer você poderoso para prevalecer pelos outros. Deus não tem nenhum outro meio. Ele predeterminou que Ele realizaria a vontade dEle por meio da sua persistência, junto com a intercessão que prevalece tanto do Deus Filho no trono de graça no céu quanto do Deus Espírito. O Espírito deseja dominá-lo mais e de forma mais plena a fim de poder orar por meio de você de forma que prevaleça cada dia mais.

---

[1] CHADWICK, Samuel. *The Path of Prayer*, p. 56.

Deus compreende a sua confissão de coração quebrantado, assim como a confissão de Paulo: *Não sabemos orar* (Rm 8.26). Quando se esgotarem as suas forças, entregue-se a Deus novamente em completa e total dependência. Será que você pode fazer a mesma confissão que Oswald J. Smith: "Ah, esse fardo, essa paixão pelas almas — como isso caracterizava os ungidos de Deus desde os primeiros séculos! [...] Uma hoste de [...] lutadores poderosos com Deus. A experiência deles, meus irmãos, é a que eu anseio ter acima de todas as outras"?[2]

Deus deseja que você ajude a intermediar a luz do evangelho e o poder salvífico de Jesus por meio da oração. Na redenção, existe somente um mediador entre Deus e o homem, o homem Jesus Cristo (1Tm 2.5). Mas, hoje, Deus precisa de milhares de mediadores que cooperem por meio da intercessão. Pela oração que prevalece, coloque uma das suas mãos sobre o trono da graça e a outra sobre a necessidade do mundo. Moisés fez isso. Isaías, Jeremias e Daniel também. Você está disposto a isso? Lutero fez isso. Wesley, Whitefield, Finney, Brainerd, Hyde o fizeram. Você também está disposto?

Em primeiro lugar, obtenha a visão. Peça para o Espírito permitir que você veja as pessoas do mundo e as suas necessidades com os olhos de amor do Senhor. Assim, você entenderá por que Neemias chorou, por que Isaías, Jeremias, Paulo e uma multidão de outras pessoas choraram. Então você compreenderá por que Jesus chorou. Peça que o Espírito permita que o seu coração sinta a dor da terra como Deus a sente. Assim, você vai chorar. O seu coração vai chorar e, se você prevalecer por tempo suficiente, os seus olhos poderão também se encher de lágrimas.

Depois, rogue pelo auxílio do Espírito. A sua oração mais forte sem o poder do Espírito é impotente. As suas palavras mais débeis, habilitadas pelo Espírito, podem mover o Onipotente.

---

[2]Smith, J. Oswald. *The Enduemente of Power.* London: Marshall, Morgan & Scott, 1933, p. 57-58.

Não é para você ver quanto pode fazer por Deus. É para você perceber quanto mais de Deus você pode introduzir na sua oração. É o Deus Espírito que faz a diferença.

Seja cheio do Espírito. Se você nunca recebeu a plenitude do Espírito, receba-a hoje. Retire qualquer controvérsia, qualquer véu, entre a sua alma e Deus. Obedeça a Deus em cada passo que você sabe que deve dar. Apresente-se a Deus de forma total, ilimitada e eterna, em absoluta rendição, pedindo que o Espírito o preencha. Não tenha pressa. Seja meticuloso; certifique-se de se render com verdade e por completo. Depois, com simplicidade de fé, aproprie-se do que Deus prometeu: *Ora, se vós, que sois maus, sabeis dar boas dádivas aos vossos filhos, quanto mais o Pai celestial dará o Espírito Santo àqueles que lho pedirem?* (Lc 11.13).

Agora se mantenha cheio. A pureza pode ser preservada pelo auxílio do Espírito, mas o poder deve ser renovado. Se você esperar em Deus, a sua força será restaurada (Is 40.31). No livro de Atos, os crentes foram cheios do Espírito Santo várias vezes.

Quando usa o carro, você não precisa consertá-lo a cada 110 quilômetros ou algo do tipo. Mas precisa reabastecê-lo com o combustível que dá potência a ele. Uma alma santa costuma perceber o esgotamento espiritual mesmo em meio a um serviço de amor a Deus e aos outros. Vivemos em um mundo cujo ambiente nos exaure. Batalhamos em uma guerra espiritual que nos esgota.

Fique ao lado de Deus. Peça a Deus. Espere em Deus. Ele recarregará você muitas e muitas vezes. Você deve ficar cheio do Espírito para orar no Espírito. Você precisa esperar em Deus se desejar ser recarregado. Você tem de se fartar das palavras dEle, capítulo a capítulo, se quiser ser reabastecido. Lembre-se das palavras de Torrey: "O segredo de toda oração é encontrado nestas palavras: 'no Espírito'".[3]

No seu último ensinamento antes de ser crucificado, Jesus revelou a nós, seus seguidores, que orar é tomar toda uma nova

---

[3]Torrey, R. A. *Como orar*, p. 36.

dimensão do poder pela oração em nome dEle, por meio das suas palavras que habitam em nós e pelo auxílio do Paracleto, o Espírito Santo. As palavras de Jesus se aplicam à sua vida de oração? Elas podem. Pela graça de Deus, elas devem. Por meio de resolução da sua alma, de disciplina espiritual e hábitos de prevalecer em intercessão, elas se aplicarão.

O poder da oração não é algo que possamos fabricar. Não é sinônimo de voz alta, ou autoafirmação física ou emocional. É o poder do Espírito dentro da sua alma. Será que você poderia parafrasear as palavras de Paulo e dizer: Para isso é que eu oro, esforçando-me o mais possível, segundo a sua eficácia que opera eficientemente em mim (cf. Cl 1.29)? Ele trabalhará em você com grande poder enquanto Ele orar com grande poder por meio de você. Ele queimará a sensação de que "poderia" orar para prevalecer dentro do mais íntimo da sua alma. Ele dará a você a sensação de "dever" que o motiva a cair de joelhos.

Nesta época de tão pouco descanso e tantos afazeres, muitos de nós nunca aprendemos a dedicar tempo a Deus em oração. Preferimos trabalhar para Deus a orar. Escolhemos participar de mais um culto em vez de orar. Queremos mais assistir à TV do que orar. Que Deus nos perdoe! O bispo J. C. Ryle confessou: "Gastamos a nossa força espiritual e nos esquecemos de renová-la. Multiplicamos compromissos e reduzimos a oração [...]. Trabalhamos quando deveríamos orar, porque para uma mente ativa trabalhar é muito mais fácil do que orar [...]. O servo a quem o Espírito Santo vai usar deve resistir à tirania do excesso de trabalho. Ele precisa resolver ficar a sós com Deus, ainda que as horas gastas com Ele pareçam roubar os seus semelhantes do seu serviço".[4]

Mas, você protesta, com muita frequência o meu coração parece frio e sem motivação para orar. R. A. Torrey testificou: "Muitas das ocasiões muito abençoadas de oração que já

---

[4]PAYNE, Thomas. *The Greatest Force on Earth*, p. 119-120.

experimentei começaram com um sentimento de completa inércia e falta de oração; mas, no meu desamparo e frieza, lancei-me diante de Deus e lhe pedi que enviasse o Seu Santo Espírito para ensinar-me a orar, e Ele me atendeu".[5]

O estimado Andrew Murray escreveu: "O céu ainda está tão cheio de bênçãos espirituais [...]. Deus ainda se deleita em conceder o Espírito Santo àqueles que lhe pedem. A nossa vida e o nosso trabalho ainda são tão dependentes da transmissão do poder divino quanto foram nos tempos do Pentecostes. A oração ainda é o meio indicado para tirarmos partido dessas bênçãos celestiais em poder sobre nós e aqueles à nossa volta. Deus ainda busca homens e mulheres que, com todo o seu outro trabalho de ministrar, se entregarão em especial à oração perseverante".[6]

---

[5] TORREY, R. A. *Como orar*, p. 37.
[6] MURRAY, Andrew. *Ministry of Intercession*, p. 36.

Você deseja se juntar a mim nesta oração?

Maravilhoso Senhor Jesus, Meu Salvador crucificado, ressurreto, assunto ao céu e entronizado, eu Te louvo e adoro. Meu Rei intercessor, com amor eterno Tu dás da Tua própria santidade a mim e ao mundo carente! Obrigado, Jesus, pois o Teu trono é um trono de graça. Obrigado por estares intercedendo à destra do Pai neste momento.

Como sou indigno de toda a Tua maravilhosa graça! Tu me buscaste quando eu estava sem Deus e sem esperança. Morreste em meu lugar para me assegurar a Tua magnífica salvação. Ó Filho de Deus, Filho do homem, eu Te louvo e Te adoro! Como podes me amar tanto? Como podes me fazer assentar nos lugares celestiais ao Teu lado? Como podes fazer de mim o Teu cointercessor, teu parceiro em oração? Ó Senhor, sou tão indigno!

Perdoa-me por ser tão lento para aprender os segredos da oração que prevalece. Perdoa-me por normalmente permitir que obrigações importantes e até questões triviais roubem meu tempo de oração contigo. Ensina-me a estabelecer as minhas prioridades de oração. Instrui-me a me disciplinar para colocar a oração no seu lugar de direito. Doutrina-me no á-bê-cê da oração que prevalece e assim, pela Tua graça, guia-me à oração de poder que prevalece cada vez mais profunda.

Dá-me olhos para ver os outros e o nosso mundo como os Teus olhos amorosos os veem. Concede-me um coração que sinta a tragédia do pecado, a perdição da humanidade, a escravidão com que satanás subjuga o mundo. Fornece-me um coração que sinta o teu amor pela igreja e por todos os que pertencem a Ti. Presenteia-me com mais do Teu amor pelos perdidos, mais do Teu desejo pela seara mundial, mais da sua sede pela expansão do Teu reino.

Ó Senhor, ensina-me a orar! Senhor, ensina-me a orar! Enche o meu coração com a Tua ambição, os meus olhos com as Tuas lágrimas, a minha alma com o Teu ódio pelo pecado, a minha vontade com a Tua força para resistir ao diabo em oração, o meu espírito com o forte poder do Teu Santo Espírito, a fim de que eu possa prevalecer contigo e por Ti com santa persistência e poderosa intercessão.

Rendo-me a Ti novamente. Toma-me! Toma todo o meu ser! Toma-me e enche-me com o Teu Espírito a fim de que não seja eu, mas Tu vivendo em mim; não o meu amor, mas o Teu amor derramado por meio de mim; não o meu poder, mas o Teu forte poder me envolvendo, trabalhando em mim e por meu intermédio.

Ajuda-me a orar com súplicas santas e poderosas de oração. Assiste-me a carregar os fardos de orar quando Tu os designares a mim. Auxilia-me a lutar com as lutas de oração poderosas do Espírito. Ó poderoso intercessor no trono dos céus, não sou digno de ser chamado guerreiro. Mas ampara-me para travar as batalhas de oração de modo persistente, vicário e vitorioso.

Ajuda-me a prevalecer até que os planos e estratégias de satanás sejam derrotados, até que os prisioneiros de satanás sejam libertos e os lugares que satanás ocupou à força sejam tomados para Ti. Auxilia-me a afugentar satanás e a forçá-lo a se retirar de fortaleza em fortaleza. Ampara-me a prosseguir sempre em frente de joelhos. Assiste-me a usar a santa autoridade do Teu nome, a vitória da Tua cruz e o poder do Teu sangue.

Ó Senhor Jesus, sou totalmente indigno, insuficiente e incapaz em mim mesmo. Ainda assim, usa-me para a Tua glória. Que eu traga alegria ao Teu coração e honra ao Teu nome.

VOCÊ DESEJA SE JUNTAR A MIM NESTA ORAÇÃO?

Tu és capaz de fazer infinitamente mais do que tudo o que eu jamais poderia pedir ou imaginar. Creio nisso. Reivindico essa verdade. Que a tua vontade seja feita e a tua vitória conquistada pela minha obediência e a minha oração. Que tu sejas o "Amém" a este meu anseio e clamor do meu coração. Em Teu santo nome, meu Jesus. Amém.

Sua opinião é importante para nós. Por gentileza envie seus comentários pelo *e-mail* editorial@hagnos.com.br

Visite nosso *site*: www.hagnos.com.br

Esta obra foi composta na fonte Palatino 11/15,4 e impressa na Imprensa da Fé.
São Paulo, Brasil.
Outono de 2019.